中华文化通识课

王蒙◎著

中共中央党校出版社

图书在版编目（CIP）数据

中华文化通识课 / 王蒙著 . -- 北京：中共中央党校出版社，2021.3
ISBN 978-7-5035-7013-1

Ⅰ . ①中… Ⅱ . ①王… Ⅲ . ①中华文化 Ⅳ . ① K203

中国版本图书馆 CIP 数据核字（2021）第 028606 号

中华文化通识课

责任编辑 蔡锐华 王美丽
版式设计 张 敏
责任印制 陈梦楠
责任校对 马 晶
出版发行 中共中央党校出版社
地　　址 北京市海淀区长春桥路 6 号
电　　话 （010）68922815（总编室） （010）68922233（发行部）
传　　真 （010）68922814
经　　销 全国新华书店
印　　刷 北京文昌阁彩色印刷有限责任公司
开　　本 710 毫米 ×1000 毫米 1/16
字　　数 207 千字
印　　张 18
版　　次 2021 年 3 月第 1 版 2021 年 3 月第 1 次印刷
定　　价 56.00 元

网　　址：www.dxcbs.net **邮　　箱**：zydxcbs2018@163.com
微 信 ID：中共中央党校出版社 **新浪微博**：@党校出版社

总 序

领导干部要有通识通学通才

王蒙

得知中共中央党校出版社准备出版一套领导干部通识教育读物，深受鼓舞。这一套系列丛书，涵盖文学、历史、哲学、经济、政治、军事、管理、科学、艺术等各个主要学科领域。它们将能丰富我们的知识，拓宽我们的眼界，推动我们的思维认知、选择决策，延伸发展我们的执政能力、教化能力、全面深化改革能力，优化领导干部素质，提高领导干部的境界和威信。

为了完成党领导全国各族人民，统揽伟大斗争、伟大工程、伟大事业、伟大梦想，推动中国特色社会主义伟大事业的历史使命，我们的领导干部，不但必须掌握既有的专门学科知识与技能，更要具备统揽大局、统筹全局的通识通学通才。

新中国成立前夕，在毛泽东提议下，党中央重新编审了一套12本干部要学习的马列主义著作，毛泽东专门把这套书定名为“干部必读”。这12本“干部必读”，也是一套马列主义著作的通识课，许多老同志至今对此记忆犹新，感奋不已。改革开放初期，邓小平提出了实现干部队伍革命化、年轻化、知识化、专业化的战略方针。其中的知识化，既包括了专业教育，也包括了通识教育、通才教育。习近平总书记十分重视对领导干部的本领和能力的培养教育，他提出“领导干部要爱读书读好书善读书”，领导干部要增强“八大本领”，年轻干部要提升“七种能力”。习近平总书记强调，经济、政治、历史、文化、社会、科技、军事、外交等方面的知识，领导干部要结合工作需要来学习，不断提高自己的知识化、专业化水平。要坚持干什么学什么、缺什么补什么，有针对性地学习掌握做好领导工作、履行岗位职责所必备的各种知识，努力使自己真正成为行家里手、内行领导。这样才能成为一个复合型领导干部，也就是一个通才。

作为复合型领导干部，还要善于汲取世界先进文明成果。文明因多样而交流，因交流而互鉴，因互鉴而发展。马克思主义和社会主义思想传入中国，再到改革开放以来全方位对外开放，中华文明始终在兼收并蓄中历久弥新。我们只有张开双臂拥抱世界，才能不断扩大对外开放，社会主义市场经济才能取得高质量发展。

孔子提出了“君子不器”的观点，就是说，君子的使命感责任感在于修齐治平，大任在于家国天下，不能仅仅满足于技能性操作，更要把握天命天道，以及多方面的追求规范，用今天的话来说，就是要把握历史的发展规律，要树立正确的“三观”与科学的价值体系，从而更好、更全面地推动中国的进步与发展。

我们常说，博观约取，厚积薄发。通识教育就是一个“博观”“厚积”的过程，这个过程做扎实了，就能“约取”“薄发”。领导干部要做到通识，要融会贯通多学科、跨学科与人民历史性实践的方方面面的文明成果。这样一个成果的获得，也正是马克思提出的实现人的全面发展的理想在中国特色社会主义现代化中的体现。经过摸索探寻研讨总结，希望这套丛书的出版能有助于领导干部自我教育的努力，有利于我们的干部通识教育的发展与完善。

王蒙，著名作家、学者，曾任文化部部长，2019年9月被授予“人民艺术家”国家荣誉称号。

前言

我想起几十年来直接与外国朋友讨论中国文化的情形，觉得有趣。

1982 年，在美国纽约联合国秘书处的一次讲演后，一位朋友问：“听说在中国，一切书籍的出版都要事先经过政府的审察，是这样的吗？”

我反问：“您知道中国一年出多少种新书吗？近 20 万种。如果所有的书都经政府审察，国务院各部委工作人员，只能天天读书，中华人民共和国国务院便要改名为中华人民共和国读书俱乐部，PRC 就要变成 PRCC（People's Reading Club of China）了。”

同年，在纽约圣约翰大学的一次研讨会上，一位通过婚姻得到了美国国籍的青年向我宣读“告中国作家书”，就是说中国有很多问题，“中国作家们，你们到哪里去了？”责备中国作家没有冲锋陷阵，没有起到“公知”作用。我回答：“中国作家当然是在中国呀。中国人在中国，改革开放，发展建设，决定自己的选择，中国的选择，解决自己的问题。那么您呢？您这位中国同学，您到哪里去了呢？看来您是在纽约嘛。”

1986 年，我在文化部长任上应邀与在华工作的外国专家座谈，谈到为什么共产党要领导文艺的时候，我说明，中共是一个革命的党，革命要集中一切社会力量社会功能争取革命的胜利。我还说，我们这里党是领导一切的，党就是一切的“一”与一的“一切”，不仅领导文学，也领导您正在饮用的崂山矿泉水的生产。怎么样？这种牌子的矿泉水，质量如何？

29年以后，2015年，我访问土耳其，与该国前总统居尔在伊斯坦布尔见面，我们谈到土耳其著名作家于米特和他的畅销书《伊斯坦布尔死亡纪事》，居尔先生说，此作家原属左翼，后来有了变化，他说：“作家嘛，还是喜欢民主自由的。”

我说：“中国作家同样是喜欢民主自由的。”

他对我的说法极感兴趣，说是愿闻其详。

“我是为了民主自由从少年时代就参加了推翻旧政权的斗争的。中国现在也承认民主自由是核心价值的组成部分，问题是中国共产党的领导，不可缺少。中国不能发生混乱，没有其他力量可以代替中国共产党的领导。”

居尔说，他理解并同意我的观点：中国需要的是一个强势的政府。

我很难算是什么文化“学者”，毋宁说我是个文化“行者”、“业者”、“恋者”、文化思考者。童年读四书五经、唐诗宋词。青少年阶段追求与践行革命文化，包括鲁迅、毛泽东、华岗、艾思奇、沈志远、刘少奇与马克思、恩格斯、列宁、斯大林、季米特洛夫、加里宁、法捷耶夫、伏契克、爱伦堡。我做地下党员，然后先是新民主主义后来是共产主义青年团的工作人员，然后是落马受挫，然后是人民公社副大队长，然后是新疆各兄弟民族的语言、文化、宗教、生活、歌舞、风习典籍与书本的热爱者。然后是改革开放，与闻其盛，笔耕弄潮，文化班头。然后面对发展变化争论欢呼物议躺枪，又是常写常做，常议常新，常写常闻，常是若有所悟，若有所得，若有所误，若有所坚持，所超脱，所跨越，所困惑，所清明、旷达、明亮，道通为一，天道无亲，常与善人。

作为小说人，我们最喜欢讲的是两个字——生活。我们说，生活是文学艺术的源泉。同样，文化离不了生活，生活承载着、体现着、接受着文化，也创造着、推动着、形成与积累着文化，如果说不揣冒昧地敢于放谈文化，不是靠我的科班训练，不是靠我的博学强识，而是靠我的生活经验积累，靠我对生活的用心用情用智用头脑，靠的是爱读书、爱思考、爱生活、爱各项实际工作，从生活里发现学问，从学问里发现生活的真相真谛。80 多年过去了，我拥抱着文学，拥抱着文化，拥抱着生活，热烈执着，难分难解。

例如，老子说："天下皆知美之为美，斯恶已；皆知善之为善，斯不善矣。"许多古今大家都觉得老子说得太过分了，批评老子的人还说，例如大家都知道西施美丽，从而显出了东施的丑陋，但东施的丑陋并不能由西施负责，而且西美东丑的事实谁也否认不了。但是一些金融证券界的朋友觉得老子的意思特别好懂而且有教益，他们告诉我：我们都知道，一旦优选股被炒得过热与泡沫化，底下就会是此股的崩盘了。

还有庄子的著作是那样玄妙神奇，然而庄子的名言"室无空虚，则妇姑勃豀"，就是房子太小了，婆婆与儿媳妇容易拌嘴。用这样的低实小的例子讲虚室生白——空屋子更亮、谦虚的人更敞亮的道理。看啊，我的思路是追求学问经典中的人生与世界的况味与真谛，生活实践经世致用中的智慧积累与真知灼见。我的意图不在于从书到书，而是从书到生活，到实践，到现实，到幸福、大美、健康与生活质量，到兵来将挡、水来土掩、大道无术、大德无名、大勇无功、乐山乐水、仁者无敌。

近40年来，我在从未放弃我的主业——小说写作的同时，致力于对孔子、孟子、老子、庄子、列子、荀子、《红楼梦》、李商隐等的咀嚼领悟，致力于对于地球万国万民的接触，共访问了61个国家和港澳台等地区，更频频地与国内外各方面人士谈论切磋起文化课题来。

文化范畴的内涵极宽广，理论上说，除了自然界的固有存在，一切人类的生活、活动、思想、认知、经验、积累、记载、途径、方式、符号、规范，直到幻觉、梦想、内心、精神动静，都是文化。近几年，所谓酒文化、竹文化、舌尖文化、卫生间文化，从修齐治平外事到屙屎撒溺无不文化就是明证。

同时，习近平新时代中国特色社会主义思想的提法日益全面与成熟。党的十九大提出："中国特色社会主义文化，源自于中华民族五千多年文明历史所孕育的中华优秀传统文化，熔铸于党领导人民在革命、建设、改革中创造的革命文化和社会主义先进文化，植根于中国特色社会主义伟大实践。""文化自信是一个国家、一个民族发展中更基本、更深沉、更持久的力量。""没有高度的文化自信，没有文化的繁荣兴盛，就没有中华民族伟大复兴。"这样一些重要的提法，也呼唤着更深入、更具体、更联系实际的旁征博引、钻研探讨、消化领会、推敲掂量，有所思量，有所回顾，有所发挥，有所发现，有所开拓发掘。

文化是一个民族的命脉。中华文化源远流长、灿烂辉煌，为人类文明作出了巨大贡献，但也饱尝了艰难、尴尬、焦虑与痛苦。

文化是我感兴趣的话题，也是我喜欢谈论的话题。特别是近10余年来，我思忖着努力着从文化的角度思考问题、理解现状，也理解中国与世界的沟通：难点与管道。

与此同时，我们众多的在不同岗位上奋斗着的朋友，几乎天天说到文化，说到中华传统，说到中国特色，动情地说到有关中华文化的珍贵与优秀，那么，我们是不是应该更深入地讨论一些有关的文化层面呢？一位负责过对外宣传工作的领导同志曾经说过，他与几位文化学者出国访问，一位听众问："你们常说中国文化的博大精深，请问中国文化的博大精深表现在什么地方？"领导请出访的教授当中最资深的学者回答这个提问，资深教授说："没有办法讲的，既然博大精深，又如何可能三方两语说明白呢？"

说不明白也得说说，否则，只能承认我们对自己的文化的无知。

例如，中国的文化是一与多的文化，是阴阳的互体，化育、对立、同根，是五行的相生相克，是八卦的纷繁变化而不离其根本规律。养生讲究的是阴阳平衡，治国讲究的是刚柔相济，做人要求的是舒卷自如，征战推崇的是不战而屈人之兵。世界观、人生观是阴阳和谐，生生不已。中华传统文化信服天下定于一。同时圣人无常心，以百姓之心为心，就是说一必须符合多的意志与心愿。民心即是天心，民谣即是天意与谶语。一如果长期违背了多，就是无道，就要从被承载变作被颠覆。中国的文化需要成长自身的民主与法制、科学与技术、公共管理与公平竞争，世界也需要理解与尊重中国文化的整合、机变与富有个性的选择探索能力，在弘扬、发展、创造的努力之中，中华文化可以推陈出新，可以永葆活力，可以摸着石头过河，走出自己的道路，缔造自身的现代化，为人类提供自有特色的经验，从而对世界作出更大的贡献。

本书主要是近40年来我关于文化问题的文章、演讲、对谈，进行理路编纂、辑录、校正。这些工作由中国海洋大学王蒙文学研究所所长温奉桥教授大力协助。2018年，曾以《中国人的思路》书名出版于外文出版社，该版更侧重从对外文化交流与讲好中国故事的角度措辞立论。

此次，依既定计划，根据进行干部的文化通识教育的要求，我又做了一些重要的调整和较多的充实，以现题名出版。

目 录

第一讲　美丽的汉字与中华文化　/ 001

第一节　中华文化源远流长　/ 002

第二节　博大精深的中华文化　/ 004

第三节　汉字与中华思维模式　/ 007

第四节　汉字与中华文化性格　/ 019

第五节　为什么世界看好中国的改革　/ 027

第六节　中华文化的现代意义　/ 029

第二讲　灿烂辉煌的中华古代经典　/ 031

第一节　孔子：斯文济世，天下归仁　/ 032

第二节　孟子：人性 · 民心 · 天意 · 精英主义　/ 045

第三节　老子：你为什么需要一个道　/ 059

第四节　庄子：逍遥、超越与自救　/ 075

第五节　儒释道三教合一：中国式的混一方法论　/ 087

第三讲　传统文化的危机、转换与新生　/ 099

第一节　文化焦虑与文化危机　/ 100
第二节　五四运动与人民革命批判了也激活了中华传统文化　/ 102
第三节　改革开放与中国文化的新生　/ 114
第四节　通向现代化、通向世界的中国文化　/ 123
第五节　全球化时代的中国文化路线图　/ 133

第四讲　一体多元的中华民族文化建设　/ 141

第一节　命运共同体与文化共同体　/ 142
第二节　现代化与民族传统文化　/ 151
第三节　民族文化的未来是光明的　/ 157

第五讲　当代文化生活、文艺与文学　/ 161

第一节　六十余年的性沧桑　/ 163
第二节　歌声涌动共和国　/ 173
第三节　泛漫与经典　/ 183
第四节　热点与歧义　/ 196
第五节　莫言获奖十八条　/ 203
第六节　网络时代的阅读　/ 209

第六讲 中国梦·文化梦 / 217

第一节 选择、文化性格、中华风度 / 218
第二节 以传统文化滋养自身 / 223
第三节 中国梦与传统文化 / 235
第四节 传统文化与社会主义核心价值观 / 241

第七讲 文化复兴的历史机遇 / 247

第一节 中华文化与社会主义核心价值观的建设 / 248
第二节 中华文化的历史命运 / 251
第三节 蓬勃向上的新中国文化 / 252
第四节 大步向前的改革开放文化 / 254
第五节 旧邦新命的文化自信 / 257
第六节 传统文化也要现代化吗 / 261
第七节 创新成果与人才阵容 / 264
第八节 懂中国懂世界 / 266
第九节 展望现代化、全球化与本土传统 / 267

参考文献 / 271

第一讲
美丽的汉字与中华文化

文化是一个非常宽泛的概念，广义地说，除了自然界的固有，一切人为的物质与精神成果都是文化，包括人类的所有创造，物质文明与精神文明，经济基础与上层建筑，科学技术、民俗、生活方式、信仰，价值观念，意识形态与非意识形态，有些直接作用于国家政治、经济、科学的发展，也有些是一种生活方式、审美方式，是一种习惯、趣味。

同样，理念、信仰、追求、价值向往，即使千万年来未曾全面实现乃至大致无法实现，如某种对天国、极乐世界的信仰，仍然是重要的文化现象、是决定文化性格、文化走向的重要内容。

文化本身体现长期的积累，比意识形态和社会体制的变化要稳定得多。中国大陆与台湾在社会制度、社会治理、意识形态、人文观念上分手已七十余年，但文化上仍然是血浓于水，难解难分，心心相印，互动互通。如果把文化看成一种记忆，那么，一个没有文化积淀的民族就好比一个失去了记忆力的人，是一个非常大的悲哀，甚至，失去了记忆力连你自己是谁都不知道了。

第一节　中华文化源远流长

中华文化是一个古老的文化，是一个覆盖面巨大的文化，是一支独树一帜并拥有巨大影响与声誉的东方文化。中华文化是目前世界上保留下来的没有中断过的古老文明，是目前世界主流文化的最重要的参照系之一，是使人类文化保持多元性与丰富性，从而保持活力的一个重要元素。

中国的魅力很大程度上在于文化。中华文化是基本上是屡遭危难，从未没顶，没顶之灾以后，也总能化险为夷、顽强生存生长，它拥有没有脆性断裂过的基本价值取向，基本生活方式，基本思维方式，基本社会组织方式，与基本审美特色。更重要的是，中华文化提供了一种有效的生活路径，提供了一种独具特色的世界观与哲学观，一种人文价值与思路，一种独特与精致的语言文字、工艺与文学艺术，一种积极、乐生、务实、注重此岸性的生活态度与生活质量，提供了一种富有参考意义的弥补与平衡现代性的某些负面弊端的思路。

1993 年，我在纽约的华美协进社（China Institute）讲演，一位听者问：“为什么中国人这样爱国？”我半开玩笑地回答：“一个是中国人都爱吃中国菜，有一个中国腹。一个是中国人都迷恋唐诗宋词，有一颗中国心。”中国人的爱国主义是心腹之恋，是文化之恋。不论吸收了舶来了多少科学技术，崭新理论观念，也不论近现代中国知识分子、社会栋梁对于中华文化做了多少痛心疾首的反思、自我批斗，中华化仍然是中华文化。八国联军的洋枪洋炮消灭不了中华文化，义和团的浑浑噩噩也代表不了文化中华。

复旦大学附中曾经以我的心腹爱国论出题，用在高中入学考试上，并且选择了考场的优秀考卷，编书出版。

中华文化源远流长、悠久自足，创造了灿烂的古代文明，具有强大的示范与同化力量，对国内各兄弟民族与亚洲一些族群产生了巨大的亲和力与吸引力。同时，中华文化又是一个能够与世界主流文化，与现代文化、先进文化相交流、相对话、互补互通对接、与时俱进的活的文化。

但有些时候，中华文化的传承者们，又会与境外的文化发生摩擦、疑惧，乃至对抗。中华文化在发现了异质的甚至比自己更强有力的文化形态时，可能出现焦虑与危机感。

所谓中华文化，从学理上——主要是从伦理与政治学上看，是儒家与儒道互补。从处理人生万务上看，还要加上佛学与佛教的启发。从思维上哲学上语言文字上看，是汉语与汉字文化，是概念崇拜、概念互联、概念递升、终极概念的追求与整体判断。从地域与经济上看，是黄河文化为主并补充以楚文化与边疆兄弟民族文化，主体是农业文化。从社会组织方式上看是封建专政与民本思想的平衡与冲突。从民间文化上看是阴阳八卦，是宗法血缘，是中餐、中医、中药与多神混合崇拜，是戏曲里大肆宣扬的忠孝节义。

中华文化是我们的立国之本，是安身立命之本，是我们的骄傲，是我们的光荣。某些时候，也引起我们的困惑，成为我们的焦虑乃至负担。

第二节　博大精深的中华文化

这个问题，我在国外也常常被问及。中华文化到底博大精深于何处，还真需要我们认认真真地分析分析。

一是博。意即渊博、丰盛、多样、富饶。中国历史悠久、人口众多、地大物博。我们是个古国、大国，郁郁乎文哉，上下五千年，纵横几万里，民族五十六个，人口十几亿。文字有甲骨篆隶、正楷行草，文献有河图洛书，说话有官话加六大南方方言。我们有女娲盘古、浑沌倏忽、三皇五帝、共工蚩尤、秦皇汉武、唐宗宋祖。我们有孔孟老庄、诸子百家、魏晋名士、李白杜甫、苏辛柳永。我们有西周东周、春秋战国、秦砖汉瓦、楚辞汉赋。我们有长江黄河、昆仑峨眉、三山五岳，还有江南胜境、塞北风光、大漠孤烟、东海激浪。我们有燕窝鱼翅，七碟八碗、满汉全席、山珍海味、煎炒烹炸、舌尖中国，还有温补缓泻，丸散膏丹、针灸拔罐、太极少林，刀枪剑戟、五行八卦、青龙白虎、堪舆风水。我们有忠孝节义、诗书礼乐、琴棋书画、焚香沐浴、气功打坐，还有四大奇书、四大名旦、四大须生、文房四宝、诸子百家、三教九流……真是一言难尽，应有尽有。

二是大。在中华传统文化中，格局胸怀、时空体量、包容汲取、伸延发展，无不求大。曰道、曰天、曰朴、曰仁、曰义，中国士人视无所不包的大概念如终极神祇，认为找准了大概念，就一通百通、一顺百顺。诸子百家的演绎功力远胜经验归纳。庄子的鲲鹏，一飞冲天，九万里掀动扶摇羊角。老子的道，一曰大，二曰远，三曰逝，四曰返。孔子的道，朝闻可以夕死。孟子称孔子为“集大成者”，后世则封孔子为“大成至圣先师”。孟子还鼓吹大丈夫：“富贵不能淫，贫贱不能移，威武不能屈。”还有北宋大儒张载的“为天地立心，为生民立命，为往圣继绝学，为万世开太平”。直到今天，我们提倡的是大格局、大思路、大气磅礴、识大体、顾全大局。小道理服从大道理，大河没水小河干。“海纳百川，有容乃大；壁立千仞，无欲则刚”等等关于大的理念比比皆是。

三是精。中华传统文化有两方面的“精”：一个是为人处世上的精明精当。包括“己所不欲，勿施于人”；“三人行，必有我师”；“夫唯不争，故莫能与之争”；“知雄守雌、知白守黑、知荣守辱”；“将欲歙之，必固张之；将欲弱之，必固强之；将欲废之，必固兴之；将欲取之，必固与之”；“过犹不及”、“恰如其分”；“留有余地”、“莫为已甚”；还有民间的“先小人后君子”，“亲兄弟，明算账”，“退一步天高地阔”，“吃一堑，长一智”等等。另一方面的精主要表现在文学、书画（主要是书法）、戏曲、烹调、园林、工艺上。比如中国的餐饮，就一个普普通通的宫保鸡丁就精到全球不败。美国一个诗人写诗抒发他面对中华料理的博大精深时的恐怖感，竟然被指责为种族歧视。再比如宜兴陶壶、景泰蓝工艺、鼻烟壶内画，还有《核舟记》里描写的以“径寸之木，为宫室、器皿、人物，以至鸟兽、木石……”更不要说大量生产、成为产业的“湘绣、苏绣、杭绣”等等，都体现了中华文化的“精”。

四是深。中华文化在治国理政方面强调谋略，强调藏而不露，强调“鱼不可脱于渊，国之利器不可以示人”。“喜怒不形于色”，不露声色、变化莫测。中华文化的深刻处常常在于它的辩证思维，特别是《周易》与老庄的辩证思维：一阴一阳谓之道，有无相生，难易相成，长短相形，高下相倾；无为而无不为；殊途同归、百虑一致；柔弱胜刚强；艰难困苦、玉汝于成；哀兵必胜；无用之用，是为大用……

我们热爱与歌颂中华文化的博大精深，但我们更要注意研究中华文化的此岸性与积极性、精英性，强调中华文化的生命力与调适能力，强调中华文化的经世致用、乐观柔韧、蜕变破茧、生生不已的特色。说到这里不妨再想一想，为什么大家都爱说博大精深，讲起博大精深来却有老虎吃天无从下口的为难的感觉。博大精深，毕竟是欣赏、赞颂、膜拜的仰视语言。而文化的中心是人，是生活，是一要生存二要发展三要幸福四要质量五要精神的提升与社会的优化；是现实的求福与免祸，是世道与人心，是品质与能力，更是实用与功效。一种文化博不博、大不大，并不如它是否能提供更好的生活质量、更好的发展前景、更和谐的人际关系和社会关系更重要。精不精、深不深，也不如它能够提供“富强、民主、文明、和谐，自由、平等、公正、法治，爱国、敬业、诚信、友善”的中国价值更贴心。文化的意义不在于自身的观感，而在于它以人民为中心的生命力、凝聚力和有效性，以及实现创造性转化与创新性发展的品质与能力。

第三节　汉字与中华思维模式

中华文化和非中华文化有很大的不同，最大的不同是语言和文字。中华文化是汉语与汉字为本位的文化。

语言和文字表达了一个民族、一个国家亿万民众的集体思路、思维品性与思想方法。我 1980 年开始自学英语，那个时候我买了一个盒式磁带，香港出版的，磁带上说：“学英语的目的不单纯是学语言，而是要学西方人的思路。”

语言、文字是文化的基石。尤其是使用人数最多、延续传统最久、语音语词语法文字最为独特的汉语汉字更是我们的命脉、我们的灵魂、我们的根基、我们的出发点。语言、文字是人类的一种特殊的记忆符号和记忆方式，是人类给世界命名从而开始对世界的认识与把握的源头，是思维与推理的工具。语言、文字会远远比一个时代更长久。两三千年以前的生活我们已经看不到多少痕迹了，但《诗经》还在，《诗经》所记载的那种生活、那种感情还在，《诗经》所体现的那种命名方式、抒情方式、讲道理方式、表达方式、认同方式与批判方式仍然源远流长；两百年前的社会制度、生活、风俗习惯、服装、饮食跟现在也有很大的不同，但《红楼梦》还在，有了《红楼梦》就有了永远年轻的贾宝玉、林黛玉、薛宝钗、史湘云、晴雯、鸳鸯活在我们的心里。

一、汉语培育了中华儿女

汉字是中华儿女的精神家园，它们是我们的符码，是我们的图表，是我们的感受与想象。不能没有汉字，没有汉字太痛苦了，没有汉字中国文化就没有依附了。汉字的特殊的整齐性、综合性、多义性、简练性、美术性与音乐性，形成了我们的奏折、诏书、政法文件、文化经典、古典文学特别是诗词的特色。现在中国的幼儿不会说话已经会背诵“床前明月光……”（李白：《静夜思》）。武汉的黄鹤楼虽系后修，非原址，所用材料也有因陋就简之处，例如用水泥材料而不是高级木材修了柱子，再涂漆作木柱状。但是有崔颢与李白的诗在，黄鹤楼便永远矗立在华人心中。黄鹤楼、滕王阁、岳阳楼、赤壁、泰山……因诗文而永垂不朽。中华儿女的乡愁乡情永不止息。

文字是人类历史文明传承的重要载体和见证。作为拥有五千多年悠久历史的古老民族，勤劳智慧的中华儿女创造了博大精深、独具魅力的汉字体系。《说文解字·自序》云：“黄帝之史仓颉，见鸟兽蹄远之迹，知分理之可相别异也，初造书契”。仓颉作书而“天雨粟，鬼夜哭”（《淮南子·本经训》）。文字的创造，是一件惊天地、泣鬼神的大事。有了这样一种文字，中华民族灿烂的文化成果得以记载，华夏儿女的智慧和不朽创造力得以展现，并成为炎黄子孙生生不息、心心相印的精神纽带，对人类文明的进步和发展产生了深远的影响。

在悠久漫长的历史岁月里，汉字的形体虽屡有变异，却一脉相承，成为中华民族人文精神与伦理价值的载体，有艺术的美感。汉字六书的既表音、表形又表意的多元综合结构信息，培养了中华民族思想方法的整体主义，成为不受地域与方言分割而统一全国的文化手段。汉字讲究笔墨几何图形与运势结构形态，以汉字为载体的书法艺术，历经殷商甲骨、两周金石、秦汉篆隶、晋唐行草的演变，已经成为世界上独一无二的艺术形式，并被载入联合国教科文组织人类非物质文化遗产代表作名录。

汉字在中国文化中起了决定性的作用。汉字作为中华民族传统文化的瑰宝，其意义对于当今的中华民族而言，不再仅限于一套记录语言、交流信息的书写符号系统，而是渗透与伴随着中华民族的情感和文化认同、精神凝聚。

中华文化首先是汉字文化。汉语属于词根语，汉藏语系。我的小说《夜的眼》译成了英、德、俄等印欧语系许多文字，所有的译者都向我提出过一个问题：“眼”是单数还是复数，是“eye”还是“eyes”？

我无法回答这个问题，因为汉语是字本位的，“眼”是一个有着自己的独立性的字，它的单数和复数决定于它与其他字的搭配。汉字“眼”给出了比“eye”或者“eyes”更高的概括性与灵活性：它可以代表主人公的双眼，它可以象征黑夜的或有的某个无法区分单数与复数的神性的形而上的而非此岸的形而下的眼睛，它也可以指向文本里写到的孤独的电灯泡。

作为小说作者，我认为“眼”字的单数复数的不确定性，它的“所指”的不确定性，正是小说标题的魅力所在。如果采用了非汉语，明确了单数或者复数的确定与排他性质，“夜的眼”的标题有了数学的与物质的定解，也就无须琢磨，变得索然无味喽。

二、汉语培育了独特的思想方法

汉语培养了一种追本溯源、层层推演的思想方法。“眼”是本，第二位的问题才是一只眼或多只眼的考量——那是关于“眼”的数量认知。“眼”派生出来眼神、眼球、眼界、眼力、眼光等概念，再转用或发挥作心眼、慧眼、开眼、天眼、钉子眼、打眼（放炮）、眼皮子底下等意思。

动词与系动词也是如此。汉语里的“是”，既是“to be”也是“am”，又是“was”，还是“were”，包括了“have been”“has been”“used to be”等。

组词造词也是如此。有了“牛”的概念，再分乳牛母牛公牛，黄牛水牛牦牛野牛，牛奶牛肉牛油牛皮牛角。这与例如英语里的cattle——牛、calf——小牛、beef——牛肉、veal——小牛肉、cow——母牛、bull或者ox——公牛、buffalo——水牛、milk——牛奶、butter——牛油……大异其趣。这些与“牛”有关的词，在华文里，是以“牛”字为本位，为本质，为纲，其余则是派生出来的“目”。这样的纲目关系，则难以从英语中看出来。

所以，中华传统典籍注重最根本的概念，多半也是字本位的：如哲学里的天、地、乾、坤、有、无、阴、阳、道、理、器、一、元、真、否、泰……，伦理里的仁、义、德、道、礼、和、合、诚、信、廉、耻、勇……，戏曲主题则讲忠、孝、节、义，读诗（经）则讲兴、观、群、怨。然后是自然、主义、理论、原则……这些文字、概念、命题，不但有表述意义、价值意义、哲学意义，也有终极信仰的意义与审美意义。

汉语注重文字——概念的合理性与正统性，宁可冒实证不足或者郢书燕说的危险，也要做到高屋建瓴与势如破竹。在中国，常常存在一个正名的问题。“训诂”占据了历代中国学人太多的时间与精力，然而又是无法回避的。许多从外语译过来的名词都被华人望文生义地做了中国化的理解，中文化常常成为中国化的第一步。这产生了许多误读、麻烦，也带来许多创造和机遇，丰富了人类语言与思想。这里起作用的是汉语的字本位的整体主义、本质主义、概念崇拜与推演法门（如从正心诚意推演到治国平天下），与西方的实证主义和实用主义，理性主义和神本或者人本主义大相径庭。

汉字是表音、表意兼表形的文字，是注重审美形象的文字，汉字如歌如画如符咒。汉字的概括力、信息量无与伦比。汉字影响了中国式的整体主义、注重关联和秩序、追求递进与同一的特色。如在汉语中，“国家”既包含着“country”，也包含着“nation”，同时又包括了“state”的意义，知道这一点，对于理解中国人的国家民族观念、忠于祖国的观念与爱国主义的情愫有很大好处。在中华民族的整合与凝聚方面，在维护中华民族的尊严和身份方面，在源远流长、一以贯之而又充满机变以摆脱困境方面，汉字功莫大焉。没有统一的汉字只有千差万别的方言，维系一个统一的大国，抵抗列强的殖民化是困难的。比较一下中国与亚洲、非洲、拉丁美洲其他国家的被列强殖民统治的历史，我们可以看到中华文化的力量。比较一下社会主义的苏联与社会主义的中国的命运，我们也可以看到中华文化特别是汉字文化的强大生命力。

同时，汉字具有特有的灵性与弹性。杜甫“娇儿不离膝，畏我复却去”（杜甫:《羌村三首》之二），对这两句诗一直就有争论：一个说法认为含义是“小孩子抱着我的膝盖，怕我又走掉”；还有一种说法就是说“幼子认生，不知道是自己的爸爸，对我是怕的，所以又走了”。这样的争论已经进行了上千年或者更久，但肯定永远不会有结果。我想这句话如果用英语或者其他语言来表达就不会产生这种争论。比如，如果是“娇儿不离膝”，然后幼子又走了，这是递进的两个谓语；如果幼子不走，绕着我转悠，其目的是怕我的来而再走，后面的词就变成了修饰补充的从句。这是汉语灵动性加模糊性的一个表现。

语言的灵动性，赋予中华文化很强的适应性。中国文化既有保守性的一面，我们也惊异地发现了它的灵活性和应变能力。该坚持的时候，比谁都能坚持；该灵活的时候，怎么都灵活，怎么都能找到出路，找到自己前进的方向，这就是中国文化的自救自赎自圆自足的生命力。

三、享受汉语

汉语是一个充满诗性和审美性的语言。有许多著名人士对汉字的发展提出过重要见解，比如鲁迅、毛泽东都指出汉字要走世界文字共同的拼音方向，也就是实现汉字拉丁化。而我们现在看汉字，越看越觉得汉字的魅力和可爱，如若拉丁化则很难代替。将古诗用拼音写出，很难找出感觉，神韵不再。

汉字像图画。最能表达汉字文化特点的就是诗，那么简略，那么简单，那么整齐，那么押韵。我随便举一点例子，《汉乐府·江南》上的：

江南可采莲，莲叶何田田，
鱼戏莲叶间。
鱼戏莲叶东，鱼戏莲叶西，
鱼戏莲叶南，鱼戏莲叶北。

这是最简单的语言，而且它互相重复，简单得像幼儿园的话。但写出来以后，那种动感非常美妙，我每次看到这个诗，比看动画还生动。

《卿云歌》以简单的语句所表达的意境达到了极致：

卿云烂兮，糺缦缦兮。
日月光华，旦复旦兮。
明明上天，烂然星陈。
日月光华，弘于一人。
日月有常，星辰有行。
四时从经，万姓允诚。
于予论乐，配天之灵。
迁于圣贤，莫不咸听……

这样的诗句，不要说译成英语、俄语、阿拉伯语，就是翻成白话文，也很难表达其精华。

汉语中有些完全无意义的语言也可以享受，比如说“吃葡萄不吐葡萄皮”，没有任何意义。我根据20世纪20年代德国一个老汉学家写的《北京俗话研究》发现，这句话源于一个绕口令，原文是：“您吃葡萄，就吐葡萄皮。您不吃葡萄，就不吐葡萄皮”。原来是很合乎逻辑的，可是侯宝林先生他用荒诞派的手法，把它改成了“吃葡萄不吐葡萄皮”，其实这一句倒不是很荒谬（我解释一下，只有中国的汉族吃葡萄才吐葡萄皮，我所接触的美国人、德国人，包括中国的少数民族，吃葡萄都不吐葡萄皮）。但是“不吃葡萄倒吐葡萄皮”，这个太荒谬了，你不吃葡萄你嘴里哪来的葡萄皮啊？无意义的语言也可以享受。

我们再开一个玩笑，我们不光是享受中文，也享受那些接近中文表述方式的英文。美国前国防部长拉姆斯菲尔德，在发动伊拉克战争又没有找到大规模杀伤性武器以后，记者围攻他，他就说了一段话，当年被一批媒体人评选为“文理不通奖”得主。他说：

As we know,there are known knowns. There are things we know we know. We also know there are known unknowns. That is to say we know there are some things we do not know. But there are also unknown unknowns—the ones we don't know we don't know.

本来他这是窘态下的自我掩饰，但是你把它用文言文翻译了以后，也可以享受。例如这样译：“吾宜知：吾知吾已知，吾知吾知者。吾亦知：吾知吾所不知。即谓：吾知吾有所不知者。唯亦有吾不知吾所不知者——吾不知某事，吾不知吾之不知。”请看这位先生的语言表述方式，仅仅从文体上看，其拗口与顺势多么像孔子的名言：“知之为知之，不知为不知，是知也。”（《论语·为政》）又多么像老子的名言：“知不知，尚矣；不知知，病也。圣人不病，以其病病。夫唯病病，是以不病。”（《道德经》第七十一章）文体相似，精神相异，阅读可笑可爱。

事情正如钱锺书先生所说：“东海西海，心理攸同；南学北学，道术未裂。”（钱锺书：《谈艺录》）

最重要的，汉语和文字造成了中国人独特的文化形态和思想方法。中国有一个词叫作“一切”，all，一切首先是一，是 one，“一”积累发展下去就变成了“一切”。one 就是 all，all 就是 one。中国“五四”时期有一个大诗人叫郭沫若，郭沫若有一句很有名的诗：“一切的一”，The one of all，“一的一切”（郭沫若：《凤凰涅槃》），all of one。“一的一切”就是“一切的一”，“一”就是“一切”。不管这个世界多么复杂，最后你把它总结起来就是“一”，他总要找到“一”，没有比找到这个“一”更重要的。“一”就是中华文化里的“上帝”，就是 God，God 不是一个具体的概念。我们每个人心里都有一个“一”。

“一”而各表。孔子认为这个“一”就是“仁”，杀身成仁，为“仁”可以不要自己的生命，也要维护完成这样一种仁爱，所以“仁”就是“上帝”。基督教有一个问题。我们到教堂里面去，有耶稣像，有圣母像，有耶稣的 12 个大弟子，圣约翰、圣彼得等等，但是基督教堂里面没有也不可能有耶和华的像。耶稣是 God 的儿子，是有形象的，圣母是耶稣的母亲，也是有富有感染力的形象的。God 本身则没有形象，你不能画出一个 God 来。孟子的“一”是“义”，舍生取义。义在这里当作“根本的道理、原则”讲。老子的“一”是“道”。神学是终极的关注、终极的追寻、终极的辨识。美国人说中国人没有宗教，其实中国人追求的是终极概念、终极道理或道德，以概念当宗教，就是“一”。

美国也有“一的一切”的说法，旧金山渔人码头，有一个礼品店，店名“ONE IS ALL”（一即一切）。当一与一切联系起来，当“道生一,一生二,二生三,三生万物”（《道德经》第四十二章）的时候，当天下定于一、万象归一、万法归一的时候，中国人的哲学崇拜、概念崇拜、本体崇拜就发生了。

表现在语言和文字上，汉语特别注意事物的关系，而且它最注意的是大的概念，这个概念越大越伟大，越大越好。比如说，花草树木这都是很具体的，但是更大一点的概念就会说是植物，对中国人来说，“植物”的概念就比花草树木更大、更高、更重要。“植物”的概念再上去是“生物”，“生物”再上去是万物，所有的物质，英语里就是 material。而在中国存在的类似概念叫作“有”，中国人认为比“有”更大的概念是“无”。因为所有的“有”来自“无”。有一种东西能够使“无”变成“有”，能够使“有”变成“无”，对老子来说这就是道。道就是既能够使从“无”中产生“有”，又能够使得“有”变化成“无”。对于孔子来说，他也重视道的概念，他说：“朝闻道，夕死可矣”（《论语·里仁》），就是说道是终极价值。

其实，“上帝”本来首先就是一种概念，终极也是概念，你看不到也摸不着终极，但是你有可能从概念上把握与追求终极。这些都不是一个具体的存在，没有具象。中国的思想方法是一种关系性的思维。中国的精英信仰是对于一个或一串伟大概念的信仰，只有在民间，在没有受过教育的人众中才信各有使命与分工的“多神”。

我常常举这个例子，比如说中国人很重视物体间的关系。在英文里面，他要么说 man，要么就是 woman，英文是分类的。但是中国人就说“人”，忽略具体性别。这可能会造成很多麻烦，但是它重视整体又有一套相应的思想方法。牛身上长的毛是牛毛，从牛奶或者从牛的肥肉里面得出来牛的 fat 是牛油。但是到英文里面叫 butter 就行了。把牛本身又分许多类，例如小牛，中国人的思路小牛也是牛，但是英文里面不是这样。

这种对于语言的秩序与选择排列，有时在非中国人听起来是不可思议的。比如战国时期，中国人很注意挑选马，因为战国时期是骑兵竞争，有好马才能得胜。当时很多人认为好马是千里马，一天可以跑一千里。怎么样挑选千里马？有一个叫九方皋的人，他说他最会挑选千里马。他给秦穆公挑选千里马，秦穆公问这匹千里马是什么颜色的？本来千里马是黄色的，他说是黑色的。又问，千里马是公马还是母马？他说是母马吧。秦穆公说把这匹马带过来，一看，是黄色的，又是公马。秦穆公说你走吧。但是相马权威伯乐说，你给他的任务是挑选千里马，不是挑选公马或是母马，不是要用马毛做装饰。公马和母马重要吗？马的颜色什么样，他不知道，他眼睛一看，看到的是马的整个身体结构，它的四条腿，再看看它的形状，他就断定这匹是千里马。正因为他是一个伟大的相马人，所以他才能挑选出千里马。何必要弄清楚它是公马还是母马，或者是黄色还是黑色呢？这个故事有点夸张，但是它反映了一个思想方法，重要的是 this one，不是 another one，而为了这个重要的大的方面，可以忽略不重要的小的方面。对于中华民族来说，最重要的是分清轻重先后的次序。中国说法就是："小道理服从大道理"（邓小平：《坚持四项基本原则》）。

沿着这个思路发展下去，就出现了孔子的"君子不器"（《论语·为政》）的名言。君子即那时的精英，应该注重的是仁义道德的大道理，而不是某种器具的具体手段。这样的思路可能有助于强调人文主义，抵制工具与技术性反过来主宰了人类，但也可能是使中国科学技术发展缓慢的原因。

四、2×7＝14还是13

有一个故事是说两个人争论一个简单的乘法积数，例如 $2\times7=14$ 还是 13，恰恰错误答案的坚持者态度激烈，说是如果他的答案被证明有误，他愿意割下脑袋谢罪。于是权威方面为维护他的生命，就承认 $2\times7=13$。以此论述中华文化的人道精神的优越性，引起不小的争论。其实我也常常谈到这一类故事，照我的理解，这与其说是一种不分是非的难得糊涂，更不必提是不是一种伟大的人文精神，不如说这个故事是对于一种病态的白痴与偏执表示彻底蔑视与无视，这只是一个民间笑谈、一个古代段子。不需要严肃对待，也不宜夸张宣扬。

同时，立志实现现代化的中国，必须提倡严格的理性精神，提倡逻辑的严密性，提倡一丝不苟的数学精神与科学方法。

第四节　汉字与中华文化性格

前面讲了，中华文化重整合，重大概念，重万事万物间的关联，重书写的暗示与万事万物的统一。它不是着力于塑造人格神，而是追求终极概念——理念之“神”：道、通、大、一、有、无、仁、义、天、易。追求自高而低、自低而高、自大而小、自小而大的思维秩序与社会秩序。那么，中华文化作为一种重要文化形态，与以欧洲为中心的西洋文化相比，有哪些显著的特点呢？我认为中国文化有几个显著特点。

一、尚文：泛道德论与性善论

泛道德论就是重视道德，认为道德是根本，尤其是把政治道德化，把做人道德化，把学问道德化，把政权的职能定为教化，把文化的定义定为“以文化人”。这确实是中国文化一个特点。中国自古以来有一个重要的说法，就是“天下唯有德者居之”（《吕氏春秋》），把道德、品性说成是政治权力合法性、合理性的依据，同时把人文道德性和天意结合起来。这个道德的典范是什么呢？是天和地。“天行健，君子以自强不息；地势坤，君子以厚德载物。”（《周易》）所以，掌握权柄的人要有很高的道德修养，符合天意即天授君权，你才成为真正的天子。中国古代没有类似现代的法理化程序化的民主思想，也没有一个对权力进行制衡的意识，更没有合理地秩序地对权力进行更迭的思想，都没有。但是它又不是无条件的专制，不是的，是有条件的。什么条件呢？就是你要有道德，你得符合道德，符合了道德也就是天道，也就是天意天心，否则就是失德，就是无道，就是“逆天”，就注定要完蛋。所以，一方面我们可以看到中国古代文化不那么讲求民主，与此同时，我们还要看到，要求君王符合道德标准，这意味着道德文化大于、高于权力，并且有可能以文化、以道德监督与约束权力。

泛道德论里面包含着用道德的观点来观察大自然。老子说过：“天地不仁，以万物为刍狗；圣人不仁，以百姓为刍狗。”（《道德经》第五章）就是说天地是不讲道德、不讲感情的，你该活着的时候就活着，你该死的时候就死去。这是对天地的一种非道德化的评论。但老子同时说“上善若水”（《道德经》第八章），还说“天道无亲，常与善人”（《道德经》第七十九章）。庄子说“天地有大美而不言，四时有明法而不议，万物有成理而不说”（《庄子·知北游》），都是大自然体现着最美好的道德的意思。老子讲：“天之道，其犹张弓欤？高者抑之，下者举之；有余者损之，不足者补之。天之道，损有余而补不足。人道则不然，损不足以奉有余。孰能有余以奉天下？唯有道者。”（《道德经》第七十七章）这里老子甚至提倡按照天之道，抑强扶弱、损富济贫，他的关于天道与人道的论述，几乎带有社会革命党的色彩。所以历代的农民起义，都打出“替天行道”的旗号。而儒家提倡的是“邦有道则知，邦无道则愚”（《论语·公冶长》），提倡的是谏诤至死，而且认为一个朝代的覆亡是由于缺少辅弼谏诤之臣。

这种泛道德论还建筑在性善论的基础上。中华圣贤有一个非常美好的思想，非常美好的理念。什么呢？就是挖掘出每一个人身上天然的良善本性。老庄与孔孟都是这样主张的，他们认为人的本性很好，是很正常和很合理的。孟子说“恻隐之心人皆有之，羞恶之心人皆有之，恭敬之心人皆有之，是非之心人皆有之”(《孟子·告子上》)。就是说道德的来源是人性，人性的来源是天然，而天既是物质的自然的存在的概念，又是超自然的终极的“上帝”型的概念。道德、人性、天性(良知、良能、天良)、世界、自然、天地——上帝、天道(正道)、唯物、唯心就这样整合为一、打通为一，这就是孔子的“吾道一以贯之”(《论语·里仁》)，这就是孟子的“天下定于一”(《孟子·梁惠王上》)，这还是老子的“天得一以清，地得一以宁，神得一以灵，谷得一以盈，万物得一以生，侯王得一以为天下贞”(《道德经》第三十九章)。

所以，孔孟老庄，提倡大道，提倡德治，提倡礼治，让人回归到最美好最正常的初始状态，回到初心。这种状态下，人和人之间的关系是好的，是互相照顾的，是互相礼貌的，不会发生那些坏的事情。老子走得最远，认为最好的道德就是和婴儿一样，和刚出生一样，和襁褓中一样。这样将政治与哲学、道德、人性、天性、先验的某种神性与类宗教信仰，也整合为一了。

中华文化尚德，就是说道德至上，孔子说的是：“为政以德，譬如北辰，居其所而众星共之。”(《论语·为政》)孟子主张仁政，他的话是“民为贵，社稷次之，君为轻”(《孟子·尽心下》)。他还说“君有大过则谏；反复之而不听，则易位”(《孟子·万章下》)。老子主张的则是“圣人无常心，以百姓之心为心”(《道德经》第四十九章)。总之，中国的泛道德主义、为政以德论、天下归仁论、天道论、道统文统高于权统法统论，客观上都形成了对于权力的制约与辅佐。

二、和谐与中庸

我们对于道德化的要求的一个突出点就是追求和谐和中庸，尤其是对于君王、对于大臣、对于君子、对于士要求做到。春秋战国时期，中国古代儒家的经典已经提出了“和”的问题，“和”是社会政治的理念，也是哲学的和审美的范畴，“和”是哲学和审美的一种境界。《国语》中有89处提到“和”字：“惠和”“慈和”“和协辑睦”“律和其声”“风气和则土气养”。《礼记》中有80处提到“和”字，讲“乐者，天地之和也”。韩非子提出了“和气”的概念。《礼记》并提出“致中和”。可见，“和”是社会理想。

孔子的一个重要的说法是“和而不同”（《论语·子路》）。这就既承认了“天下”在“和谐”“和穆”上的同一性，又承认了世界与真理的多元性。大家都要仁慈、仁爱、孝悌忠信，恪尽自身的伦理义务，同时，可以保留并不相同的主张见解，可以相生相克，相反相成，共生共济，互补互利。

有中和的追求就有中庸的追求，孔子说：“君子中庸，小人反中庸。君子之中庸也，君子而时中；小人之中庸也，小人而无忌惮也。”（《中庸》）这是什么意思呢，就是说君子是讲中庸的，不讲极端的，不要搞极端，要准确，“发而皆中节，谓之和”（《中庸》），就是做什么事情都要准确，都要恰到好处，但是孔子同时也说：“中庸其至矣乎！民鲜能久矣！”（《中庸》）就是这个老百姓能做到中庸已经很鲜有了，就是很少有人能做到中庸，这种情况存在已经很久了，这就是忧患的根源。这个话根据的是东周时代的天下大乱、大争、大战，地域与诸侯们的冲突使得世道乖戾，夸张极端，与人为恶。在到处恶战的条件下，孔子提倡中庸，需要勇气，也需要担当。

中庸并不是中间，“中”的意思是中了靶心十环，“中”可以读去声，含义就是准确；“庸”就是正常、恰到好处、可持续性。即使从训诂的角度，“中庸”并不代表绝对的中间路线的意思。但是中庸实际上仍然有一个既不要太左也不要太右，什么事都要留有余地，不为已甚，不要走极端，不要搞分裂，更不要动辄搞爆破与恐怖的意思。用现代语言来说，正如上海合作组织所主张的，中庸就是反对宗教极端、分裂与恐怖三种势力。而这种思想即使在古希腊的哲学家里面，苏格拉底和柏拉图也主张过，他们也赞美选择中点，认为一个线段中点是最美的。其实比中庸之道讲得更美好的、更高深的，也更有趣的是庄子说的道枢（道枢：源自《庄子·齐物论》，意指大道的关键之处）。他认为最有利的情况，就是处于与各方等距离的圆心，枢纽的部分含义就是指的圆心。

三、泛哲学论：尚同与尚一

在中国最重要的学问是哲学，把许多问题都哲学化，追求认识世界与处理大千事务的一揽子学问，追求能诚意正心修身齐家治国平天下直到养生治病的总体之学。我觉得这和汉字有关系。汉字是全世界很少有的一种字。有人说汉字是象形文字，这完全是对汉字的无知。汉字是“六书”，象形只是六书的一种，因为它还有形声、指事、会意、转注、假借。

中国的学术思想，春秋战国时东周时已经形成基本的格局。此后几千年基本格局有各种各样的变化，但是没有特别巨大的颠覆。而那时候的混乱、争夺、多变，它培养中国人自古追求维稳，追求统一到一个大的概念上来，追求一个无所不包的概念，追求一个至高无上的概念；用至高无上终极性的概念追求，取代对于终极人格神的追求。如前所述，中国自古注意万物之间的共同性。前面说了中国文化对于一的追求，可以称之为“尚一”，尚“一”也就是尚“同”，崇尚万物万有的同一性。通过对同一性的分析追求，构建中国式的概念神祇，即寻找构建中国的道、天、一、仁、义……一类的顶端字眼。

还有，汉字特别整齐，它引导了中国用推导来代替论证。比如《大学》中说：

古之欲明明德于天下者，先治其国；欲治其国者，先齐其家；欲齐其家者，先修其身；欲修其身者，先正其心；欲正其心者，先诚其意；欲诚其意者，先致其知；致知在格物。物格而后知至，知至而后意诚，意诚而后心正，心正而后身修，身修而后家齐，家齐而后国治，国治而后天下平。

这就是一点一点地推理，叫作势如破竹。美国一位很权威的汉学家费正清——哈佛大学亚洲和太平洋研究中心就叫费正清研究中心——就讲中国一个大问题是逻辑不发达。类似意见我听杨振宁博士也讲过，他说中国自古缺少一个严密的逻辑。但是中国有自己独特推导，高屋建瓴，势如破竹，有这么一套思维方法。

相信这种推理方法美国也有。例如奥巴马在竞选总统时的讲话中的名句：

One voice can change a room, and if one voice can change a room,then it can change a city, and if it can change a city, it can change a state, and if it change a state, it can change a nation, and if it can change a nation, it can change the world. Your voice can change the world.

（一个声音可以改变一间屋子。而如果它能改变一屋，那么它会改变一个城市；如果它能改变一城，那么它会改变一个州；而如果它能改变一州，它也能改变一个国家；如果它能改变一国，它就能改变世界。你能够改变世界！）

中国的推导逻辑不足为奇。奥巴马竞选词的推导大逻辑也不足为奇。因为这里人们追求的是动员，是号召，是取得大众的支持。奥巴马要的是行动、发声、改变与选票。孔子要的是优化世道人心，接续尧舜禹文王的仁政与斯文一脉。

中华文化擅长整合思想，使什么东西都变成哲学，这样的整合能力，高度概括的能力是无与伦比的，但有时候也是不完全精确的，最明显的是中医。中医的好处是从整体上考虑问题。中医讲哲学、讲天人合一，每条经络每个器官，在哪儿起主导作用，春分的时候应该吃什么，冬至的时候应该吃什么，什么虚、实、寒、暑、湿、燥，还有许许多多，都像讲哲学，讲得非常有趣。但是它又不像西医什么东西都要实证与数据。

四、中华相对论：尚化与尚新

中国人在东周的时候已经痛感到世事无常，格局随时变换，是非没有一定规律。所以这样长期的战乱、纷争、瞬息万变的格局培养了中国人聪明、善变的特点。中国人最讲究相反相成、物极必反、随机应变、识时务者为俊杰。

中国有一个说法叫“内圣外王”。什么意思?《庄子·天下》说:

是故内圣外王之道，暗而不明，郁而不发，天下之人，各为其所欲焉，以自为方。

从庄子的时候已经有类似的说法，就是“以出世之心行入世之事”。“出世之心”是什么意思呢？我随时准备着离开世俗的这些竞争，准备回归山林，回归大泽湖泊，回归到大自然里面去。中国还有这样一些说法，“小隐隐于野，中隐隐于市，大隐隐于朝”。这样的思路在全世界都是少有的。

“祸兮，福之所倚；福兮，祸之所伏。”（《道德经》第五十八章）老子的名言说明中国人早就有了处变不惊的经验，咸鱼翻身的期待，卧薪尝胆的坚忍，人不堪其忧我不改其乐的豁达，置之死地而后生的胆识。中国人的性格当中，用懦弱包装着顽强，用谦卑准备着固执，用唯唯诺诺隐藏着自有定规，用随和迁就来开拓与守护自己的事业与追求。

孔子孟子论述过一些古圣先贤的不同，孔子强调自己“我则异于是，无可无不可”（《论语·微子》），就是说圣贤之路并不需要预设与拘泥。而孟子说得清楚：“伯夷，圣之清者也；伊尹，圣之任者也；柳下惠，圣之和者也；孔子，圣之时者也。”（《孟子·万章下》）就是说，孔子圣贤之路的特色恰恰在于了解与顺应时势。

确实，中国人脑子比较灵活，我们总是有比较开阔的选择空间，我们的俚语是“活人怎么会被尿憋死”。

第五节　为什么世界看好中国的改革

又是道德规范，又是同或一或同一统一，你们以为中国人是作茧自缚、画地为牢的吗？不是，呆板与固执的族群不会延续太久。中国人早就懂得“与时俱化”（《庄子》），懂得“穷则变，变则通，通则久”（《周易》）与“苟日新，日日新，又日新”（《大学》），懂得“我则异于是，无可无不可”与“邦有道则知，邦无道则愚”（《论语》），中国圣贤早就懂得一颗仁心，两手或更多手准备。甲案实现不了，乙案；乙案行不通，丙案。还有早在东周时期已经精通得出神入化的各种谋略，即从南北朝即开始流行，到明清时期终于写到书上的“三十六计”。还有“识时务者为俊杰”的适应性与灵活性。苏联东欧，一改革就垮了，中国却在改革中大为发展向好，当然不是偶然的。

老子的主张是“道生一，一生二，二生三，三生万物”，这里包含着中华哲学的宝贵理念：对于三与多的承认。而西方哲学家指出，承认三，承认中间状态，就不会走到极权主义、法西斯主义。

正是在改革开放的近三十年，中国哲学家庞朴教授，热心于提倡“一分为三”的思想方法。

中国是一个古老的国家，是一个多灾多难的国家，它经历了各种危殆与考验，经历了各种挑战与侵入，它独独能够逢凶化吉，遇难呈祥，咸鱼翻身，多难兴邦。个中教训，值得深思，值得温习回顾。

综上所述，我们谈论中华文化传统的时候，也许应该提及中华思路与传统价值的三个特点：尚文尚德，即泛善论；尚大尚同，即泛一论；尚时机尚调整适应，即泛化论。“化”即变化之意，但与变比较起来，“化”字常含有悄悄的变化、自内而外的变化、深潜的变化、渐进的变化之意。

这种强调它的巧妙性、可塑性、机变性与适应性的文化，发展伸延，即使在长期的封建社会中，虽然中华大地上也出现过种种的封建专制的黑暗与愚昧迷信，但与此同时，亲民与仁政的理念，和谐与和而不同的理念，中庸即中华式的理性与非极端理念，还有一生二、二生三、三生万物的理念，都在某种程度上制约着、监督着权力系统，时或使得权力的使用适可而止，不走极端。而中国的谏官制度与死谏传统，更是世界政治史的一绝，以道义理性武装起来的中国臣子，成为君王失误的报警者与阻拦者。简单地认为中国传统文化是封建专制主义的文化，是不全面也不准确的。

这个传统一直发展到现在。在中共建党与新中国成立初期，受苏联影响很大，但不论是肃反、是农业集体化、是文化政策的提法、是党内斗争方面，中国做得比苏联多了一些包容与灵活，留下了较多较大的调整空间，并终于走向了改革开放。

20 世纪最后 20 多年，中国起了带头作用的社会主义国家的改革，也明显地彰显了中华文化、中华智慧的作用。改革开放伊始，我们在强调解放思想，突破束缚，面向世界面向未来面向现代化的同时，严肃地指出了坚持四项基本原则的意义，后者曾经激起过某些困惑和质疑，但历史证明，这样以发展为基本点、以改革开放与四项基本原则为中心的路线，是成败与兴亡的关键。

在其他一系列问题上，关于实事求是，关于个人迷信，关于历史经验，关于团结起来向前看，关于独立自主，关于传统文化，关于中国特色，关于韬光养晦，关于不管毛色，捉住老鼠就是好猫，关于一国两制，关于市场经济，关于治国理政，关于初心与使命，关于构建人类命运共同体……都可以看出中华文化的应变能力、自我调整能力与见贤思齐的吸收同时妥为消化的能力来。

第六节　中华文化的现代意义

从整体来看，我们今天所肯定的中国文化的优秀部分，它的特点是积极性、此岸性与经世致用性。

它具有一种自强不息的积极进取取向。它主张“好学敏求”“勤能补拙”“不进则退”“业精于勤”“鞠躬尽瘁”“精益求精”“学无止境”“生于忧患，死于安乐”。它较易与迅猛发展的现代性接轨，较少有那种仇视现代性、敌视科学技术的心理与不求上进、消极懒惰的人生态度，具有强健的生命力与发展追求现代性的愿望。

第一，它越来越认识到必须提供越来越好的生活质量与生活乐趣，提供受这种文化熏陶的大众以幸福、满足、欣悦与尊严，它扎根于人民群众之中，使人们喜爱与尊敬这种文化。简单地说，它必须是以人为本的文化而不是以人为敌为奴的文化。

第二，它有足够的凝聚力与亲和力，使受这种文化的覆盖与影响的人和善起来、聚拢起来、互助起来，而不是恶斗不已，极端、恐怖、分裂。

第三，它应该能够坚持自身的特色和性格，独树一帜而又友好立身，享受自身。中华文化应该正确地处理与异质文化的关系，能够与外来影响切磋交流，也能撞出火花，取长补短，互利互补。既不会动辄失去自信，屈服于强势的文化压力，自我瓦解，也不会盲目排斥异端，更不会在急剧的全球化现代化进程中陷入认同危机，即失去自身的身份认定，陷入绝望与仇恨。

虽然在文化学、文艺学、哲学上有对于现代性的种种质疑与警惕，但从整体上说，中国明确地支持发展、现代化、全球化、高科技、合作共赢的观念与纲领。

费孝通先生提出的“各美其美，美人之美，美美与共，世界大同”的十六个字，正是所谓的“文化冲突”的现状下，中华文化的理性与和谐的声音，这种声音根源于孔子的“推己及人”“见贤思齐”“闻过则喜”“三人行必有我师”的伟大胸怀。

第四，它有足够的想象力与创造性，有足够的自我调整、自我更新与抗逆能力，它能够与时俱进，苟日新，日日新，又日新，自强不息。同时又有足够的对于自身的传统的珍爱与信心——文化自觉与文化自信。

第五，它具有很强的包容性。这将是一个既高度弘扬传统，又高度创新与汲取了一切现代文明的优秀成果的，富有鲜明的民族特色，又是呼应着人类文明大潮、成为欧美主流文明的重要参照、补充与对比的，广泛地满足了不同地域、不同层次、不同民族、不同信仰、不同个性的中华儿女的文化需求，同时又体现了社会主义理念的文化生活、文化巨流。它是古老的文化，也是现代的文化；是生机勃勃的文化，也是经典的与美轮美奂的文化；是理想的、精英的、高雅的文化，也是贴近人民的、充满生活气息的、为人民群众喜闻乐见的文化。它是人类文明的不可或缺的组成部分。

第二讲
灿烂辉煌的中华古代经典

中华传统文化灿烂辉煌，为世界文明作出了重要贡献。中华文化的基本格局形成于春秋战国时期，出现了“诸子百家”的文化繁盛局面，孔子、孟子、老子、庄子、墨子、韩非子等，共同奠定了中华文化的基石。特别是孔孟为代表的儒家文化、老庄为代表的道家文化，以及从印度、尼泊尔传入的佛教的中国化，成为中华文化最主要的“基因团”，儒家文化和道家文化后来衍变成了中华文化的两大源头。《论语》《孟子》《道德经》《庄子》等古代经典，是中国传统文化的主要载体，已成为全人类共同的文化宝藏。

第一节　孔子：斯文济世，天下归仁

孔子是中华文明的主要奠基者之一。迄今，对中华文化、中国社会，尤其是对世道人心、对中国老百姓的价值观念影响最大的是孔子及其代表的儒家学说。在一定意义上，孔子成了中华文化的精神符码和象征。孔子是儒家学说的主要创立者。儒学是中国传统文化的根基和主流，也是整个人类文明的重要组成部分。

一、斯文的救主

中华文化传统的形成离不开孔子。孔子生活的年代，天下大乱，五霸之类诸侯纵横捭阖、血腥争斗，孔子生活在这个争斗时期，他宣扬的不是自己主张的必胜性、强力性、面貌一新性、卒成大业平天下性，而是斯文性、君子性、复古性。孔子有一种巨大的使命感：复兴周礼周文化，挽救“礼崩乐坏”的乱世局面。

“文王既没，文不在兹乎？天之将丧斯文也，后死者不得与于斯文也；天之未丧斯文也，匡人其如予何？”（《论语·子罕》）孔子是斯文的救主，他是斯文的最后、几近唯一的火种，他活着的使命在于延续与重建斯文，从而“兴灭国，继绝世，举逸民”（《论语·尧曰》），从而“为天地立心，为生民立命，为往圣继绝学，为万世开太平”（张载:《张子语录·中》）。

孔子为挽救当时礼崩乐坏的局面而提出的好学、好古、敬天、祭祖、孝悌、忠恕、弘道、修德、求仁、正名、克己、复礼、礼乐、力行、知耻、恭谨、明辨及君子……这是一个系统工程，在当时来说，很有针对性，也达到了相当的高度。孔子的圣人化，是后世权力系统的举措造成的，更是他诸种主张说法的深得人心深入人心造成的。孔子的以仁为核心、一以贯之的道德范畴体系，他的从家庭伦理出发，从自然而然的孝悌出发，做到忠恕、中庸、和谐、恭谨、诚信、笃敬、治国及平天下的浩荡推理，他的从心性到礼制，从仁爱到义理，再到正名义正名位，再到秩序……由内及外，由小及大的堂堂思路，他的重学习、重教化、重义轻利、情笃气正和修齐治平……已经广泛为中华民族各层次各行业人民所接受。

二、仁德之美

孔子认为能够带来幸福与光明的只有道德文化。孔子说："德之不修，学之不讲，闻义不能徙，不善不能改，是吾忧也。"（《论语·述而》）孔子认为天下大乱的状态属于世道，世道凶险因于人心，心性随社会发展而复杂化、邪恶化、失范失衡化与歧义化：贪欲、乖戾、怨毒、争利、暴力、嗜杀、阴谋、诡计、不仁不义、不忠不孝……正在毒化我们的生活与身心。

孔子认为权力的根基在于仁德，仁德的来源在于天地的榜样与启示。权力首先是教化之权、示范之力，叫作"为政以德，譬如北辰，居其所而众星共之"（《论语·为政》）。"道之以政，齐之以刑"（《论语·为政》）（用政策与行政治理引领人民，用刑罚管束人民）远不如"道之以德，齐之以礼"（《论语·为政》），即用道德教化引领人民，用礼法管束人民。

孔子的理念是斯文救世，救国救民：用仁德代替凶恶，用仁政代替暴政，用王道代替霸道，用博大仁爱之心代替狭隘争拗之心，用善良坦荡规矩温文尔雅取代邪恶放肆忤逆野蛮诡诈的乱世恶相。

仁德首先是心性，又不仅仅是心性。它们外化并强化为礼，即行为范式、社会秩序、尊卑长幼规矩；外化为君子的斯文风范，君子的彬彬有礼、文质彬彬。这就叫以文化人，这就叫尚文之道，这就叫以德治国、以文治国、以礼治国，政治文明，斯文济世。

"诚于中，形于外"（《大学》）：伦常哺育孝悌，孝悌升华为仁德。仁德是核心，构建文化；文化表现为礼法，做事、举止、进退，直到容貌、面色、身体姿势与表情，都有章可循，有法可依，中规中矩，一丝不苟。尤其是君臣父子，恭谨诚敬，慎独慎微，没有给放肆混乱、倒行逆施留下余地。

孝发展而为忠，其理自明。悌发展而为恕：“推己及人”“己所不欲，勿施于人”（《论语·卫灵公》），“己欲立而立人，己欲达而达人”（《论语·雍也》），顺理成章，不由得你不喝彩。

三、“吾道一以贯之”

孔子说：“吾道一以贯之。”（《论语·里仁》）这个“一”就是道，这个道就是仁，这个仁就是德——仁义——文化——仁政——礼治。这个道是诚意也是正心，是修身也是齐家，是治国也是平天下，是忠恕也是仁义礼智信，是恭宽信敏惠，是温良恭俭让，是四维八纲——“礼义廉耻”或者加上“孝悌忠信”，是四德“恭敬惠义”，是克己复礼，是突出表现在中华戏曲中的忠孝节义，也是浩然正气，还可以加上一切中华美德，一通百通，一美俱美。

从这个“一”出发，孔子乃有如下的一些重要主张：

第一，是正名。命名就是定义定位，就是期待，就是价值宣示。命名代表了人们对于世界诸人诸事诸物的认识与把握，命名就是认识世界，就是治理安排拿捏。名中有义，名中有理，名中有礼，名中有分。正名就是整顿纲纪，就是名实相符，就是政策待遇确定，就是君君臣臣父父子子，就是有道，就是有章法、有秩序、有规律、有整顿、无乱象。不仅孔子如此，老子同样强调命名的重要性，他说的是“无，名天地之始；有，名万物之母”（《道德经》第一章）。不命名等于无万物之母，即无万物。

第二，是君子与小人之区别。孔子对社会大体上是两分法：一部分人是治人，即权力体制中人；一部分人是治于人，即被管理者。君子从社会地位来说是权力中人或候补权力中人，对于权力中人的文化要求与道德要求，当然要比从事生产劳动等“鄙事”的人众要高。“君子不器”（《论语·为政》）、“君子喻于义”（《论语·里仁》）、“君子周而不比”（《论语·为政》），即君子讲究的是义理，是原则，是大局，是世道人心，不陷于教条与具体行业，也不搞小山头小宗派。而“小人喻于利”（《论语·子路》），小人看得见的只有实打实的眼前利益。“君子和而不同”（《论语·子路》），是真和；“小人同而不和”（《论语·子路》），是假抱团的宗派山头黑手党之类，终必土崩瓦解、树倒猢狲散。君子之争，争起来彬彬有礼；小人之争，无所不用其极。“君子坦荡荡，小人长戚戚。”（《论语·述而》）

孔子对君子的期待既务实又理想，“学而不思则罔，思而不学则殆”（《论语·为政》）、“邦有道，则知；邦无道，则愚”（《论语·公冶长》）、“邦有道，危言危行；邦无道，危行言孙”（《论语·宪问》）、“用之则行，舍之则藏”（《论语·述而》）、“敬鬼神而远之”（《论语·雍也》）、“不语怪、力、乱、神”（《论语·述而》）……都很老到，堪称精明入化。他的斯文救国论，他的“克己复礼，天下归仁”（《论语·颜渊》），不但理想，而且纯正天真大气。

这样，“君子小人所为不同，如阴阳昼夜，每每相反”（朱熹：《论语集注》），绘出君子的道德文化风范与小人的低俗可悲，君子与小人之辨就不是社会地位问题，而是文化教养问题了。孔子的君子小人之说不利于民权平等观念的形成，但有利于保持权力系统中人精神面貌之精英性、示范性、先进性，对于中国这样一个超大的发展极不平衡的国家，对于实行精英政治，集中权力治国理政，其实具有相当实惠的劝勉性与可操作性。

这样的君子小人之说，还有被人民服膺的便利处。一是，你的权力来自道德文化，而不仅仅是世袭、血统、异兆、武力，老百姓听着舒坦，好接受。二是，你的道德文化记录太差，你就成了无道昏君独夫民贼，老百姓就有权替天行道，造你的反，灭你的朝廷。三是，强调道德文化修为，开通君子与小人的交通路径，缓解疏通君子与小人间的阶级对立，为后世建立科举制度打下思想基础。四是，推动教育，增强读书好学上进风习。

第三，孔子十分重视劝学。只有通过教化与学习，才能培养出文质彬彬，继承斯文的高尚一脉，才能继绝学，也才或有望于开太平。

孔子提倡的是学习型社会，是“温故知新”（《论语·为政》），是“举一反三”，是“见贤思齐焉，见不贤而内自省也”（《论语·里仁》）。这后者即内自省比思齐还重要，还难做到，还伟大。《论语》中多次讲到了自我反省的重要性，如“吾日三省吾身”（《论语·学而》），有一点点像基督教所提倡的忏悔，比忏悔的说法温和中庸一些，不那么刺激煽情诈唬施压。后世则将“自省”发展为高尚的“自我批评”。

孔子还讲“三人行，必有我师焉”（《论语·述而》）。孔子主张在生活中学习，向活人高人学习，联系自己的实际学习。他与死记硬背、生吞活剥、“寻章摘句老雕虫……文章何处哭秋风”（李贺:《南园十三首》其六）毫不相干。

第四，孔子提倡中庸之道，提出各种事情各种场合所言所行都要恰到好处，“过犹不及”。中庸之道是对于中华文化与孔子的尚一、尚同的重要补充。

长久以来，人们没有看得太清的是：只有“一”却缺少“多”的合理合法地位，也不是好事，它会使矛盾潜伏，负能量积蓄，酿造更大的灾难。

除了尚一则是尚同，最高理想是世界大同，是共产主义式的“大道之行也，天下为公”（《礼记·礼运》），是不分你我他，共享“一切的一,一的一切”。也许圣人、亚圣们多少看到了“一”化的危殆，看到“同”的困苦，才强调中庸，强调不为已甚，适可而止、恰到好处，一直到留有余地。和而不同，已经是很漂亮的中庸之道了。

中庸之道的另一个方面就是一颗仁心，两手准备：可以知可以愚；可以进可以退；可以用可以藏；可以显可以隐；可以独善其身，也可以兼济天下；可以怀大志修齐治平，也可以带着友朋学生春游沐浴、舞蹈吟唱（“莫春者，春服既成，冠者五六人，童子六七人，浴乎沂，风乎舞雩，咏而归。”——《论语·先进》）。这就是对立统一，已经是中庸之道的进一步发展。我们多半知道老庄精通辩证法，却也应该知道孔子的中庸之道的辩证法。

承认中间状态与多种选择的存在，才能理解中庸之道的意义。中庸之道，恰恰是非专制主义、非独断、具备一定的灵活性松动性的一个标志。孔子一方面尚一，两分世界：“有道”或者是“无道”，他主张邦国有道的时候要积极参与，发挥聪明才智；邦国无道的时候应该装聋作哑，避祸保身，同时说自己是“其知可及也，其愚不可及也”（《论语·公冶长》）。就是说学聪明易，学愚傻难。该傻的时候傻，这更重要。同时又强调中庸，强调和而不同，强调和为贵，强调

“我则异于是，无可无不可”，就是说除了一与二以外，他重视三与多的意义。

第五，除了尚一、尚同，还必须尚文。文质彬彬的人方能中庸。为何尚文？因为心性需要文明、文化、文艺、文学的滋养陶冶调理。“不学诗，无以言。”（《论语·季氏》）“《诗》三百，一言以蔽之，曰：‘思无邪。’”（《论语·为政》）“乐而不淫，哀而不伤。”（《论语·八佾》）“诗，可以兴，可以观，可以群，可以怨。”（《论语·阳货》）孔子认为，要修齐治平、治国理政，就要抓文艺。

第六，再进一步使文化成为行为规范的，是礼。“礼之用，和为贵。”（《论语·学而》）这是以和统礼。不是用法惩罚暴力，而是用和气的礼貌的文化熏陶来规范人民行为，这听起来是多么优雅，多么理想，多么高明与可心。礼法中最重要的是祭礼与丧礼，表达了对先人、对祖宗、对天地、对生死、对生命链、对历史和传统、对久远的以往也包含对亡灵与彼岸世界形而上世界的敬畏崇拜、深情重意。祭祀培养的是“慎终追远”（《论语·学而》）的厚德与担当。这里已经饱含了宗教情愫，却又延伸为做人做事的当下道德规范。尚一、尚同、尚文、尚古、尚中（庸或和），这五“尚”构成了中国君子之道德斯文——宗教崇敬体系。

第七，孔子强调的是周礼。一个朝代、一个政权、一种体制，在它最初建立的时候往往颇有动人之好处，否则西周如何取殷商、武王如何取纣王而代之？但世上压根儿没有完美无缺的体制运作与王权管理。时间长了难免暴露出缺陷问题，渐失新鲜感、敬畏感、认真感，渐显言行不一、口是心非、形式过场、陈旧呆板、虚与委蛇、酱缸粪堆之类的弱点。

四、天下归仁

那么，孔学的主张在我国实践得如何呢？遭遇又如何呢？

想想看，只要不觉得孝亲与悌兄有多么艰难遥远，恕道也就近在咫尺，忠也离我们不远，宽厚自然而然地造就，知耻之勇油然而生，恭谨礼让理所当然，廉洁与高尚成为风气，道义之心压制逐利之心，君子坦荡荡的斯文抵挡得住所有的卑俗、凶恶、敌意与乖戾。

顺着这个思路想下去，不免心花怒放，三呼圣人大哉：世道人心化险为夷，政治秩序化逆为顺，世道风气化浇薄为朴厚，处处谦谦君子，在在温良恭俭，权力惠民，百姓忠顺，君臣相得，邻里相助，阴阳调和，这就叫作天下归仁，斯文济世。

这样的天下归仁的理想国并不会现成摆放，任你享用讴歌，而是要经过努力学习、长进、切磋、琢磨，才能成真成形成事：读书明理，温故知新，举一反三，见贤思齐、见不贤思改，学而思、思而学，学而时习之，克己复礼……

这干脆可以说是古代的、以孔子为代表的中国梦。孔子的中国梦美丽、善良、单纯、精彩、雄辩、适宜，却不无天真。他可能还没有来得及去探讨推敲家国天下政治社会生活中的非斯文方面，权力与暴力方面，管理与匡正方面，利益与竞争方面，生产与财富方面，科学与技艺方面。他也可能远远没有顾得上去认知人民（首先是被他确实发现了许多弱点的小人们）在历史上的作用。他不可能像 20 世纪的毛泽东那样提出“人民，只有人民，才是创造世界历史的动力”（毛泽东：《论联合政府》）。

子贡问孔子：有美玉是珍藏在匣子里好还是卖个好价钱好？孔子

马上回答："沽之哉！沽之哉！我待贾者也。"(《论语·子罕》)(卖掉呀，卖掉呀，我就是等待着好价钱的呀！）孔子的热烈与直率跃然纸上。他的待价而沽的声明不是为了自己的立身扬名，而为了他的传承斯文、救亡斯文，以斯文一脉济世救国的天命。

孔子的斯文理念，说起来合情合理、正中人民下怀，而且堪称善良忠厚简明通俗，实现起来却颇不顺遂。热衷于政治与军事斗争的各侯国权力系统，看得见的是兵强马壮、克敌制胜；看得见的是粮丰草厚、武备充足，才能实力逞强；看得见的是计谋多端，事事占先；看得见的是赏罚分明、心狠手辣、八面威风……孔子的主张对于急功近利的权力中人来说，实在是急惊风遇到慢郎中，谁有那个耐心烦儿陪着您玩儿？

不足为奇。文化，既来自现实需要，又来自理念理想之梦。做得到的是它的务实性，例如"节用而爱人，使民以时"(《论语·学而》)，正常情况下多半可行。没有做到的是它的某些理想性，高不可攀。例如"其为人也孝弟，而好犯上者，鲜矣"(《论语·学而》)，不见得，如今的贪官中，也有孝子。至于"克己复礼，天下归仁"(《论语·颜渊》)，似乎压根儿没兑现过。

没有全面兑现不要紧，只要一个文化主张能在价值层面上被认同，只要它能唤起道德理性良知良能，能正面地影响精神走向，就算是取得了伟大成就。孔子、老子如此，佛陀、基督、苏格拉底、柏拉图、伏尔泰、卢梭、马克思与萨特也是如此。没有百分之百地兑现过的文化理念，仍然对人心有普遍的积极影响，功莫大焉。有了普遍的积极影响，至少应该算是实现了一半。这就是孔子所说的"求仁而得仁"(《论语·述而》)、"我欲仁，斯仁至矣"(《论语·述而》)、

“人能弘道，非道弘人”（《论语·卫灵公》）。

简单地说一句，从孔子那边学做人，至今很棒；读读《论语》，它有《处世奇术》（美国一本畅销书名）的精良，更有正心箴言的博雅，它是中华士子的《圣经》。

儒学价值观已经渗透在诗词、戏曲、说部、弹唱和各种文艺作品之中。“不关风化体，纵好也徒然。”（高明:《琵琶记》）风化的标准基本上是儒学观念，儒家观念已经逐渐演变为古代中国人的核心价值观，虽然那个时候没有核心价值一说。地方戏、说书、民间故事大致都认同孔子培育美德、匡正世道人心风化的努力。人们时时提倡孝道、仁义、糟糠之妻不下堂，厌弃翻脸不认人的暴发户。人们喜爱谦虚斯文，不喜欢咄咄逼人、仗势欺人的恶霸。人们喜欢知书明理的君子人，不喜欢蛮不讲理的流氓相。人们赞扬勤俭刻苦，厌恶懒惰奢靡。人们赞扬清廉，蔑视贪腐，渴望包公，诅咒赃官。人们赞扬“涓滴之恩，当以涌泉相报”，深恶“卸磨杀驴”“吃谁的饭砸谁的锅”的恶痞……街谈巷议、网络语言中亦常有古道热肠的舆论出现。

历史上，权力系统也渐渐品味到了孔子学说对于培养孝悌忠信、礼义廉耻、维护尊卑长幼秩序、维护天下太平的好处，意识到高举仁义为先的旗帜比任何其他旗帜更能感动中国。于是“大成至圣先师”，于是“文宣王”，于是“玄圣素王”，于是“孔圣人”，于是孔林孔庙文庙，从中国一直修到了越南、韩国。

五、儒学的现代遭遇

孔子当年，或有惶惶惶惶的丧家狗自嘲，从更长远的历史来看，他毕竟是巨大的成功者，他的续斯文之余脉的历史使命其实是胜利完成了，并辉煌至今。前无古人，好；后无来者，可惜。这可能与他提倡冲劲闯劲创新不够有关。他的斯文使命的完成仍然是当下完成，不是永远无虞，不是万能神药。他的为万世开太平的理想虽则远未实现，但他为中华民族文化的构建与凝聚延续打下了基础。没有孔子所代表的斯文一脉，我们能过得去北方游牧民族入主中原的一关又一关吗？我们能过得去 1840 年后的“人为刀俎，我为鱼肉”的生死存亡的考验吗？他的遗教当然不足以对付八国联军，但是他留下了理念与智慧，即使悲观者也念念不忘中华文明的伟大美好，即使“数千年未有之变局”（李鸿章语）也还有不变的中国心，“夫子言之，于我心有戚戚焉”（《孟子 · 梁惠王上》）。什么是这个“戚戚”呢？答：中国人的文化爱国主义！

一直到了 21 世纪，在经历了那么多质疑、反思、批判、攻击、嘲笑、抹黑之后，孔子仍然屹立着，美好着，可爱着，被关注着与被发挥着。而他并没有什么特殊的超人事功，只因为他坚持不懈，奔波劳碌，给了天地以心灵的爱憎美丑，给了一代代中国人民以价值向往，或有小疵，仍大可取。他扮演了几千年中国文明道统代表人物的角色，他成为中华文化的首要基因，固然难免某些元素发展成了有争议的转基因。他是今天仍要发掘汲取的重要民心民智资源。他生前身后，屡经危殆，大难不死，形象仍然纯粹干净，语言仍然精辟动人乃至精彩绝伦。谁能与他相比较呢？他靠的是人格和智慧，还有他的

72 位弟子。如果你用 21 世纪的 CT 机照准孔丘进行体检，找出来他的诸多令人痛心疾首的病灶，这又有什么可说的呢？难道不是他的历经 2500 年没有褪色的教益更令人惊喜吗？

我们在 1919 年有过振聋发聩的五四新文化运动。我们痛心于国家的积贫积弱，愚昧无知。我们迁怒祖宗，我们痛批中华传统文化“满口仁义道德，一肚子男盗女娼”的虚伪性，我们揭露“二十四史”的“吃人”本质，我们提出过“打倒孔家店”的革命口号，我们投身铁与血的革命。以毛泽东与延安为代表的革命文化在艰苦奋斗、英勇牺牲、壮怀激烈、勤俭节约、以民为本、自我批评、谦虚谨慎、顾全大局、忠诚老实等多方面继承并空前地发扬了传统文化的精华，而在阶级斗争的高潮中我们曾视“温良恭俭让”如草芥，视儒家为反动。正是狂飙突进的新潮，使我们的传统文化受到了数千年来从未受到过、从而是最最迫切需要的挑战与冲击，受到了一次脱胎换骨的洗礼，孔子等诸子百家的学说置之死地而后生，我们的国家艰难困苦，玉汝于成，历经艰辛曲折坎坷，改革开放发展进步迈开了社会主义现代化的大步。

新文化运动与革命文化，也使人们看到了仅仅一个孔子的学说不足以完成提供中国现代化征程所需的精神支撑的任务，我们必须汲取数千年历史上的一切精华，更新完善我们的民主、自由、平等、法治、科学、真理、价值、方法论、逻辑学等诸种观念，必须汲取人类一切先进文化成果，必须汲取历史唯物主义与科学社会主义并使之本土化。不了解传统文化就不了解国情人心，脱离国情民心就必然碰壁。不改革开放发展现代化也只能向隅而泣，乃至被开除球籍。

今天，我们骄傲于改革开放、中国特色社会主义现代化的长足进展，乃有信心大谈“博大精深”其实曾经是困难重重的中华传统文化。这是中华民族的胜利，也是人类一切科学文化成果洋为中用的胜利，还是以孔子为代表的中华传统古为今用的成功，是我们的古老文化实现创造性现代化创新转化的胜利。

我们提倡传承与弘扬传统文化精华，要做的是充分发掘我们这样一个大国古国的精神资源，匡正与充实世道人心，使我们不仅在物质层面而且在精神层面全面丰饶、自信、心心连通，创造新的历史，实现中华民族的伟大复兴，当然也包括文化复兴与文艺复兴。

第二节　孟子：人性·民心·天意·精英主义

儒学的另一重要代表人物是孟子，名轲。孟子是仅次于孔子的一代儒家宗师，后世尊称“亚圣”。

秦始皇统一天下后，焚书坑儒，表现了他对儒家的厌恶，那是由于儒家的泛道德论、泛善论、为政以德论、齐之以礼（用礼法规范天下）论、君子—士—精英主义、中庸理性主义、圣人乃百世之师论、民贵君轻论……客观上形成了对于君王权力的文化监督、道德监督。

但后来的皇帝、朝廷、儒生、乡绅，一直到百姓民间，渐渐接受了儒家的优显地位。因为儒家自好学孝悌始，到治国平天下终，说法正当、顺耳、简明、容易接受，即使不完全做得到也比没有这样一个美好通俗的学说好。而且，除了用这样的学说吹吹民心民本性善仁政以外，用别的学说就更无法让百姓们听着舒心放心。法家学说是君王听着舒服速效，百姓听着肝颤。道家学说是抽象思维的胜利，通向宗教，玄而又玄、众妙之门，伟大而涉嫌玄虚与故作逆反。墨家投合志士，名家投合思辨拔河，都没有儒家的广博平易诚恳。儒家学说汉武帝以来地位飙升，渐渐达到了罢黜百家与独尊儒术的局面则是事实。而儒家的代表人物自然是大成至圣先师孔丘，后世又加上了孔子死后百年的战国时期亚圣孟轲。

亚圣的地位有难处。一概拷贝孔子，失去存在必要；与至圣各说各的，平分秋色的可能性不大，被攻讦为标新立异与“机会主义”“修正主义”的危险则大为增加。

从文风话风上看，孔子各方面论述恰到好处，春风化雨，亲切自然。一上来就是“学而时习之”“有朋自远方来”（《论语·学而》），何等安稳熨帖。而孟子一起头就选择了“何必曰利，亦有仁义而已矣”（《孟子·梁惠王上》），树起了利与义二分法两大阵营，而且他使二者不可得兼，一直发展到后来，达到“生”与“义”的不可得兼，达到舍生取义的壮烈。孟子的不妥协性与尖锐性、彻底性振聋发聩。

一、从民本到精英

孟子的“义”，主要是指义理，即大道理、大原则。用今天的话来说就是不能用原则做交易，小道理必须服从大道理。孟子的话是“上下交征利而国危矣”（《孟子·梁惠王上》），此话值得回味：一个权力系统，如果追求的是具体的形而下的利益，后果不堪设想，原因很简单，利与利有时相悖，不同的人、家、国、天下各有其私利，争利的结果会是天下大乱。

但今天的人们明白，除了私利，还有国家、人民的利益，利益是有最大公约数的，大道理与大功利是分不开的。过分强调义与利势不两立，其后果是给人以孟子“迂远而阔于事情”（司马迁:《史记·孟子荀卿列传》）的评价。

孟子突出了以圣贤为己任的亚圣贤准圣贤人格的坚强、浩大与光耀。叫作“我善养吾浩然之气”（《孟子·公孙丑上》）、“至大至刚”（《孟子·公孙丑上》），这是那个时代的修身——苦练内功。可以理解，亚圣往往会比至圣多一点锋芒，这才可能使自己在既非新出锅，而且仍然是百家争鸣、莫衷一是的局面下坚持响当当的气概。

《孟子》一书中，“王”字出现 322 次，“天”出现 287 次，“民”209 次，“君子”一词 83 次，“士”87 次。“王”字最多，因为他致力于为王者师，谈“王”论“王”，也见过、教训批评过很多王侯，获得过或拒绝过他们的馈赠，“后车数十乘，从者数百人”（《孟子·滕文公下》），社会地位、政治地位与生活待遇不低。从境遇来说，孟子比孔子牛气很多。

而且孟子有理论，引用曾子言曰:“晋楚之富，不可及也。彼以其富，我以吾仁，彼以其爵，我以吾义，吾何慊乎哉”（《孟子·公孙丑下》），也就是说，以自己的文化资源、道德资源，向权力资源与财富资源叫板逞雄，义行天下，不畏权与利。

不仅仅是为自己应得的礼遇，而且是为了圣贤、大人、君子、士、大丈夫直到臣等说法不一的社会精英、社会贤达的地位。

孟子的观点，不能是权力至上、君王至上，而是在天与民至上前提下，表现出来的可操作的抓手：那是精英至上。

除“君”外，《孟子》中讲得最多的是天，天是自然的存在，也是至高至上至大的巅峰——神性的终极。孟子认为“民为贵，社稷次之，君为轻”，原因是“天视自我民视，天听自我民听”（《尚书·泰誓》）。

这里的“天民合一”可能比“天人合一”更富挑战性。天民合一挑战的是不行使仁政的君王权力，天人合一针对的则是人类面对天道与自然的异类感：包含着怨雠、畏惧、悲叹、匍匐与胡作非为。

然而天无言，民是无序乃至无端（头绪）的，对于天与民的高度尊重，只能体现在君子、精英、士们的贤明与品德上。“君子所以异于人者，以其存心也。君子以仁存心，以礼存心。仁者爱人，有礼者敬人。爱人者，人恒爱之；敬人者，人恒敬之。”（《孟子·离娄下》）孟子此言告诉我们，还是要从君子之心中探寻仁、礼、爱、敬的天道天威与民心民意消息。

孟子认为圣贤谱系大致是“由尧舜至于汤，五百有余岁……由汤至于文王，五百有余岁……由文王至于孔子，五百有余岁”（《孟子·尽心下》），孔子不是天子君王，但是与唐尧虞舜夏禹成汤文王平起平坐，而且，孟子说“孔子之谓集大成。集大成也者，金声而玉振之也。金声也者，始条理也；玉振之也者，终条理也。始条理者，智之事也；终条理者，圣之事也”（《孟子·万章下》）。孔子最伟大，圣贤最伟大，仁义爱敬智圣最伟大，王道最伟大。孔孟虽然没有机会王天下，但他们提出了可以“王天下”的王道，叫作“乐以天下，忧以天下；然而不王者，未之有也”（《孟子·梁惠王下》），还有“仁者无敌”（《孟子·梁惠王上》）与“保民而王，莫之能御也”（《孟子·梁惠王上》）。

二、仁者无敌

孟子说："桀纣之失天下也，失其民也；失其民者，失其心也。得天下有道：得其民，斯得天下矣；得其民有道：得其心，斯得民矣；得其心有道：所欲与之聚之，所恶勿施尔也。"（《孟子·离娄上》）

这一类的命题，你会觉得孟子正道得简约得相当纯洁，他的文化理想主义与道德理想主义，讲得到家。人性向善，人心思善，君王为善，就是仁政，就能建成人间乐园，直到"与民同乐"（《孟子·梁惠王上》）、"俊杰在位"（《孟子·公孙丑上》）、"省刑罚，薄税敛，深耕易耨"（《孟子·梁惠王上》）。还有"市，廛而不征，法而不廛，则天下之商皆悦，而愿藏于其市矣。关，讥而不征，则天下之旅皆悦，而愿出于其路矣。耕者，助而不税，则天下之农皆悦，而愿耕于其野矣"（《孟子·公孙丑上》）。一方面是春秋无义战，到处是争权夺利、阴谋诡计、血腥屠戮、枉费心机、国无宁日；一方面是仁者无敌、莫之能御、天下归心、轻而易举。孟子的名言："老吾老，以及人之老；幼吾幼，以及人之幼。天下可运于掌。"（《孟子·梁惠王上》）（作者按：在我少年时代一接触到"共产主义"四个字，脑子里出现的就是"老吾老，以及人之老；幼吾幼，以及人之幼"十六字真言。十六字做到，万国一家，万民一体，不是人间乐园还能是什么？）

孟子认为实行王道而不是霸道，恩被百姓而不是祸害百姓，其实很容易做到，犹如"为长者折枝"（《孟子·梁惠王上》），绝对不是"挟太山以超北海"（《孟子·梁惠王上》），君王们没有去做，完全

“是不为也，非不能也”（《孟子·梁惠王上》），关键只在一念间。

孟子引用孔子的话说：“道二，仁与不仁而已矣。”（《孟子·离娄上》）此说干脆利落，简明浅显，说得极其便利，实际上没有这样明白。帝王将相、名公大臣，都重视争权夺利，而且都认为有权才能实施仁政、造福百姓，有利才能爱民如子，使人民“仰如父母”（出自《孟子·梁惠王上》，原句为：“明君制民之产，必使仰足以事父母，俯足以畜妻子，乐岁终身饱，凶年免于死亡。”），实际上呢？争得尸横遍野，民不聊生，根本没有了义战，咋办呢？

他提了许多争取人心的建议。首先是反战，他说：“故善战者服上刑，连诸侯者次之，辟草莱、任土地者次之。”（《孟子·离娄上》）应该施以刑罚对待打仗、“外交”、开疆拓土的能人们。他还建议：例如王者修园林，应采取开放态度，“与民偕乐，故能乐也”（《孟子·梁惠王上》），他说当年文王的灵台鹿苑就是这样的。他提出了做好农民土地的经界、不违农时、捕鱼不入洿池即大水池，保养资源环境、伐木也要遵守时序的要求，说是这样做了就可能丰衣足食。换句话说，之所以百姓不能温饱，正是由于权力系统的营作不端，破坏了生产的正常时序与生产环境。他还提出薄赋税，乃至免税。

这些说得很中听，但实际难以做到。孟子的愿景是由某个侯王建立一个人间天堂、人间乐园，然后是百姓们载歌载舞、欢呼雀跃而来。再说，是先建乐园然后“王天下”即把握天下权柄，还是先把握了权柄“王”了天下才能修建出一个人间乐园来呢，也容易扯皮。

这里有中华文化的思想方法，尚同尚一尚朴尚整合，我称之为“泛一论”，即认定千万概念中有一个最基本的概念，主宰一切，一通百通。它是中华的概念神祇，是中华宗教情怀的文化化与道德化。

泛善论、泛一论与泛化论，是中华文化的“三泛”特色。对于孟子来说，泛一就是泛善，必须加上随时调整变化的泛化才能解释大千世界的种种变通与不一。

三、孔孟是不是复古

孟子是言必称尧舜——仁政，孔子是梦欲见周公——重建郁郁乎文哉的礼乐之邦。这与其说是复古，不如说是怀念中华文明的奠基——启蒙阶段，恰如一个人在躁动焦虑哭哭闹闹的青年时期回忆向往自己单纯快乐的童年。草创阶段，百废俱兴、百事最美、人情天理、中规中矩、新鲜活泼，正是尧舜文王时期的特殊魅力。然后日复一日，年复一年，文明使生活规范，规范渐渐引起逆反，英雄（枭雄）不畏也不全信规范，他们懂得了使规范为己所用。文明使生活文化雅化，也使生活啰唆、形式主义，直到某种文明成为桎梏，文明异化成为幸福与人性的对立面。美好的语言与意向温暖人心，时间长了美言变成套话空话，好心变成作秀，礼仪变成虚与委蛇，仁义道德变成幌子。

一种文明、一种体制、一个朝代，在它的初始化阶段大多是生机勃勃、引人入胜、万民欢呼。而过了一个时期，各种僵化、老化、空化、异化、腐败与病毒入侵的现象渐渐滋生，甚至成为痼疾。于是不失其赤子之心的孔孟竭力要求回到唐尧时代，而庄子要求干脆回到更古老得多的前神农时代，老子的希望则是人人回到婴儿时期。老子要问人们的是：你们还“能婴儿乎？”（《道德经》第七章）

这里复古怀旧是现象，批评现实、要求调整变化、因应挑战、恢复活力、重新从零开始做起才是实质。哪怕二位圣人加上太上老君

(道德天尊)——老子与南华真人——庄子并未意识到这一点也罢。

这样，孔子认为自己是西周文脉的最后唯一代表，他如果遇难，就是“天丧斯文”(《论语・子罕》)。孟子则深深意识到他是孔子后的文化—政治—救世—天命的担当人。

四、对精英的期许

孟子要鼓励自己与自己的门徒，还有自己一类的、大体上是以自己为带头人的社会精英群。

这样的精英，“故天将降大任于是人也，必先苦其心志，劳其筋骨，饿其体肤，空乏其身，行拂乱其所为，所以动心忍性，曾益其所不能”(《孟子・告子下》)——不是一般人。

这样的精英，“说大人，则藐之，勿视其巍巍然。堂高数仞，榱题数尺……食前方丈，侍妾数百人……般乐饮酒，驱骋田猎，后车千乘，我得志，弗为也。在彼者，皆我所不为也；在我者，皆古之制也。吾何畏彼哉？”(《孟子・尽心下》)——干脆要藐视权贵，牛气自身。

孟子还发明了天爵人爵之说：“有天爵者，有人爵者。仁义忠信，乐善不倦，此天爵也。公卿大夫，此人爵也。古之人修其天爵，而人爵从之……”(《孟子・告子上》)用今天的话说，一个人本身的精神境界与能力是天给你的级别，闹个什么职衔，则是人事部门定的级别。人应该努力去修养自己的境界能力，级别待遇则是捎带手的事，不能反过来，靠级别树威信，靠级别显品德与才能。这话对于今天的中国，太合适也太必须了。

他说：“如欲平治天下，当今之世，舍我其谁也”(《孟子・公孙丑下》)，认识与担当，毫不含糊。他说：“万物皆备于我矣。反身而诚，乐莫大焉。强恕而行，求仁莫近焉。”（《孟子·尽心上》）“皆备于我”，与其说是主观唯心，不如说是对于天人合一的信仰，善德即是人性，人性即是天性，人心即是天心，人道即是天道，只要不受后天的异化与“非人”“非仁”的恶劣影响，推己及人，推己及物，推己及天下，其乐莫大，求仁莫近。一个仁一个乐，便是天道，便是人性的根本。

这样的精英不但不是白吃饭的，而且是起着大作用的。孟子曰：“君子居是国也，其君用之，则安富尊荣。其子弟从之，则孝悌忠信。‘不素餐兮！’孰大于是？”（《孟子·尽心上》）

这样的精英要求尊重礼遇，高看自己。“古之贤王好善而忘势。古之贤士何独不然？乐其道而忘人之势。故王公不致敬尽礼，则不得亟见之。见且由不得亟，而况得而臣之乎？”（《孟子·尽心上》）——要乐而忘势，“乐”是满足与自信，“势”是权贵乃至君王。孟子的理论给力，但中国的后世，精英们的处境与自我感觉是每况愈下。

尤其是“君之视臣如手足，则臣视君如腹心；君之视臣如犬马，则臣视君如国人；君之视臣如土芥，则臣视君如寇仇”（《孟子·离娄下》）。孟子此言，带几分狠劲！

精英们做了君王的臣子，仍然要求双向的尊重与忠诚，而不是单方面己方的“罪该万死”与君王方的“口含天宪”（范晔：《后汉书·宦者传论》）。孟子甚至提出来，“贵戚之卿”（《孟子·万章下》），“君有大过则谏，反复之而不听，则易位”（《孟子·万章下》），他认为贵族精英圈子，可以因君王的过失而更换之，搞得“王勃然变乎色”（《孟子·万章下》）。

看来，孟子希望能用文化、道德，与文化道德的体现者圣贤、君子、士们，与掌大权却又无义战的诸侯君王之间取得某种平衡。

孟子这个希冀很难说做得怎么样，但是比没有好。孟子的思想为中国古代的政治生活保留了活气正气，也承认了封建专制之中仍然存在的缝隙。

泛一中仍然存在着二：义与利、彼与我、君与臣、仁与不仁、敬与不敬、礼与非礼。

孟子是讲天下定于一的："'天下恶乎定？'吾对曰：'定于一。''孰能一之？'对曰：'不嗜杀人者能一之。'"（《孟子·梁惠王上》）然而，万事万物，不是定于一就终结（如所谓"历史的终结"）了，定于一必然就有二有三有多，有一生二二生三三生万物（老子），有一的一切，一切的一（《华严经》），有杂多、差别、统一（黑格尔）。你"不嗜"杀人了，意即"总是要杀一点人"，并不是根本不杀人，只是不嗜杀忒多的人，你与那个被杀的人仍然"一"不到哪里去。还有，你不嗜杀人了，有嗜杀的怎么办？嗜杀者恰恰要杀你怎么办？民、社稷、君的贵与轻的说法也不是绝对定于一而恰是同时分为三的。

五、性善论的根本性与信仰性

这样坚决主张与高度自信，靠的是什么？曰性善。性是人的根本，是人与兽的区别所在，是天意天命，性就是天。"天命之谓性，率性之谓道，修道之谓教"（《中庸》），这是儒学的根基所在。到了孟子这里将之发展提升到新的高度。孟子的性善论基本逻辑是：人心向善、邦国天下天然应该走向以善为核心的仁义之道，因为人性已经具备了善的元素与基因：良知良能。良知良能是与生俱来的，是天生的，是先验的，是至高至上的天命与天意。人只有性善才能走近天的伟大，只有符合天意才够资格为人，也只有将人性善理解为天意才能够成为善化德化的至高律令的颠扑不破的前提。

就是说，人性善，同时人必须性善，没有讨论余地，这是超人间的人性源头——天所决定的。

善是天定，天是善证。性是天赋，善是性生。

不仅个人天性如此，万民的政治趋向更是如此。孟子引用《诗经》与孔子的评论，说是“天生烝民，有物有则。民之秉彝，好是懿德”（《孟子·告子上》）。

这既是文化信仰、道德信仰，又是人生信仰、终极信仰、类宗教信仰。为什么说终极？因为把天抬出来了。孟子时代，有没有比天更终极更高端更根本的概念呢？老子有“道”，孟子没有。有没有善的本性，是人的基本特点，而善性来自至高无上的天。善来自天，天子的地位与权威来自天，天是一切权威与信仰的根本，也是一切政治权力的正当性（如今天所讲的合法性）的根本。人性、道德、仁政、天命、自然就这样浑然统一，儿童品德、政论、哲学、伦理学、中华神学、教育学、公共管理学，就这样浑然无间。在孝悌—仁义—道德之间，在自然、素“朴”（这里有老子的概念）、人性—天性—神性之间，孟子代表的中华文化画了一个等号。性则善，善则天，天则义，义则无敌于天下。

孟子认为，你从哪儿体悟天命天意天机呢？没有比从人性之善上来悟天、悟终极、悟根本更好的了。恻隐之心，羞恶之心，是非之心，恭敬之心是何等美好动人，它们既有人间性又有崇高性即神性或终极性。人性善性，这是源起，这是仁义的根据，这是归根到底，这是统一的度量衡，这是无敌的万能钥匙，这是核心价值，这是比生命更宝贵的瑰宝，这是人生社会最大的凝聚力吸引力与足堪为之献身的精神高端，这是孟子的“上帝”范儿的概念。

既是上帝范儿，又是婴儿般的浅显平易亲切日常，而且是百姓梦：“民望之，若大旱之望云霓也。”（《孟子·梁惠王下》）也是帝王梦：“得天下有道：得其民，斯得天下矣”（《孟子·离娄上》）。

六、圣贤垂范天下

“君子有三乐，而王天下不与存焉。父母俱在，兄弟无故，一乐也；仰不愧于天，俯不怍于人，二乐也；得天下英才而教育之，三乐也。”（《孟子·尽心上》）这是绝对的世俗与庸常的快乐，又是高尚与纯朴的，最符合天性自然的快乐，而且应该说是不分君臣、上下、君子小人的最普泛的快乐。它既是自然又是超自然的天所能给予、所愿给予、所可能给予的快乐，而针对斯时的急功近利、称王称霸的追求来说，它又是一服清醒剂。为什么“王天下”不属于君子之乐的范畴呢？因为那里面包含了权力争夺的因素，还因为那不是快乐而是责任，还因为天并不可能助所有的君子获得王天下的成功。孔孟的天与老子的道差不多，是不言的天，是“生而不有，为而不恃，长而不宰，是谓玄德”（《道德经》第十章）的天，是“有大美而不言”（《庄子·知北游》）的天，这是中国的终极关怀终极信仰的一个极不凡的智慧，即不将概念神意志化人格化。老子那里甚至于提出了“天地不仁”（《道德经》第五章）的惊人命题，这一点与儒家相差甚远。老子的命题在于承认天超然于人文观念之外。孔孟则强调人文观念最终是天命的产物，不但是天命的产物，也是后天培育教化的成果。孔孟把先天与后天进一步统一起来了，因为彼时性恶的现实比比皆是。孟子费了老大劲论述，性恶的现实是出于环境与后天，环境与后天的失常使得发生了糟践善因的痛心事态。

是故孟子推崇的大丈夫——精英中的巨型成功人士："富贵不能淫，贫贱不能移，威武不能屈。"（《孟子·滕文公下》）突显了信仰坚定的特色。关键在品质，在内心追求——志，不在事功，具有信仰主义的某些特征。信了就能做，做了就能胜能好，略费了点口舌，事功的事捎带手也做到了。

孟子引用曾子的话说："子好勇乎？吾尝闻大勇于夫子矣：自反而不缩，虽褐宽博，吾不惴焉；自反而缩，虽千万人，吾往矣。"（《孟子·公孙丑上》）就是说，只要自己认定的仁德正义、理直气壮之事，谁也不必害怕，一往无前也就能百战百胜。只要自己并不那么理直气壮，谁对谁也不可大意任性。古今中外的勇士，其勇多半是与实力结合在一起的，到了孟子这里，更看重的则是义理，有了义理天下无敌，输了义理就休要逞雄。

人性·民心·天意·圣贤主义即古代的精英主义，集中表现为王天下亦即平天下的无敌仁政，这是孟子的四位一体的道德政治宏论。

由于注重义理，孟子在阅读、接受、文学批评上也有迄今不可动摇的重要说法："不以文害辞，不以辞害志。以意逆志，是为得之"（《孟子·万章上》），还有被称作"知人论世"的"颂其诗，读其书，不知其人，可乎？是以论其世也"（《孟子·万章下》）等。

孟子还说："耳目之官不思，而蔽于物。物交物，则引之而已矣。心之官则思，思则得之，不思则不得也。"（《孟子·告子上》）这对于今天网络与多媒体时代的人恰中要害。多媒体等的发达使一些糊涂人作出文学式微、小说灭亡的预言，就是说以为用不会思索的“耳目之官”的“视听”可以代替用“心之官”去“思”与“得”的“阅读”，这一类问题，孟子早就讲明白了。

孟子说：“博学而详说之，将以反说约也。”（《孟子·离娄下》）由简入繁，再由繁入简；由约入博，再由博入约；由略入详，再由详入略；由地面高入云天，再由云天稳稳落到地面；由平淡进入高亢激昂，再从高亢激昂回到“放其心”——踏踏实实地淡定安详……这是做人做文之道，为政为学之门。善矣哉，孟夫子的独特体悟！

在义理问题上，孟子的坚决与认真感人，也许可以说孟子这方面的调子很高亢。在现实生活问题上，孟子的说法相当灵活。同样是圣人，有“圣之清者也”伯夷叔齐，有“圣之任者也”伊尹，“有圣之和者也”柳下惠，更有“圣之时者也”（《孟子·万章下》）孔子。“可以仕则仕，可以止则止，可以久则久，可以速则速，孔子也。”（《孟子·公孙丑上》）不同的时势，不同的应对，这就是“圣之时者也”的含义，同时也说明了孔子所处环境的复杂多变。但也有针对此“时”字讥笑孔学者，例如鲁迅就因孟子此语称孔子为“摩登圣人”，语含不敬，令人无奈。

孟子承认人生路径选择上的多样性。还有像他母亲的丧事、离开一地时的快慢、接受与不接受馈赠、会见或者不会见什么人，还有即使有了一定地位是不是真有了说话的机会与必要（他为卿于齐，出吊于滕，与实权派副使王驩不谈公事），他都一一根据具体情况灵活处理，并不生硬较劲。

他还谈到一些具体问题，“居移气，养移体”（《孟子·尽心上》)，“有恒产者有恒心，无恒产者无恒心”(《孟子·滕文公上》)，他承认“口之于味也，目之于色也，耳之于声也，鼻之于臭也，四肢之于安佚也，性也”(《孟子·尽心下》)，他还说过“富岁易赖，凶岁易暴”(出自《孟子·告子上》，原为：“富岁，子弟多赖；凶岁，子弟多暴。”)，还有就是他理想中的小康社会是“七十者衣帛食肉，黎民不饥不寒，然而不王者，未之有也”(《孟子·梁惠王上》)，另一处则是说“五亩之宅，树之以桑，五十者可以衣帛矣”(《孟子·梁惠王上》)。在一些实际问题上，他也是接地气的。

两千多年前的孟轲，今天仍然是有启发有意义。他很有个性，他善于辩论，他文思纵横而且大义凛然，他将修身齐家治国平天下诸问题讲得通透贯穿，同时表现了足够的处世的聪明与应对的机敏。初读孟子对他的大言雄辩夸张横空举例不无距离感，再读三读，渐渐感觉到了孟轲的智慧与可爱。

善哉《孟子》，甚可读也。

第三节　老子：你为什么需要一个道

与儒家不同的是道家。道家为中华文化提供了不一样的思想，甚至说辞。道家同样是中华文明的重要构成，是中华文化的源头之一。在一定意义上，儒家和道家共同构成了中华文化的两面。儒家是主流，道家是补充；儒家维护社会秩序，道家给社会松一点绑；儒家此岸务实，道家以出世之心提升入世的道理，应对入世的麻烦，从追根究底的常理上看，道家甚至提升了儒家的孜孜矻矻。你很难想象没有道家的中华文化会是什么样子。老子、庄子是道家文化的代表。

一、道是怎么来的

老子非常重要，他是中华民族智慧的一个高峰。他的《道德经》在世界上有上千种译本，是全部中华典籍中翻译得最多的。

道是什么?《辞源》上的解释主要是道路、方法与规律。《不列颠简明百科全书》上的解释主要是：世界的本原和规律。此百科全书还特别注明：庄子认为，道是终极本原，是无所不载、无所不覆、自生自化的宇宙本体。

当然，“道”这个字并非老子首创，《诗经》里有“道”字，指道路。孔子也讲“朝闻道，夕死可矣”，视道为价值之至尊。而老子和庄子将道视为世界的终极本原、本质、本体，这是他们的独特思路。

老子应该是从世界、天地、万物、万象的共同性出发来寻找道的。老子研究出一个道来，研究出道之唯一来。这首先靠寻找共同性，其次是靠寻找本原而来，即溯其源而得其道。

老子反复讲的道的特质，其实就是万物的共同性。这种共同性应该是：

一曰自然。自己运动，自己变化，不受外力，不受意志——不论是人的意志还是神的意志——的影响，不受价值观念、道德标准、爱心或者恶意的左右。这是道的首要特色。无为呀，不言呀，朴呀，不智呀，都是从这个自然自行运动的特点衍生出来的。

二曰变易，叫作逝。万物都在变化，因此不可鼠目寸光，不可只顾眼前，不可一意孤行，等等。

三曰辩证。相反相成，物极必反，祸福相倚，尤其是有无相生。

无必然会产生变化出有，有必然会消失变化为无，无中生有，有中变无。无与有，都是谁也摆脱不了的存在形式与变易规律。

四曰阴柔。大道如巨大的阴户与子宫。柔弱而不是坚强，重为轻根，静为躁君。

五曰趋下。如水，向下流，自觉居下，居别人不愿居之洼地。

六曰无私。生而不有，为而不恃，功成而弗居，知雄守雌，知白守黑，等等。

七曰惚恍。是集合形态、含糊形态、灵活形态。这与中华盘古开天地以及浑沌假说有关。它甚至让人联想到宇宙生成的一些假说，例如星云说。

八曰玄妙。其言甚大，玄而又玄，众妙之门，说明道是相当抽象深奥渊深的，是不可一蹴而就的。

九曰宝贵。人之宝，人之保。得道则无尤无咎无伤无死地，失道则离灭亡灾祸大畏不远。

怎样命名这九点呢？曰道，曰本原、本质、规律也是本体。

曰“一”，找了半天，悟了半天，就是找出悟出这个唯一的道、这个道的唯一即“一”来。有了这个一，就一通百通，什么都有了。国人好一崇拜一，其实别的都不是一，都是有一也有二也有三也有万物万象，只有无限大的道，才是一、唯一、同一、统一、合一。道就是一切的一，道产生一的一切。

这里尤其需要注意的是老子的道生一，一生二，二生三，三生万物的观点。当代中国哲学家庞朴，改革开放以来提倡“一分为三”的思想方法。中华传统文化对于三的相当程度的强调，从学理上说明了中华文化对于极权主义的保留乃至否定。就是说一是承认二的，即承认对立面、承认斗争、承认不是你吃掉我就是我吃掉你的森林法则的，但是有了三就有了多，就有了平衡与变易的多种可能，发展变化的多种可能。

二、道、“到底”与究竟

你也许会问：究竟什么是道，到底什么是道？道就是“到底”，也就是究竟！你想过问一下究竟了，那么就是过问道了。你的问题也就回答了你的提问。妙就妙在这里。老子这个道就是来动员我们的智慧和思维，让我们进入“究竟”与“到底”，即进入终极关怀、终极期待、终极追寻的。而各种有关终极的说法，可能是哲学，可能是科学，可能是数学，更可能是神学即宗教学。

老子，正是以中华文化特有的想象、感悟、思辨的方式进行自己的终极探寻的。

我们寻找到这样一个理念，这个理念高于一切、涵盖一切、包括一切，有了这个理念你就好像有了一座大山做依靠一样。比如说，我们会有一种对世界的敬畏的感觉：仰望星空、远眺大海、极目高山雪峰，我们就产生了对世界敬畏的感觉，这些敬畏的东西把它综合到一块儿、加到一块儿，世界万物统统都包容进去，而且在这里边找到它的本质，找到它的规律，老子说这个就是“道”。

道是一个终极的概念，是一个本原，就好像数学概念里边的无限大，到了无限大这里，你就到了头啦，你无法再往大里找了。而且它还是本质。这个东西既是思辨出来的、分析出来的，又是感悟出来的，因为你没办法说我拿了一个大道给大伙看，说这就是道，我找不到。但是道无所不在，什么都有。因为老子解释说：这个道啊就是终极。比如说，我们问“道究竟是什么”，就等于问“道是道吗”，因为道的意思就是世界的终极，什么都在里头了。

这是一个终极的关怀。它不是通过寻找一个神仙、一个特异功能秉有者而实现的，它是从理念上实现，从理念推导出来的。我们看到的东西都是有限的，但是我们相信在有限之外还有无限，这很简单。其实这个是最容易说明白的，说时间是无限的吗？当然是无限的，因为你要说时间是有限的，说时间是二百亿年以前开始的，那这二百亿年以前的前边又算什么呢？说那是负 N 个年头？那么负一负二又负无限了，你还是无限。空间也是无限的，如果说空间是几万亿光年那么大了，再大也是有限的，那么它难道是一个铁框？这个铁框外头又是什么呢？所以老子是顺着哲学思辨的头脑，寻找到了这样一个无穷的根本、根本的无穷来。

道是无穷大？道又是零，是无，是正数也是负数，是无却产生有。古圣说，无非无，即是无会变成有；又说无非非无，因为无并不是时时事事化为非无即有。0 当然是 0，0 前头写上 N，只要 N 不是 0，0 就是巨大的 N，而只要 N 减掉一个 N 变成 0，0 就不是什么其他的 N 了。

寻找这个根本的目的是什么呢？第一个感悟就是使我们获得非常巨大的一个参照。人们办任何事都有一个东西来参照，就拿物理学“运动”来说，运动没运动要拿地球来参照，说我手在运动，要拿我手做参照呢，我就没运动，我手原来在哪里就是哪里。大概念是一个最重要的参照与依据。一般的人容易拿自己做参照，要拿自己做参照，他就很容易不满足、很容易生气，他就很容易看不清、看不明白这个事。但是如拿“道”做参照，情况就会有非常大的不同，就容易把一些事看得开、看得透、解得开。

老子说：道，“强为之名曰大”（《道德经》第二十五章）。这个道是很难叙述的，我很勉强地说：它第一个特点是无所不包，它是“大”。“大曰逝”，它又是不断变化的。“逝曰远”，它是变化的、它是无穷无尽的，可以永远地变化下去。“远曰反”，就是它在变化当中又不时地回归自身，回到此前变化达到的状态的对立面。像这样的一些性质的描述，你听着是有一点玄，有一点忽悠，但是你要自己细想一想，这个世界有没有这样一面。世界难道就是我眼前这点花草杂物吗？世界大得不得了，今年有世界，一万年以后还有世界，一亿年以后还有世界。有世界就有世界的总和与世界变化的规律，它就是道。有世界就有万象万物各不相同，却同处于世界上，有同一的规律与本质，这就是道。同样，世界的变化：有无、死生、兴衰、成败、盈亏、虚实、强弱，这样的变化之规律、变化之动力、变化之驱动程序也就是道。所以说，“道”这个玩意儿虽然说起来很玄，它确实是存在的。

三、道是世界与人生的主心骨

有了这样一个参照以后，第二个感悟就是说，我们还有了主心骨。想想看，一个人，俗话说一百多斤，五尺高，寿命一般叫作不满百，膂力、智力、视听等感觉能力都很有限。这不是很悲哀吗？然而，世界上还有一个主心骨叫作“道”的在，它是永生的，没了地球，没了太阳系，没有了我们所在的银河系，它还在，它还能生出另一个地球太阳系银河系来。人生无常而道是常道。壮哉道也。

第三个感悟是，有了对于道的体悟，一切都有了定力，都有了定见，都不慌不忙了。一切都是有规律的，是有法则的，一切都在转化，一切都有希望，也都不必奢望。又是有希望的又是不能奢望的，也不能着急也不能慌乱。这让我们对待世界就有一种镇定，有一种定力。

外国人有一些很有趣的说法：碰到麻烦了，比如说金融危机，英语里有一个词叫 face music，面对音乐，就是说得拿一切麻烦、一切噩运当交响乐乐章来听取。就是说，从不同的参照系上看，很多事情的性质都会有所改变，都可能是小事情，你得有勇气、有把握来面对它。

“道”除了给你这样一个参考的巨大的参照系，使你一下子自个儿站得很高，把很多事都看得更有信心、更有把握之外，还让你禁不住观赏感佩于大道的伟大与神奇。都观赏感佩了，你也就不会焦躁不安了。我们中国有一个词叫淡定，你甭管这个事现在多麻烦多复杂，但是总有解决的那一天，总有解决的那个时候；有了这个所谓的淡定，比起惊慌失措、六神无主，不是会好一些吗？

除了这个以外呢，“道”给我们的第四个感悟是它给你一种智慧。为什么呢？先是变化的结果否定了自身。再是否定了那个否定，回到自身，例如一粒种子长成了麦苗，否定了种子自身，麦苗长大枯萎了，否定了麦苗，但是结出大量的麦穗麦粒，又返回到种子——更多更好也可能有所变异的种子。现代化、全球化向中华传统文化提出严重的挑战，几乎否定了中华文化。经过新文化运动，经过复杂与痛苦的过程，人们又从新高度上重新认识到弘扬传统文化对于实现中国的发展与进步的无法忽略的意义。这也是大、逝、远、反。大了才能包容，逝了才不保守，远了才稳得住，反了才避免片面与偏颇。

事物总是有一个在更高的层次上回归自身的过程。我们如果有了这个“道”的概念，我们看任何事情都会看得更立体一些，它不是单向的，用咱们北京话说它不“较劲”，我们站在更高的高度上，容易把事情看开一点。

老子就有许多说法，比别人可以说更辩证一点。有时候我们考虑什么问题往往是单向的，就这一条线，咱们俗话说一根筋或者钻牛角尖。可是老子有一种立体思维的思路。老子的思维是立体思维，不是线性思维，一条线不拐弯。这样一种立体思维的模式是当时的一般人所没有的，是儒家、墨家、法家所不擅长的，但不是完全没有，例如孔子也讲宁武子，“邦有道则知，邦无道则愚”（《论语·公冶长》）的道理，而且说是宁武子的这种功力是他学不到的，他说他能学到宁武子的智，学不到宁武子的愚。比如，孟子也讲“天将降大任于是人也”（《孟子·告子下》），又是天降大任，又是先得让他受苦受罪。这里孔子孟子起码是二维双向，但还不是三维四维。

从老子的观点上来说，世界上很多好事你要把它往坏事方面想一想，坏事你要把它往好事上想一想，或者好坏之事又变成一个坏好之事、一个又可能往这边变又可能往那边变的事。这一想他就多看了好几步棋。所以我就说，一般臭棋、像我这种人下象棋，只看一步，国手他看十步看二十步就不得了了，可是老子也许能看到三十步，也许能看到更多更远。

四、道是哲学，也包含着信仰

这样一个对于“道”的感悟对于“道”的理解，还给了我们一个东西，就是它给了我们一个信念。

关于道的论述里，我认为有百分之八十是理性是思辨是智慧是逻辑，但是它还有百分之二十是信仰。为什么呢？因为道本身不能够简单地用科学实验的方法或者用数学计算的方法来求解，你不可能加减乘除，或者提供一个实验室的报告。所以这里还有一个从你自己的思想上情感上得出的结论。作为有限的个体，对于无限的世界，对于永恒的时间，对于无限的空间，对于无限大无穷大，对于 0 中可能生成任何数 N，与 N 可能乃至一定会变成 0，你有一种敬畏之感。这种敬畏最后归结为道。这一点是相当不错的。因为如果走一般宗教的路子，把世界的本原说成是具有神性的人或者是具有人性的神，这个世界里有好多东西不好解释，各种宗教里都有所谓的烦琐争论，例如捷克作家米兰·昆德拉就在小说里大谈耶稣究竟要不要上卫生间。

那么，怎么样去总结一下“道”呢？这个“道”，你说它有就是有，它是本质，它是本原，它又是全部，它是具体的，所以老子讲“和光同尘”，就是说把你的光芒要适当地压低一点，你要和尘世的生活、世俗的生活、日常的生活接近一点。像这样的一个“道”，他说是无所不在、无所不通的。

对于道的说法非常多，要往细里研究，就是老子本身在他的这本书里，也不知道说了多少次，他说“道”和“无”和“有”的关系，因为一说要把万物综合起来的话，那么可以是综合成“有”。他还可以从“天”的观点讲“天道”，因为世界上我们看得见的东西里头最能够和我们对“道”的理解及心情接近的，就是“天”——我们仰头一看无所不包的“天”。古代还没有什么银河系、太阳系，还不知道有这些概念，所以它又和“天”的概念相一致，它又和“大”的概念是相一致，它又和根本、终极、本质这些概念相一致。

外国人也讨论“道”到底是什么，有的人认为最接近的就是拉丁语的“逻各斯”，逻各斯就是指一种道理，一种规律、逻辑。我们可以归到一个和我们的思路接近的地方就是真理，因为真理你也是看不见的。每个人都可以宣布自己发现了真理，是真理的化身，这个是可以的，你觉得真理是存在的，否则怎么会又有社会又有个人，又有仁人志士又有学问家科学家，有爱因斯坦有居里夫人有老子孔子有苏格拉底有柏拉图有马克思，都在寻找真理，都在那里追求真理？所以归根到底这个世界有它自己的道理，世界有它的必然性，有它自己的发展，自己的这么一套，所以这是一种信念。当你有了这种信念以后，你忽然觉得你自己就变大了，变得通达，变得不是那么抠抠搜搜，不较劲了。能够有这么一种精神的依托、精神的支撑，而且成为一种信念是好的。

我们不能简单地说中国人缺少终极关怀或者是缺少宗教观念、宗教情怀，在老子的“道”里头实际上寄托了中国先秦时期人们对终极的一种追寻一种敬畏一种赞颂一种歌颂一种依靠。有了道的观念还非常有利于提升我们自己的精神境界，使我们站得更高，能够超越嘀嘀咕咕、超越流言蜚语、超越小名小利、超越自我。

我们可以看看老子的境界。比如他说：“夫唯不争，故天下莫能与之争。”（《道德经》第二十二章）就是说我这个人与世无争，尤其是争名夺利的事我绝对不干，可是越是这样就越没有什么人能够和他争。因为你想和他争，他说我不争，他说你要争名和利，那么名和利就归你。但是我对道的体悟归我，你抢不去；我的学问归我，你抢不去；我的人格归我，你抢不去；我的水准归我，这个你抢不去。所以一个真正有自信心的人是不愿意和人争名夺利的，他是不愿意蝇营狗苟的。老子的“夫唯不争，故天下莫能与之争”这个话让人真是受用无穷。

老子还有一个说法，他说“既以为人己愈有”（《道德经》第八十一章），就是我用我自己的东西为别人做事，越为别人做得多，我也就越为自己做得多。因为为别人做事这就是我所要做的事，所以“既以与（为）人己愈多”，我自己有的东西我从来不吝啬，我从来不是光知道自个儿帮自个儿来，而是愿意赠送给旁人，愿意帮助旁人，愿意请别人来使用，英文叫作 share，即分享。其实，中文的说法更好，叫作共享。能共享了的话我就得到的越多。这话其实也很简单，但是做到并不容易。你帮人也是帮己，老子这种说法的境界都比一般的人高。

他特别提倡他认为的最高境界。最高的境界是什么呢？提出来也许我们会觉得很不可思议，他说“复归于婴儿”，就是你能够变得跟一个婴儿一样的单纯，能够没有那么多的欲望、没有那么多的要求，你能够那么样的朴素那么样的真诚，你也不动心眼儿你也不会算计谁。他说人如果最后能够保持像一个婴儿一样的境界，这是最好不过的。

他在号召什么？人应该保持某种纯洁甚至于保持某种天真，起码你得有几分天真。如果你这些东西都没有了，如果你一点那种纯洁的天真的信任的真诚的东西都没有了的话，这也是怪可怜的。想想看，一个没有任何天真的人，他的生活还能有多少乐趣？所以老子所提倡的这样一种被大道所武装起来的，被大道所帮助了的人的这种心情、这种境界，并不是一个高高在上的甚至于是带有压迫感的高度，而是一种和普通人一样的、甚至于是和婴儿一样的带着天真带着快乐带着好奇，尤其是带着对世界的信任的境界，而不是对世界充满怀疑和仇恨。

老子的精神境界、他的这个“道”还有另外一面，除了“一曰大二曰逝三曰远四曰反”（出自《道德经》第二十五章，原为：“大曰逝，逝曰远，远曰反。”）以外，他讲它是“夷、希、微”（出自《道德经》第十四章，原为：“视之不见名曰夷，听之不闻名曰希，搏之不得名曰微。”）。

“夷、希、微”就是说道又是非常精细的一个东西，你看不一定看得见，你听不一定听得到，你摸又摸不着。他还说：“道之为物，唯恍唯惚。”（《道德经》第二十一章）就是说它具有一种模糊性，具有一种似有似无的状态，这也是一种非常高级的思维。

老子说的“恍惚”就是又像在又像不在，这里头有两个智慧上的价值：一个是把有和无结合起来，不要认为什么东西有就一定是有，有还能变成无这样的例子太多了；也不要认为无就一定是没有，无也可以变成有。这种关于“恍惚”关于“夷、希、微”的概念有一个很大的好处是给了你一个选择的空间，就是世界上不管是什么事情都是有选择的余地的，它是有弹性的它是有空间的它是有灵活性的。

而老子（其实还应该加上庄子）的关于恍惚关于混沌关于空间关于用一个大概念一个巅峰概念之后又留给我们给它定义的可能这样的一种智慧，在全世界也是罕有其匹的，你很难做到像他这样。所以既能够有一种对世界的本质和本原——“道”的这样一种信念，又有一种随时给予新的定义与时俱进——最早是庄子说“与时俱化”——的发展变化的余地。你能够有与时俱化、与时俱进的不断地更新和不断地追求的这样一种可能性，我觉得这也是我们中华文化、中国的智慧非常可取的一点。关于“道”的特性部分我们就先说到这儿。

五、道：一个最高的价值

我还想和大家探讨一个问题，就是中国人对于“道”的信仰和宗教到底是一个什么关系。

我们知道世界各国都有在文化中占有重要地位的宗教，这些宗教在它最初的时候往往是通过一个所谓使徒，就是上天的一个使者，比如说基督教就是耶稣基督，佛教就是释迦牟尼。通过这样的一个使徒——他有超乎凡人的、有神性的一种觉悟，而且有事迹，然后他们所代表的这个具有某种意志的一个神，也可以说是具有某种人格的神——有神格的人来寻找人格的神。比如说耶稣，就要讲耶稣是上帝的儿子，我们在基督教堂里会看到大量的耶稣、圣母还有耶稣的一些弟子的形象，可是你看不到上帝的形象，但是上帝又有一个儿子，这儿子是耶稣，那么说明上帝他也具有人格的一些特色，否则怎么会有儿子呢？释迦牟尼成了佛，他本来是印度的一个王子，他在菩提树下修炼觉悟静坐分析研究，最后他成了佛，他等于也成为世界的一个主宰。所以说对神的理解，英语里祷告的时候不见得每次都说上帝，他说的是 My Lord，就是“我的主”，就是给我们的人间、给我们的世界找一个主人。

许多宗教都富有终极关怀、终极诘问、终极眷顾，但宗教的终极关怀，倾向于去寻找终极的伟大的主，即世界与永恒的主宰、众生的尤其是人类的主宰主人。

而老子的功夫是思辨，不是寻找神——人，而是寻找神性终极性概念——名，是逐步提升自己的理念、概念。比如有了天地人的概念，但是老子不满足，他上升到有与无的概念。不管他是天是地是人还是什么都不是，反正不是有就是无。尤其是老子认定，万物生于有，有生于无，一切的有都生于无，一切的有都会变成无，一切的无都会生出有来。无是有的无，有是无的有。本来就没有的人，不存在无了不无了的问题与讨论。本来是无的人，压根儿没有出现过出生过的人和物，也不存在有的概念与讨论。例如，我们不会讨论某个从来没有过的人什么时候会有，什么时间会无，什么时间会生，什么时间会死。只有已经出生了的人才有将来死的问题，只有尚未生活于世界上，但已经怀孕于母亲的子宫中的存在才有出生的可能。那么，在没有天没有地没有人以前，或无天无地无人之后，这个世界还有什么？

那么这个先于有而存在，先于无而存在，先于神与“上帝”与世界而存在的无限大、无限远、无限深、无限恒久、无限根本的本体、本质、本原、规律、道理、道路、方式是什么呢？老子说了，这个东西不大好命名，但一定要给它命名的话，它就是道。

具体的事物人物生生灭灭，道却永存。具体万物好比树叶，都有萌芽、生长、发育、枯萎、凋落，但大道是树，是树根，是看不见的永远的与无限的大树，更是大树播种和栽植，成种子成芽成苗成干成叶成花生长壮大直到衰老萎缩死亡的规律。

这样的思路是有合理性的。如果没有道这样一个驱动程序的存在，无与有，天与地与人，是永远也不会自行激活的。无是永远不会变成有的，有也是永远不会变成无的，也就是没有这个有与无的区别了，从而既不存在有也不存在无了。

西方有所谓第一推动之说，从牛顿力学的观点，推论认定是上帝推了第一手，然后世界运动不休。而在老子这里，道起了永远推动的作用。既然是永远的推动、无限的推动，也就没有第一推动，正像没有最后推动，谁能为无穷大找到第一、找到开端，或者找到最后、找到结束呢？在无穷大的条件下直线就是圆周，结尾即开端。因为结尾与开端都不存在，或者每一点每一处都是结尾与开端。道的存在虽然难以证明，但道的不存在却比较容易证伪。即是说，不存在道这样一种先验的道路、规律、本体的任何主张相对比较容易证伪。因为人们已经对物质不灭、能量守恒取得了共识，既然有世界也有运动，就有根本与根源，有原生与最初的运动与更初始的物质与能量……追根溯源，乃至于道，必至于道。

至于道究竟是什么？道到底是什么？这是同义相问，就与问人为什么是人人是不是人人怎么是人一样。因为如上所述，道就是究竟，道就是人们对于究竟的追问，道就是到底，道就是一路思考下去，到了底即到了终极以后的所得所感所悟。究竟即道，道即究竟。到底即道，道乃到底。人们喜欢追问：最早是鸡生的蛋还是蛋生的鸡？老子说，是道大大地老远于鸡与蛋而存在，并生了鸡与蛋与一切。

道也可能是一个过程，老子可以说是在探索它，你今天仍然在探索它。它可以是一个终极，老子没有达到它，你也不可能达到它，你永远摸不着够不着它，却永远向着它走去。

道又是一个完成，到了道这里，你不能再从终极概念的制定上前进一步了。对于既往，道已经是无穷与终极了，因为你所理解的起源，在无穷的远处。而对于未来，你在近于零的开端，因为未来更是无穷之远之大。

也许道是一个哲学思维的训练，是一种类似的信仰，甚至是一种激情，奔向最高最远最最的根本。你相信道，它就是道。你根本不相信道，那么老子的所谓道就是你的不信。因为你不相信任何对于终极的说法与思考，你的头脑中对于终极的描画是一团漆黑，那么你的道正好是这一团漆黑。

如果你认为世界的终极是空无，那么空无已经胜任愉快地取代了老子所论述的道在你心目中的位置。出于无复归于无，无不就是你的道乃至于是你的“上帝”吗？你的上帝就是无上帝啊！一个人一直考虑到研究到体悟到“上帝”哪里去了，而且判断“祂”是无，无岂不就是你的“上帝”？“上帝”不是排他的，也不是有标准形象标准相片的啊。

如果你认为世界的终极是物质与物质的运动，那么物质与物质的运动就是你的道。如果你认为世界是由精神或神灵主宰与造成的，那么神灵精神就是你的道。

有人批评贬低说中国文化缺少终极关怀，我个人觉得这样一个批评起码只是事物的一面，因为它有另外一面，我们中国找的神不是一个人格的神，也不是一个神格的人，或者简单地说既不是人神也不是神人，是什么呢？是概念之神、概念之巅、概念之高峰、概念之无限，所以我说的是概念之神。这个概念之神恰恰就是“道”，而且这个道还不仅仅限于“道家”，因为孔子也说过这个话：“朝闻道，夕死可矣。”（《论语·里仁》）

就是说道是一个最高的价值，人生活的一辈子就是要找这个道，我找着道我活不活都不那么重要了，其他的吃饭穿衣娶妻生子这都很次要，也没什么了不起，有也好，欢迎，没有也没有关系。我要找这个道，我活这一辈子我要学道我要悟道我要研究这个道。所以他要找这个道。

寻找大道的过程乃是一个命名的过程。就是你找的这个道究竟是什么，叫作只可意会，不可言传；叫作得意而忘言，得鱼而忘筌；叫作只能妙悟，只能灵感，只能体验，不能用普通语词来分析论证。

所以，我们这个“道”的产生我觉得是非常有趣的。这是与世界上那些、当然中国也有的那种类似的民间宗教——就是靠奇迹靠个人的奇迹靠神人靠跳大神——那是民间的——扶乩不同的。但是作为中国的士人、中国的知识分子、中国的精英，他们很喜欢从概念上找这个神，就是有哪个概念、哪一个神，它管理一切它掌管一切它涵盖一切。它是通过一个命名的过程最后找到了这个“道”，使这个“道”变得无懈可击，使这个“道”变得你不能不相信。为什么呢？因为道和终极、和道理、它们是同义。究竟什么是道？终极就是道。到底什么是道？那么我告诉你：道就是到底，到了底儿了就是道！

老子说：“吾不知其名，强字之曰‘道’”（《道德经》第二十五章）。中文将正式的名称叫作名，而将一个人的第二名称叫作字，例如，毛泽东字润之，蒋中正字介石。道是起不出名字来的，乃起个代号，叫作道。

第四节　庄子：逍遥、超越与自救

庄子是另类，另类的人与文，另类的学理与思路。

《庄子》一书，是世界上独一无二的奇书。它是哲学，是散文，是神话，是寓言，是论文；是浪漫，是荒诞，是想象也是穷根究底；是抽象推演，也是奇论怪论。

一、中国历史上的不二奇才

庄子的内心世界堪称内宇宙，堪称奇绝，纵横驰骋，流星满空，鲜花遍地，电光石火，波纹巨浪，高大卑微，智智愚愚，疯疯傻傻，大块噫气，野马尘埃，像风一样自由，像雾一样弥漫，像湖海一样茫茫，像高山一样耸立，像罔两一样模糊，像朝三暮四与朝四暮三一样狡猾，像浑沌一样难得糊涂，翩若游龙，疾如闪电，奔如脱兔，巧若织锦，坠若天花，彩如云霞。他是宏论滔滔，诡辩娇娇，天上地下，生拉硬扯，抡得圆，甩得开，想东就东，想西就西，邪正雅俗深浅良莠善恶虚实，想怎么来就怎么来，骇人听闻，新人耳目，火爆却又潇洒灵动，冷峻却又无可无不可，巧辩却又意识横流，并无逻辑程序，深邃却又旁敲侧击，不求甚解，以及俯视睥睨，仰视谦卑，神神道道，嘻嘻哈哈，玄玄妙妙，尖尖刻刻……无所不至其极！

庄子更多是讲人生的选择与态度，不像老子，更多的是讲治国平天下的道理。庄子更文学而老子更政治。所以我觉得老子对人大有帮助，而读庄子实在是难得的精神享受。就一个庄生化蝶的故事，够你凄美地苦笑一生；鲲鹏的故事，则使渺小的你突然牛了一家伙，自我扩张了一回；还有浑沌的故事呢，这才够得上老子所说的“玄而又玄，众妙之门”（《道德经》第一章）；这是故事的巅峰、思辨的探底；大树大瓢的故事呢，迷茫之中有大解脱焉；藐姑射之山上的冰雪神女（虽然庄周没有明确表明他或她的性别），不知道包含了多少代中国知识人的隐秘的幻想与激情……

二、何为“逍遥”

《庄子》给人的第一个概念、第一印象是神奇的“逍遥”二字。不妨说，庄子一生论述的主旨就是指出通向逍遥之路，实现个人的与内心世界的超脱解放。享受庄子，首先就是享受这个关于逍遥的思维与幻想体系的别具风姿。

“逍遥”，字典上的解释是闲适自得或优游自得。闲适与优游，说明它的前提是无事、无承担、无责任、无烦恼、无权利义务的契约束缚，即不处于尊卑上下、亲疏远近的人际网络之中。而自得，纯是主观感受，自己能乐、能取乐或自以为乐就行。

《庄子》一书对“逍遥”是翻过来掉过去地尽情发挥。这对于中国人尤其是中国读书人，特别是事功上、人世上、行为上受挫的读书人来说，非常受用，非常独特，又非常得趣。

不是说中国没有或者缺少“个人主义”的传统吗？“逍遥”其实个人得厉害，这是一种就个人的精神状态、就个人摆脱社会与群体（在《庄子》中一般称为“物”，不加“外”字）的观念束缚而言的逍遥，是内在精神世界的自由与独立。它不同于近现代西方式的、从社会—群体—个人的关系中强调个人的重要性的个人主义观念。中国的“逍遥”，是对于社会、群体已经形成的价值判断的主观摆脱至少是暂时遗忘。西方强调的自由、个人主义本身，则是一种价值认定和法制保证。

用浅显的话来说，西方近现代以来，至少在口头上与理念上，希望制定维护个人自由与个人主义的价值观的游戏规则，制定自由主义与个人主义的客观标准。他们闹腾的是：在号称尊重个人维护个人自由的基础上，咱们一块玩一把政治、社会、公司、家庭、个人的生活界定吧。

而庄子大呼小号的是：我不玩啦，我们不要玩啦，我不与群体不与国君、君权、儒墨道德规范什么的一块玩啦。实在玩上了，仍然是人在人间，心在太虚；人在帝王之侧，心在北溟南溟，心在九万里外，叫作抟扶摇而上，超凡脱俗，不受任何外物、任何价值观念、任何权力与舆论的干扰束缚。

于是乎，来了：

北冥有鱼，其名为鲲。鲲之大，不知其几千里也。化而为鸟，其名为鹏。鹏之背，不知其几千里也。怒而飞，其翼若垂天之云。是鸟也，海运则将徙于南冥。南冥者，天池也。(《庄子·逍遥游》)

可怜的人尤其是读书人啊，遭遇庄子，才体会到了什么叫巨大，什么叫宏伟！精神胜利、精神胜利，不在精神上，你能在哪里得到有把握的与永远的胜利呢？春秋战国以来，你可能不为世用，蹉跎一生；你可能幸运一时，朝为座上客，而祸从天降，夕为阶下囚；你可能事与愿违，屡遭诬陷；你可能志大才疏运蹇时乖，一辈子穷愁潦倒……再没有了绝对精神的绝对的无条件的胜利，你还能有什么呢？

这样的鲲鹏式的想象与传述其实充满了挑战，是惊世骇俗而不是韬光养晦，是气势逼人而不是随遇而安，是自我张扬而不是委曲求全。固然老庄的命题已为历代读书人接受，但庄子的骄傲劲潇洒劲夸张劲逍遥劲一呼便出，他可不是人往低处走（一位学人这样概括老子的思想）的主儿。

自古以来，对于逍遥有各种说法。我们可以得出以下印象：

一是逍遥要有一种大气魄大心胸，九万里，掀动或扶摇羊角。逍遥游很难被小知小年即小虫儿们理解。

二是逍遥要超越世俗，要像许由那样，视天下外物俗务如无物，听到了将权力禅让于自己的话则视为耳朵污染、听觉病毒。

三是逍遥要无待，要满足，要摆脱一切外物的干扰——更不要说追求外物了。应该说，这里要求的是绝对的主观精神的无拘无束，彻底自由。

四是逍遥要无所用，为世所用也就是为外物所累，无用则无累，无累则自由。

五是逍遥要与大道合一，成为至人、真人、神人，与大道合一则无所不能，无所能伤，可以超越拔高而不封顶，可以做到藐姑射山上的神人那个境界，做到令唐尧也自惭形秽的地步。

人与人是不同的，能够达到的逍遥的境界与感受也不一样，请勿过分地计较逍遥的定义、去分析真伪逍遥，分辨何者是庄周的逍遥原义，何者是后人穿凿。说得简单一点，你觉得你逍遥，你觉得你自在，你觉得你不受外物的役使也不受物议的困扰，你也就沾了逍遥的边儿了，夫复何求？

逍遥就是精神的自我完成，精神上的巅峰化、高端化、超越化、超常化、大眼化。庄子果然了得。

三、逍遥的味道

老子像循天受命，像智库主宰，像圣徒，像大道的宣喻使节，也更像哲学家、祖师爷、战略家乃至于教主。

庄子更像文人、才子、著作家、思想家、雄辩家乃至诡辩家与想象力的巨匠。

同时，对于老庄来说，充分自信是真正谦卑的前提，高瞻远瞩是低调做人的前提，智力优越是忍辱负重的前提，视野宽宏是随遇而安的前提，明察秋毫是宜粗不宜细的前提，而鲲鹏之体之志之用之力之风度，是成为老黄牛、螺丝钉、小蚂蚁、一棵小草、形如槁木、心如死灰的前提。

追求逍遥的努力导致了相当的困窘与尴尬。越是追求逍遥，越是遭遇了令你逍遥不起来的因素。这当中包含着几分悲哀、几分无奈、几分两难。是不是呢？

也许正是这样的论述，告诉我们，你不是追求大气概、大自在吗？好的，请做好准备，你将受到小鼻子小眼的庸众的嘲笑；置之不理，你就逍遥了。

再退一步，做不到绝对的逍遥要什么紧，知道“逍遥”两个字，已经有了目标，有了标杆，这是庄周的贡献，这是中华文化的奇葩，这是精神的升华与享受。

庄子是思想家，是幻想家，是文章家，是大师，他对于现世的俗人的形而下的东西，有一种高傲的轻蔑。

而庄子要的只是天地之正、六气之辩（变），游于无穷——不游也全无所谓。懂了无穷，体悟到了无穷，就是逍遥之游喽！无穷才是根本，进入了无穷就是逍遥地游个不亦乐乎啦，才能真正地解放，真正地逍遥，真正地游——“物物而不物于物”（《庄子・山木》），即使用外物，而不被外物使役；真正地主宰自身，优游自适。

或问，怎么样才能做到“乘天地之正，而御六气之辩，以游无穷”（《庄子・逍遥游》）呢？在并无太空飞行的实践与理论的庄子时代只可以有一个回答：神游。你的一百多斤的身体虽然压在坠在地上，你的精神却完全可以逍遥遨游于无穷，也只有进入了无穷、神游无穷，得大自在，才能做到至人无己，不必为自我的俗利而操心费力。神人无功，不必刻意去做什么不做什么，进入化境，行云流水，万事如有神。圣人无名，自身的修养已入圣境，还要那个破名臭名虚名干啥？或者，“名”作概念与逻辑解，还费心费力地思想琢磨个啥？

一味地讲神游，一味地在心上使劲，在神上使劲，这里又不无悲凉，不无阿Q，不无无奈，不无忽悠，不无恍兮惚兮，四顾茫茫，大荒而且无稽。这正是中华文化的魅力所在、安适所在，也是悲剧所在、沉痛所在。

四、追求超越、再超越

一方面是希望能够做到逍遥自在地畅游于无穷，一方面是对于种种世俗价值、世俗观念与个人欲望的极度蔑视与否定，高度张扬自己的与众不同、特立独行。这是庄子思想的主要特点之一。

也可以说，庄子认定否定世俗，是得到逍遥的根本前提。

《庄子·秋水》上记载：

惠子相梁，庄子往见之。或谓惠子曰：“庄子来，欲代子相。”于是惠子恐，搜于国中三日三夜。庄子往见之，曰：“南方有鸟，其名为鹓鸰，子知之乎？夫鹓鸰，发于南海而飞于北海，非梧桐不止，非练实不食，非醴泉不饮。于是鸱得腐鼠，鹓鸰过之，仰而视之曰：‘吓！’今子欲以子之梁国而吓我邪？”

惠子在梁国当了宰相，老友庄周去看望他。有人对惠子说，庄子来是要代替你做宰相，惠子听了很紧张，在梁国进行了三天三夜的搜捕。庄子大大方方地去见他，给他讲，说是南方有一种叫鹓鸰的鸟，你知道吗？此鸟从南海起飞，一直飞到北海，不是高贵的梧桐树不栖息，不是修竹的果实不吃，不是甘甜的清泉不喝。有一只鸱鸮抓到一只腐烂了的死耗子，见鹓鸰飞过，向天出怪声发威……如今你就像那只鸱鸮。而你的官职就好比那只死老鼠，你还要发威护住你这只被我所厌恶的死耗子吗？

这一段话庄子说得强烈夸张，富有艺术家气质，但更重要的是他在宣扬一种逍遥、自在、养生、悠游、追求精神的独立与满足的主体性、精神性、道性（与道融合）、高智商、高境界的价值观，而对于世俗名利、权位、胜负、是非都贬得一钱不值，对于功名利禄、光宗耀祖，对于所谓立德立功立言这样的通用理想，一概否定。

除了个人的主观上的优游闲适、逍遥自在，庄子不相信、不承认任何其他的事功、利益、名声、（社会与政治）地位、影响力、德行、舆论（物议）、奉献、奋斗、获取、胜利与失败，直至健康与疾病、长寿与夭折的意义。除了“我自己”的舒适感、自在感、自由感、满足感与对于其他事物环境的麻木感，一切其他的感觉，概不承认。这种主张极端化到了令人吃惊的程度，同时也令人毛骨悚然，又令我们五体投地。任何人做到了这一步，确实是如仙如圣，已经不是肉体凡胎了，已经做到了超级的富贵不能淫、贫贱不能移、威武不能屈，外力不能干预，不能生杀予夺，不能影响扰乱促进劝导；又绝对不需自我膨胀、雄心壮志冲云天，而只需两眼一闭，两耳自封，心中默默一想即可。

庄子之所以如此激愤与极端，还因为他面对的是一个更加无奈的事实。古代中国，一向是权力、荣华、富贵、各种资源高度集中的社会。一个读书人，一个有大志与高人一等的能力的上层人物，如果与这样集中管控的资源不沾边，沾不上集中强大的资源的光，单凭个人的才智奋斗，常常是作用有限，别人看不透，聪明透彻如庄周者也看不透吗？

庄子对于社会的主流价值系统其实是一个挑战，是不无叛逆色彩的，然而，他的造反又不是真正的造反，正像后来有所谓跪着的造反一样，庄子是坐着的造反，是静坐打坐闭目塞聪的造反，是最最消极的造反。他没有行动，他从未想过也未必有可能想到采取什么行动去改变环境，他能够做的只有改变自己的思路。

但这里还存在着逆向思考的可能性。老子讲："大成若缺，其用不弊。大盈若冲，其用不穷。大直若屈，大巧若拙，大辩若讷，大赢若绌"（《道德经》第四十五章）。太完美了反而像是（或必定是）暴露了自己的缺陷——与完美相比，谁无缺失？太充盈了，反而像是（或必定是）暴露了自己的空虚——与全知相比，谁不空虚？太正直了反而像是（或必定是）暴露了自己的曲折、曲线、曲为行事、委曲求全（求直，因为大直必全，全必曲）……那么，说不定庄周有自身的大心胸、大智慧、大眼光、大慈悲、大志向、大自信、大自负、大使命感，而又生不逢时、屡战屡败，他必然会常常在自杀、冒险与精神解脱之间进行选择，在铤而走险与难得糊涂间进行选择，在针尖麦芒、斤斤计较与大而化之、物而齐之中间进行选择。

中华传统文化强调万物万象的一致性、自然与人的要求的一致性。师法自然，这是中华传统文化的一个特色。书画要师法自然；武功，也要师法自然；做人，也要师法自然；这也叫从格物致知中寻找大道（却不一定是自然科学与实用技术）。这有点自慰自安、自我满足与自我循环的意思，但是它从另一个角度也可以启迪人们对于世界的认识。

有一种说法，说是中华传统文化是早熟的文化，早在几千年前，中国的老庄就看出了竞争、纷争带来的负面因素，他们的许多今天看来不无另类的说法，其实有助于人类在自身的日新月异的发展进步中考虑到另一面，从而有所调整、有所控制、有所平衡、有所节制。那可就是老庄之幸、国人之幸、人类之幸。

五、庄子的悖论

人们指出，庄子不是没有自相矛盾的悖论：他一方面主张不辩不争，一方面自己又不停地既辩且争。他一方面主张形若槁木，心如死灰，叫作坐忘——坐在那儿就把世界把外物也把自己忘光了；一方面汪洋恣肆、华美俏丽、巧辩雄辞（我几乎要说他是巧言令色了），张扬个性，宣扬自我，倾盆大雨，滔滔不绝。

他一方面主张鄙名薄利，一方面著书立说，洋洋洒洒，堪称得意忘形，包括得意忘形的原意（非贬义）——得其“意”而忘其“形”。正如我们说的得意忘言、神似而非形似、领会精神而不是拘泥条文一样，是一种高级的精神活动状态；一方面大讲齐物，一方面又猛批成心（偏见、定势等）。如果物真齐了，齐物与聚讼纷纭之间，逍遥与不逍遥、成心与无成心、偏见与无偏见、虚静与浮躁之间，又有什么不可齐而一之、大而化之的？

其实，这样的悖论不仅庄子有，一切全称肯定、全称否定的命题，都是有悖论的。你什么都肯定，那么对于否定你肯定不肯定？你什么都否定，那么对你的否定本身否定不否定？你用正数去乘负数，得出来的数能不是负数即非正数吗？你用负数去乘负数，得出来的数能不是正数即非负数吗？负负得正，负正得负，这本身就是悖论啊。你宣称不相信一切已有的知识结论，那么你自己的这个不相信，能不能被相信呢？叔本华说，读书就是让别人将你的头脑变成他的运动场（叔本华：《读书与书籍》）。鲁迅便说，你听了他的话，就是让叔本华将你的头脑变成了叔本华的运动场。再如我们说任何理论都可能过时，那么“可能过时”这一判断本身何时会过时呢？当这个判断过时以后，是不是“都会过时的判断”，应该被某种判断将永恒不变、永不过时、认识终结、真理停止的判断所替代呢？这不是很可怖吗？其实数学家对于悖论的研究更认真也更精确。例如，罗素悖论：一个理发师宣称他只给“不给自己理发的人”理发，那么他该不该给自己理发？给自己理的话，自己就不符合自己设定的理发条件；不给自己理的话，自己就符合给自己理的条件。罗素的这个悖论发现甚至动摇了康托尔的关于无穷大的实有性的理论：过去人们认为无穷大是一个趋势而非实存，但康托尔认为一切数的集合就是无穷大。罗素问，这样的集合本身是否也要求无穷大这个实有数本身参加呢？

这是认识的一个难题，也正是认识、思维、辩论的一个巨大魅力。你不可能绝对化，绝对化包括将相对主义绝对化，其结果是破绽百出。

“今子有大树，患其无用，何不树之于无何有之乡，广莫之野，彷徨乎无为其侧，逍遥乎寝卧其下。不夭斤斧，物无害者，无所可用，安所困苦哉！”（《庄子·逍遥游》）

这几句话浩浩茫茫、舒舒展展、大大咧咧，可以说是美妙至极，可以说是豁达至极，可以说是膨胀至极，华美至极，寒光闪闪，东方或寰宇不败了。但同时却又给人以无可奈何，剑走偏锋，佯狂求全即装傻充愣，全无出路也全无选择的感觉。庄子是颓废派还是逍遥派？是透心凉还是豁达阔大、刀枪不入？难道读者从这些大而无当、大而无伤的话语里没有感觉到彻骨的寂寞、孤独、悲凉和虚无主义吗？

是一个悖论：要彻底的自由、逍遥，就需要伴以彻底的孤独、寂寞、空无。要彻底的个人主义，就不能有集团，有（民族国家社群阶级组织的）归属，不能有分工与合作甚至于不能有配偶，更不能有子女，拉家带口还能有什么逍遥游！而彻底孤独、寂寞、空无，自我彻底零化了，做到庄子的“无梦”“无己”“无名”“无功”加孔子的“无忧”“无惑”“无惧”了，那么既不会有寂寞孤独，也不会有欲望煎熬、成见蒙蔽、外物桎梏，不会有与天地人、万事万物的冲突与互相伤害，同样不会有神人的超脱、至人的逍遥、真人的自由、圣人的伟岸，也不会有什么齐物的必要与依据了。在无异物、无不同、不齐、不一，无有用无用之别的前提下，齐物之说不是没事找事、无事生非、吃饱了撑的了吗？呜呼大臭椿，呜呼小狸猫，呜呼奇才庄子，呜呼绝代文章！

庄子太能说会写啦，语言如飓风骇浪，思路如电闪雷鸣，雄辩如江河奔腾，锋芒能振聋发聩。自我拔高而骄傲超拔，骄傲超拔而穿越通透，穿越通透而空虚苍茫，空虚苍茫而悲凉消极，消极麻木而智慧齐天，新奇巧妙而洞察万象，至清不但无鱼而且视世界为无物，大彻大悟而智语永存，而朝三暮四、彼此是非、姑妄言（听）之的故事与妙论存焉，出奇制胜、与众不同的思想语言存焉。

庄子做到了，大智又是大愚，大忿又是大顺，大言又是低小调、涩变调，冷嘲热讽，却又是无可无不可、无言无不言。大悲，既是哀莫大于心死又是哀莫大于心不死，所以又是逍遥大喜真人、圣人、至人、神人，得道养生、出世入世、救世却又遗世而独立，悲哉、乐哉、圣哉、智哉、巧哉、妙哉、矫情哉、逍遥哉、自在哉、一无所用哉、大无害哉、大无益哉，什么都全了的，什么都没了的，十全不补反而药用清泄的我们亲爱的庄周先生啊！我爱你！

第五节　儒释道三教合一：中国式的混一方法论

一、佛学传入中国

公元前 770 至公元前 256 年，中国东周时代，中央政权式微，各诸侯国家争战不已，一批知识分子与候补官员著书立说，百家争鸣，纷纷提出从世界观价值观、到治国理政、到养生长寿以及吉凶占卜等方面的学说主张，论辩宣扬，成为中华文化的黄金时期，成为中华文化经典的集大成时期，创立了经典著述的基本格局。上面提到的孔孟老庄只是择其要者，其他墨家、名家、法家、阴阳家等，数不胜数，述不胜述。

其中值得特别关注的除儒与道二家以外，还有来自尼泊尔与印度的佛学、佛教，以及佛学在中国的发展流变而成的禅宗、禅学。

或谓秦始皇时期已经有禁止建佛寺的记录，那说明佛学传入中国从时间段上相当早，但在东周时代的百家争鸣时期，佛学的动静不大，除了来自外邦的舶来身份可能妨碍了它的传播外，原因之一还有佛家人士提倡的是出世，宣扬的是彼岸，罕见周游列国，切切于待价而沽的传播推行者。

更被认可的有影响说法是指东汉明帝时期佛教传入中国。晋朝开始有多部佛教经典的翻译引进。按一些学人法师的说法，这些大体出自印度佛学。

进口的佛学对于中国文化传统的影响非常大。一大批词语、观念、命题直到成语、俚语，来自佛学或是佛学名词。它们从发音到含义观念与本国原有词语，相互影响，相互改造。“佛”字在《诗经》中已经出现，原音 fu，原义为不知与慈悲，后用到佛学上，靠拢梵语，才读成 fo。“禅”字也早已存在，禅让、封禅等词中，“禅”读 shan，后来也是为了靠拢梵语的 janag 的读音，才读成 chan。“平等”一词，东汉时已自印度佛学经典传入中国，还有觉悟、智慧（般若）、缘、缘分、报应、因果、功德、淡定、吉祥、四大（地、水、火、风）皆空、色即是空、空即是色、放下屠刀立地成佛、譬如饮水冷暖自知等。

或谓佛学佛教进入中国，与道家相通处甚多。老学尚无，释学尚空，庄学尚虚静。庄学讲道枢，佛学讲法轮常转。庄子首创了道在屎溺中之说，将玄而又玄的众妙之门拉到日常生活的地面上，禅宗之喜言“干屎橛”，往深里说是破执，往浅里说就是吃饭时踏踏实实地吃饭、睡觉时平平安安地睡觉。禅宗讲究静悟，也与庄子相通。佛禅的打坐修炼，与庄子最早提出的打坐时要用脚踵呼吸的说法一致。

佛学在劝善、行善、积德、反求诸己、恻隐、戒杀、自律、节俭等方面，也与儒家相通无碍。

佛学内容非常广泛杂多，在中国民众中，影响较大的是善恶、功德与造孽（作业）观念，积德修好观念，说好话、做好事、但行好事、莫问前程观念，吃斋念佛行善观念等。

因果报应观念，认定一切事物个人命运都有其因果，前因决定了后果，后果又成为更后果的前因。如此认识，行善造孽，都有因果，善恶皆有报应。这与老子之“天网恢恢，疏而不失”的说法靠拢，也与俚语所谓“善有善报，恶有恶报，不是不报，时候未到，时候一到，一个也跑不掉”的含义一致。这种认识加上轮回即人死后还要投生的观念，起着某些劝善诫恶的作用。《红楼梦》中的王熙凤，在做伤天害理之事时宣称自己不信阴司报应，不怕因果轮回，从反面证明了某些佛教观念在中国民间曾经起过的维护道德底线作用。

慈悲观念。佛教宣扬的大慈大悲、普度众生观念，与老子的“我有三宝，持而保之：一曰慈……”、孔子孟子的“仁者爱人”观念很容易相通相和。中国信众还从印度传来的诸佛中选择了观音菩萨，宋朝以来，将其从伟丈夫的形象变成圣母形象，视为大慈大悲、救苦救难、观（闻）音（声）即来的保护神、有求必应之女神。

在中国获得特有的崇拜与亲切感的佛，除观音菩萨外还有弥勒佛。各个寺庙，一进庙门人们多半会看到笑嘻嘻的大肚弥勒，并有楹联为证：“大肚能容容天下难容之事，开口便笑笑世间可笑之人。”其说法有助于拓宽心胸格局，增容减忿，心灵老汤，与成语俚语“一笑了之”“宰相肚里能撑船”“退一步天高地阔”“能忍自安”等，建构了中华文化的容受性与耐力。

缘与缘分观念，强调人与人的相遇相知相交际相碰撞乃至相互间的一颦一笑一回头一对视都是前世艰巨久长的修炼培育的所形成的机缘、机会、机遇，此种感人的、具有深挚的文学色彩的说法，应该能够增进人际关系中的互相珍重爱惜互谅互让互亲互敬因素。

长久以来，在中国的读书人中，最为流行的是佛学的《心经》："色不异空，空不异色，色即是空，空即是色，受想行识，亦复如是。"这是从生老病死的"四苦"说起，强调人间诸事最终只能归于空无，强调世相与人生苦难的最终的空无性、无存性、寂灭性，如此，则可以压缩乃至取消欲念、爱嗔、烦恼诸苦。《红楼梦》中的色空观念，则表现为《好了歌》："世人都晓神仙好，惟有功名忘不了！古今将相在何方？荒冢一堆草没了。世人都晓神仙好，只有金银忘不了！终朝只恨聚无多，及到多时眼闭了……"《红楼梦》中的《好了歌》，却又是空空道人唱的，联系到书中的许多关键时刻出现的一僧一道，可以说《红楼梦》中已经实现了释道的合一了。

二、中国佛学——禅学

在知识分子、士人、文人墨客中，佛学本土化为禅宗，减少了佛教的信仰主义的狂热与排他性，减少了佛教的许多繁文缛节与经文咒语，增加了禅学的智慧、机巧、（行为）艺术、趣味性与愉悦性，增加了佛禅解脱生老病死人生诸苦的精神资源与精神力量，使得中华的强调经世致用的文化，因佛学思想的触动，向超越性、豁达性与避锐防暴、脱险远恶、自我调整、自我抚慰的方向发展。

在语言学方面，禅学对于语言与觉悟、与思想、与真理的距离的质疑，与对于语言束缚人的心智的可能的警惕，都具有一种惊人的超前性，而与20世纪的一些世界级的大语言学家的理论相照应。

中华传统文化对于语言文字的重要性与局限性早有超前的见解：一方面，孔子讲"一言可以兴邦，一言可以丧邦"；另一方面，孔子又坚持"述而不作"，说明他认为文字缺少口语的灵动性与现场综合性，容易滋生呆板教条望文生义郢书燕说或者他所不喜欢的巧言令色。

中国佛学禅学强调佛学与生活的结合，强调佛学的人间性，不惜有庄子式的“道在屎溺间”，更有“佛是干屎橛”的放言。再发展一步，则是如同唐代义玄法师名言：“逢佛杀佛，逢祖杀祖，逢罗汉杀罗汉，逢父母杀父母，逢亲眷杀亲眷”，破除一切执着和妄心。这话听见起来甚似疯狂，但恰恰是含有大智慧的对于佛学、禅学本身的异化的可能性的警惕与突破解脱。

这个说法的逻辑与数学悖论很能相通。流传极广的悖论是说进一座城市时要回答前来做什么，讲了真话要淹死，讲了假话要烧死。一个聪明的孩子回答说：“我是来被烧死的。”你如认为他是讲假话，只能去将之烧死，是时孩子说的成了真话了，不可烧死，只可淹死。如果你认为孩子是讲的真话，你应该去将之淹死，如此，则变成了孩子说假话，乃不可淹死。

此类数学悖论实际也是逻辑学悖论。你如果要肯定一切，你应该也肯定“否定一切”，也就是“否定一切”。你如果“否定一切”，你还要包括否定这个“否定一切”，负负得正，否定了否定，也就是肯定了一切。

而禅学的破执亦是此理。你要破除一切执着，那么，也应该破除对于破除执着的执着，你要否定一切不变的教条，那你要否定你的否定一切教条本身的教条。解脱云云同理，如果你终生为绝对解脱超拔与自由，为了高妙的形而上而孜孜矻矻，为了佛为了祖为了罗汉涅槃般若极乐，或者为了天道、道枢、虚静、无为、众妙之门，或者为了圣贤、大丈夫、仁政、克己复礼、美德善行而执着，或者为了所谓杀佛、杀祖、杀道、杀父母、杀亲戚、杀知杀慧而执着，那就成了新的魔障，新的精神桎梏了。

禅的行为艺术、打哑谜，具有智慧游戏、各自为解的特色。但中国禅学一方面质疑语言文字，一方面又讲究语言文字的禅意与机锋，珍惜赞扬机智奇妙的各种说法。太机锋了也会出现诡辩。六祖慧能的名偈“菩提本无树，明镜亦非台……”胜过了神秀的“身是菩提树，心如明镜台……”，脍炙人口。但认真较劲下去，再来一位禅学的后人，应该一声不吭，胡乱吼叫，或胡乱姿态动作，或当场屎尿，是不是更深刻高明呢？既然无树无台，哪里还有声明其无的必要呢？一个从未出生过的人，一件从来无人做过的事，一场从未发生过的疫病，有可能、有必要为偈以证其空与无吗？

这也如庄子的最最著名的知鱼之辩，庄子回答惠子的“子非鱼，安知鱼之乐”，用循环方法说：“子非我，安知我不知鱼之乐？”惠子其实可以再循环一次“子非我，安知我不知子不知鱼之乐”的，这与象棋的一种和棋棋局一样，是可以无限循环下去的。这是诡辩，不是机锋，不是高明。

一直杀下去的话，也可以见禅杀禅，见辩杀辩，见空杀空，见偈杀偈，更可以见杀杀杀的了。

三、佛教融入了中国的文化生活

在中国，寺庙、佛塔等广建于名山，其建筑、雕塑、绘画、佛教音乐、经典诵读（念经），各种佛学故事、偈语、寓言……也对中国文学艺术产生了许多影响，如敦煌壁画、麦积山壁画、大同石佛、洛阳石佛、大足石刻、西安大雁塔小雁塔，一直到佛教与中国功夫的结合，少林等寺庙的武功，还有寺庙的素食烹调，都是我国的文化瑰宝与珍贵的人类文化遗产。

安徽九华山、山西五台山、浙江普陀山、四川峨眉山，号称中国佛教四大名山，分别是地藏菩萨、文殊菩萨、观世音菩萨、普贤菩萨的道场，是重要的旅游文化资源。

中国佛教还被一些少数民族包括蒙、藏与西南地区一些民族奉为全族群的信仰。西藏拉萨的布达拉宫、大昭寺是著名的佛教文化景点。为了实现中华民族的大团结，实现各兄弟民族的大团结，对于佛教文化的妥善认知，有所保护，有所引导，是我们的民族文化建设的题中应有之义。

港澳台都有活跃的佛教文化，亚洲有一些佛教国家，我们中国大陆的佛教文化与它们的交流，无锡的灵山被确定为世界佛教论坛的永久地址，都是国际佛教文化佳话。

中国佛教相对比较宽容平和，有过农民起义依附佛教名义的情形，如历史上的白莲教造反，但更多的是所谓普度众生的包容。

中国小说戏剧中颇有讲佛教中的黑幕或调侃佛寺的，花和尚鲁智深、潘巧云的“奸夫”和尚裴如海，《儿女英雄传》中十三妹大破能仁寺、影片少林寺中众僧人酒肉聚餐……都只不过是供佛教内外人员一笑。无人认真将之闹成宗教事件。这确实表现了佛教文化的吃斋念佛、一心慈悲，毋嗔毋怒的和平宽容精神。

一些高僧大德，安世高、释道安、慧远、法显、一苇渡江的达摩、顽石点头的道生、西天取经的玄奘……直到民国时期的弘一法师李叔同、中华人民共和国的赵朴初居士、成功地推行创造人间佛教的台湾星云大师与推动慈善事业的证严法师，都是重要的中华佛教文化人物。

四、三教合一与中华文化的整体性

《史记》的作者司马迁的父亲，曾经评论过阴阳、儒、墨、名、法、道六家，并援引《易·大传》上的话说："天下一致而百虑，同归而殊途"。这是典型的中华式的一与多的观念打通：一而生多化多，多而归一混一。在中国的封建社会，儒道互补，已经成为公认的士人选择，即"穷则独善其身，达则兼济天下"（《孟子·尽心上》），"邦有道则知，邦无道则愚"（《论语·公冶长》），"不为良相，便为良医"（目前有两种说法，一种认为此句是三国时期的诸葛亮对自己子孙说的话，一种认为是北宋范仲淹在浙江宁波担任刺史时说的）。有机会做官，你就要讲儒家的君君臣臣忠孝节义，做不成官，干脆讲道家的逍遥不争清静无为。"不为良相，便为良医"，这个说法从现代社会专业分工的角度很难理解，然而它表达了一种良相应有良医的救死扶伤、悬壶济世的仁心仁术的中国思维。还有，天下有事讲法家的刑典重用，天下无事讲名家、道家、阴阳家以及后世的佛家的种种形而上的玄学清议与智力生发。

尤其是儒释道三教合一论，极其独特地反映了中华文化的一生多、多归一，一即一切，一切即一，"one is all , all is one"的方法论。从北魏时期由于佛教的盛行，已经出现了儒释道三教合一的主张，到了唐代这种主张已被许多人所接受。合一混一的主张，一方面养成了学理上马马虎虎、不求甚解、不讲求准确性严谨性的毛病；另一方面其实解放了接受某种主张的信仰者的头脑，扩大了某种学派成员的选择空间，同时弱化了不同学派乃至不同信仰、不同宗教间的价值争拗与文化冲突。

至于中国民间，这种类似“三教合一”的现象多有所见，既天真可爱，又莫名其糊涂。在陕西神木二郎山上的著名寺庙中，诸神殿供奉如来佛（释迦牟尼）、观音菩萨、道教的最高神祇三清大神、玉皇大帝与其妻王母娘娘（以上两神，主要来自历代神话故事）及南宋抗金名将韩世忠和梁红玉夫妇。

二郎庙还供奉了在小说中曾经大战孙悟空的杨戬二郎神，同样也有孙悟空的神位。1995 年，人们在正殿下坡两侧修建了财神和（送子）娘娘庙，文殊菩萨和普贤菩萨，还有武圣关公殿、城隍殿以及供奉宋太祖、宋太宗、宋真宗的西方三圣殿。近年明确为旅游开放寺庙和宗教活动场所。

被联合国教科文组织列为人类文化遗产的重庆大足石刻，名为佛教浮雕，却加上了对于孝子的宣扬，显然受到了儒家孝道观念的影响。

江南有一些小型家庙中，甚至供奉有《红楼梦》中的人物贾宝玉。宝玉后来随一僧一道离家，并被皇帝册封为“文妙真人”，与佛道二教一体。

山西悬空寺，明确是儒释道三教合一寺庙。四川金花寺所说三教合一则是道教与藏传佛教、汉传佛教的合一。而少林寺的三教合一碑文尤其精彩，碑上说：

“佛教见性，道教保命，儒教明伦，纲常是正。农流务本，墨流备世，名流责实，法流辅制，纵横应对，小说谘询，阴阳顺天，医流原人，杂流兼通，述而不作。”（见少林寺“混元三教九流图赞”）其大意是：佛教的宗旨在于恢复自性，让人回归本觉本善；道教的宗旨在于养生保健，使人延年益寿；儒教重视伦常，对三纲（君臣、父子、夫妇）、五常（仁、义、礼、智、信）的遵行，是为正道。农流强调以农为本，墨流提倡兼爱世人，名流主张名实之辨，法流提倡严刑峻法，纵横流重视雄才辩论，小说流喜搜奇闻轶事，阴阳流教人随顺气候节令，医流帮助恢复人体原有的功能，以保持健康，杂流则是通晓上述各种流派，但述而不作。

除了儒释道三教，这里还讲到了东周时期的农家（流）、墨家（流）、名家（流）、法家（流）、纵横家（流）、小说家（流）、阴阳家（流）、医家（流）与杂家（流），即中国成语所讲的“三教九流”共十二种学派加信仰了。

这种合一混一的文化，直到后世，传播到民间，便成就了国人“齐不齐，一把泥”的“难得糊涂”，成就了对于“浑沌”的崇拜，成就了“抹稀泥”“捣糨糊”的“差不多先生”，于是1919年五四运动后胡适写了《差不多先生传》，严厉抨击中国人的不科学、不认真、图凑合、大概其的作风。而毛泽东也强调：“世界上怕就怕‘认真’二字，共产党就最讲认真。”（《毛泽东年谱（1949—1976）》第三卷）

至于浑沌的故事出自《庄子·应帝王》，说是南海君王叫“倏”，北海君王叫“忽”，中央帝王叫作“浑沌”。倏和忽常常一起在浑沌的居地相遇，浑沌待他们很好，倏与忽商量着报答浑沌的恩德，说：“人都有七窍，用来看、听、吃、呼吸等，现在浑沌没有七窍，让我们给他凿出七窍”。于是倏和忽每天替浑沌开一窍，到了第七天，浑沌就死了。庄子是主张“齐物”，主张将生与死视为一体，将长寿八百年的彭祖与夭折的婴儿视为无区别，把是非、物我、长短一切相对立的概念都从根本上看作相同相通的东西。

这个故事让人想起了清朝著名文人郑燮，更多的人只知道他的号板桥，他创造了一句名言："难得糊涂"。这里有玩世不恭的无可奈何，也有对于世界本来就是混沌一体，条分缕析的结果只能是使人类的认知更加靠不住的估计，也是中国人喜爱哲学，却在长久的历史中没有取得科学的长足发展的原因之一。

五、中华文化的汲取、消化与整合能力

三教合一的说法中包含着"难得糊涂""齐不齐，一把泥""混沌""差不多""捣糨糊"的因素，更体现了中华传统文化见贤思齐、为我所用、与时俱化、从善如流、适应调整、刚柔并济、逢凶化吉、遇难呈祥、和而不同、君子之争、消化整合、我中有你、你中有我的韧性、包容性、自适性、机变性、可塑性与发展、应变、抗逆能力。

佛学佛教的引进，有过各种异议，但异议主要是朝廷态度与规模措施上的不同看法，例如韩愈的谏迎佛骨事件，在大儒当中动静很大，他们表现了尊儒的执着，但皇帝与老百姓并无文化排外心理，韩愈辈也没有宣传文化沙文主义的表现。

有趣的是，佛学佛教进入了中国，几千年过去了，渊源地印度的佛教，在多种民族宗教文化的纷纭争拗中已经不处于 C 位了，那么除了泰国、斯里兰卡、缅甸、柬埔寨、尼泊尔、不丹等佛教国家以外，中国的佛学与佛教应该算是保持得比较成功的，至今有许多香火兴盛的寺庙，有专职的僧众，有蒙古族藏族等佛教文化的受到保护，佛教是中国宗教界和平委员会排名居首的组成教界别，有佛学院的招生、佛学书籍的出版发行，佛学文物与纪念品的开发流传。

文化中华的另一伟大引进是以 1919 年五四运动为代表的对于西方现代文明，对于"德先生""赛先生"即民主与科学的引入，对于

物竞天择、适者生存的竞争观念的引入，对于发展救国强国与国家的现代化，特别是对于马克思主义、列宁主义的引进。马克思主义的输入，特别是马克思主义与中国革命具体实践的结合，马克思主义与中华传统文化的结合，马克思主义的中国化、时代化与大众化改变了中国的面貌，改变了中国的历史，改变了推动了转变了也创新了中华文化的面貌，也推动了发展了马克思主义，成了中华文化对于人类命运共同体的一个贡献。

同样，这里也有一个文化现象文化命运文化关节，值得文化学的关注。马克思主义出于德国英国，大兴于俄苏，从《共产党宣言》问世到现在，170 多年过去了，西方马克思主义面临一定的危机与后现代化的变局，苏联已经解体，列宁主义已不行时，一些社会主义国家，不多讲马克思主义，更不讲列宁主义了，恰恰是中国，马克思主义的理论，仍然得到连续性、珍重性与实践性生长，形势好过世界上其他任何地方。我们不能不说，外来文化一经与中华传统相结合，也得到了中华文化的连续性、坚韧性、抗逆性与灵活性的内功内力，更经得住考验，经得住挑战，经得住折腾了。

荀子引用《诗经》中的“左之左之，君子宜之。右之右之，君子有之”，从不同的角度和思路来认识世界，把握真理，应对疑难，处理事务。而《孟子 · 离娄下》的说法是：“资之深，则取之左右逢其原。”同样说明了君子之道的动态性、全面性与机变性。这种活性，有利于去研究理解深邃周深的文化，久经考验的文化，历尽苦难的文化，左右逢源的文化，君子宜之、君子有之的文化，是临危不惧的文化，是自有道理的文化，是大难不死、必有后福的文化，是与时俱化、生机勃勃、活力洋溢的文化。

第三讲

传统文化的危机、转换与新生

毋庸置疑，中国传统文化曾取得过辉煌成就，为人类文明作出过巨大贡献。与此同时，历代的杰出人文精英，也早已看到了扬扬自得、自满自足的传统文化的危险。李白诗《嘲鲁儒》曰："鲁叟谈五经，白发死章句。问以经济策，茫如坠烟雾。"而唯美主义的李贺也在他的诗中有句："寻章摘句老雕虫，晓月当帘挂玉弓。不见年年辽海上，文章何处哭秋风。"而《红楼梦》里贾宝玉、贾敬与一批纨绔子弟的形象，也说明了以贾府为代表的中华传统文化与传统意识形态的危机。长期缺少挑战与突破，对于"天下"即世界情况的知之不多，加之陈陈相因的学风，也使中华文化远在明代，在 14 世纪意大利文艺复兴与 18 世纪英国工业革命之后，渐渐显出滞后与不足。

不管往昔有多少光荣，不能不看到近百年来中国文化的尴尬。任何一种文化，在发展到自以为几乎尽善尽美的同时，会遭遇巨大的危机：僵化、保守化、自足循环形成的陈陈相因与停滞不前、排他性、丧失活力等。中国传统文化历经几千年的辉煌也面临同样的问题。

第一节　文化焦虑与文化危机

鸦片战争后，面对列强先进的科学技术与强大的军事力量的入侵，我们陷入了文化焦虑与文化危机。卓越的晚清文化大家王国维在北伐军进入北京前夕自杀，称自己“经此世变，义无再辱”。陈寅恪说，王国维的自杀是“不得不死”，因为他感觉到中国文化面临着灭顶之灾。而《天演论》的译者严复，这位企图以物竞天择、适者生存的西式理念唤醒国人的启蒙者，最后却落得在大量吸食鸦片中毙命的命运，令人长叹。

近代以来，中国传统文化经受了极大的挑战和考验，中国面临着生存危机，同时即是文化危机。

1840 年的鸦片战争暴露了中国文化的弱点与国家的贫弱，使自尊自大的中国人受到了惨重的打击。近百年间，中国充满了动乱、分裂直至内战，造成这样不幸局面的原因之一是中国传统文化面对西方列强和它们的优势文明，恐慌急躁，拒纳失据，缺乏应对、更新、整合、自保与调节能力。中国文化必须适应现代化的要求，丰富、蜕变、创造，寻求新的活力，中华文化的前途问题已经与中华民族的生死存亡问题纠结在一起。

近代以来，中国出现了文化紧张、文化焦虑、文化冲突与文化对抗，特别是晚清以来，一方面是忧虑自己的传统文化难以应对陌生的异己的世界，突然暴露出千疮百孔，几是气数将尽的征兆；另一方面是怕挟着军舰大炮的强势西洋文化会把自己的文化传统战胜与吃掉。各种对于文化问题的讨论争拗悲情动荡、人心激昂、神经兮兮。

今天提出文化自信，则是在换了人间的全新情势下。这是一个历史的命题，也是一个时代性极强的命题。它的提出，回顾了数千年的世界史与中华史，总结了近现代中华文化经受的锻炼与考验，又针对了新中国成立以来特别是改革开放以来中华民族命运的大变化。完全可以说，我们“现在更有理由文化自信”。

第二节　五四运动与人民革命批判了也激活了中华传统文化

“五四”以降，一批精英人士倾向于激进的以欧洲文明为坐标的启蒙主义，并展开了对强调和谐与秩序的封闭的中国传统文明的激烈批判，直至全盘否定中国的文化传统。当时胡适等提出“打倒孔家店”；吴稚晖提出把线装书扔到茅厕里去；鲁迅提出了他给青年人读书的意见——不读，或者是基本不读中国书；钱玄同提出了废除中文、废除汉字。

为什么会这样痛心？为什么会提出这样极端的对中国传统文化的否定？其中的原因之一就是他们急于用中国的传统文化来解决现代化这一问题，而中国的传统文化缺少这种直接可以推动中国现代化的契机。

一个古老的民族而且是一个大国，对自己的文化持这样的态度，这在世界历史上是少见的。但是，如果“五四”时期没有这些先知先觉，没有这些人发出这种振聋发聩、醍醐灌顶、春雷震响般的声音，没有这样的激情，哪有我们中国的后来？说不定现在我们还停留在子曰诗云的阶段，因为中国这个古老的文化力量太大了。

有一种糊涂观点认为，既然传统文化这么好，那么，正是由于五四新文化运动、革命与改革开放，引进各种外来观念，才把规规矩矩的传统文化搞乱了。有人甚至把五四新文化运动与 20 世纪 60 年代的“文革”动乱相提并论。

问题很简单，这些人读一下《红楼梦》《金瓶梅》《儒林外史》《官场现形记》就会知道，绝对不是革命搅乱了传统文化，而是文化危机、人心危机、社会危机、民族危机、生存危机一道，激起了无法抵挡的新文化运动、人民革命运动，并发展为无产阶级领导的新民主主义革命与社会主义革命。近现代中华民族的与中华文化的曲折道路、动荡不安，不是无事生非，不是自毁瑰宝，而是绝地求生、悲壮救亡，是面对“亡国灭种”的危险而从头收拾旧山河旧文化的伟大使命使然。

五四新文化运动直到中国共产党领导的人民革命，通过“德先生”“赛先生”与爱国主义的提倡，通过马克思主义振聋发聩的传播，使传统文化中的糟粕受到针砭鞭挞，使中华传统文化得以痛切反思自省，使马克思主义中国化，使中华传统文化革命化、大众化，从而开始实现创造性转化、创新性发展，获得了新的活力。同时，革命的艰苦实践，也继承与发展了传统文化中已有的英勇献身、艰苦奋斗、百折不挠、联系群众、五湖四海、敢于胜利、善于斗争的精神。

反过来说，如果没有五四运动的冲击，没有马克思主义的引进与中国共产党人的发扬，没有人民革命的胜利，如果我们是生活在甲午战争或者八国联军年代，我们还能有什么对于传统文化的信心可言呢？

从总体来说，正是五四运动，挽救了中华文化传统停滞、衰落、病弱乃至走向灭亡的颓势；正是新文化运动，反省与荡涤了我们传统中的封建落后愚昧无知的糟粕、与面对列强主导的世界的一筹莫展，引进了民主、科学、马克思主义、现代文明……引进了全新的思想体系与知识技能体系，并与我们的传统文化中的精华部分整合，做到了先进文化体系的中国化、时代化、大众化，才有今天，才有明天，也才有对于中华传统的骄傲与自信。

一、革命的思想动机是从哪里来的

中国革命者的反帝反封建的政治口号同时也是文化口号。中国的激进知识分子唾弃封建旧文化、殖民主义文化，对自由主义、个人主义的价值观念将信将疑，革命文化的兴起，是几千年中国传统文化的必然，也是20世纪中国社会的必然。

前面我们讲到了中华古典文化的灿烂辉煌，同时我们也完全承认封建专制、孤陋寡闻、停滞僵化，也造成了传统文化的另一面：腐朽、落后、虚伪、压制，这并不需要太多的论证。悠久、精到、恢宏的中华文化传统中，有些方面包含着不是以人为本而是以人性为压制对象的颠倒。长期的封建体制在文化形成上成了一个强大的压制系统，既是社会政治的压迫，更是价值系统、道德系统、精神控制体系的压迫。封建主义文化，成了正如毛泽东在《湖南农民运动考察报告》中讲过的，君权、族权、神权、男权几条绳索，成为一个“死结”。五四运动中，鲁迅、陈独秀、胡适等代表人物都对传统文化不好的一面进行了无情的批判。

2009年5月，在汶川大地震一年后，我到了重灾区北川县，满目废墟，仍然有遇难者的遗体在摇摇欲坠的倒而未塌的楼房里。专家们说，这样的地震是上万年的地壳的各种运动、各种力量的作用与潜力的积存的结果，是物质不灭与能量守恒定律的结果。

我坚信中国的人民革命也是上万年的挤压、冤仇、抑郁的潜能积蓄的结果：从夏桀的酒池肉林，从商纣的挖出比干的心，从几千年的独裁压迫、为富不仁，从几千年的敲骨吸髓，从窦娥的冤案与岳飞的惨剧，从东周列国的智谋阴谋、百姓的血流成河，从《水浒传》中好汉们砍瓜切菜般的暴力，从武大郎与潘金莲的荒谬与悲惨的故事，从古代以惩治淫乱为名而插入女人阴户的木驴橛子与对于司马迁和太监的阉割……直到民国的一切混乱与内忧外患中，积蓄了暴力反抗的认知与能量，它已经不可避免，它要求复仇与突围，它决心让一切阻挡它的势力化为齑粉。

革命不是地震式的纯然的灾难，革命是能量的释放，是电闪雷鸣摧枯拉朽，更是对于未来的争取，对于光明与欢乐的拥抱。

1949 年以前，中国的青年学生们冒着被盯梢、被列入黑名单的危险，寻找革命的意识形态书籍：《大众哲学》《延安归来》《马克思主义的三个来源和三个组成部分》《联共（布）党史简明教程》《中国革命与中国共产党》《新民主主义论》《论联合政府》《帝国主义是资本主义的最高阶段》，尤其是《共产党宣言》。

1949 年，全国解放，万民狂欢，到处高唱“解放区的天是明朗的天，解放区的人民好喜欢”。

二、马克思主义的中华文化化

中国共产党当初之所以能打败各种势力，走上执政的位置，一个充分的理由便是，它走了一条把马克思主义普遍真理与中华文化精华相结合的道路。毛泽东提出的中国共产党的“为人民服务”的宗旨，来自马克思主义的“人民创造历史”的唯物史观，同时也延续了中国

“邦以民为本”（《尚书》）、“民为贵”（孟子）的思想。毛泽东提倡的自力更生、艰苦奋斗，谦虚谨慎、戒骄戒躁，与中华文化的自强不息、威武不屈，生于忧患、死于安乐的古训是一致的。毛泽东的游击战略与抗日持久战的思想，与老庄孔孟等的以弱胜强、得道多助、多行不义必自毙的主张相佐证。毛泽东在“整风运动”中提出反对主观主义以整顿学风、反对宗派主义以整顿党风、反对“党八股”以整顿文风，无不与中华传统文化精华互文互证。毛泽东在与各种“洋八股”“党八股”的斗争中，确立了实事求是的思想路线，后来成为邓小平实行改革开放政策的思想基础。正是因为中国共产党人继承了、弘扬了也创造性地发展了中华传统文化，才能实现并且继续实践着马克思主义的中国化、时代化、大众化，也才能始终扛着中国特色社会主义这面大旗不倒，拿出以中国道路和中国成就所证实的中国方案，为世界有识之士所瞩目。

我认为，没有新文化运动，没有新民主主义革命与社会主义运动，没有改革开放与有中国特色的社会主义现代化的成就，停留在“半部《论语》治天下”的自欺欺人之中，我们就会自绝于地球，用毛泽东的说法就是被“开除球籍”。而另一方面，如果丢掉了中华文化传统，也就丢掉了人心民意，切断了几千年的文脉，离开了自己脚下的土地，等同自绝于本土与人民。在新中国成立以后某些时期的风浪中，例如“文革”后期人民对于周恩来总理的拥戴与怀念、对于“四人帮”的反感与结束“文革”内乱的愿望，都可以清晰地看出古今一脉的忠奸观念与正邪分野的强大生命力。所有这一切，都是基于对中华民族使命的担当与自觉。

三、共产党的文化运动

中国共产党从来十分重视文化工作，一方面在解放区团结鲁迅、茅盾、聂耳、冼星海等创造了至今活在人们心里的文艺经典，同时在革命根据地开展了生气勃勃的扫盲、秧歌、歌咏、戏剧、卫生、新闻报道工作，同时大量地开发了民间文艺资源，使全中国的文艺生活走向了健康、振奋、革命化与人民化。无须讳言这些活动的政治目的，但这些带有政治宣传色彩的文化活动确实也振奋了民气，提升了边远农村的文化生活，给人民带来了知识与文明习惯，从而受到国内外的好评。《兄妹开荒》《夫妻识字》等秧歌剧，《白毛女》等新歌剧，始自陕北的腰鼓队，八路军、新四军、解放军的文工队，都以崭新的面貌冲击着死气沉沉的旧中国。

1945 年 4 月，毛泽东在中共第七次全国代表大会上的政治报告《论联合政府》中，提出了民族的、科学的、大众的文化方针，体现了爱国主义、社会主义、现代化的方向，而与旧中国一些文化精英或埋在故纸堆中，或陷于洋腔洋调而形影相吊，或虽有水准但终无英雄用武之地只能叹生不逢时，而广大人民群众缺文少教、缺医少药、萎靡低俗、野蛮迷信、远远落在文化潮头后面的可悲状况成为鲜明的对比。

正是共产党引领的革命文化为奄奄一息的旧中国带来了全新的风景。如首都北京扩建了天安门广场，红旗招展、锣鼓喧天、彩旗飘扬、白鸽放飞、“五一”和“十一”游行、国家领导人与世界各国共产党领袖的巨像、海陆空三军阅兵、彩车、秧歌队与腰鼓队、节日的礼花、天安门城楼下的集体舞、唱不完的红歌……

共产党不但带来了文化生活的崭新面貌，也带来新的意识形态：劳动创造世界、社会发展史、剩余价值、阶级与阶级斗争、社会主义与共产主义，完全崭新的革命文化占据了社会文化的主导位置，北京出现了游泳池，这不仅是体育设施，而且是反封建的现代性表现，旧社会连游泳也是天下奇闻，男男女女穿得那样少，一块儿戏水，这是孔夫子能够忍受得了的吗？共产党正是靠崭新的与强有力的意识形态文化聚拢了中国人心。

中华人民共和国的成立使中华民族出现了前所未有的文化自信与文化豪情。毛泽东主席预言，随着经济建设的高潮，也将出现文化建设的高潮。新中国扫盲、普及教育、普及卫生知识、发展教科文卫体方面的成就有目共睹。同时，中华文化的繁荣发展，并非一帆风顺，我们也走了不少弯路，尤其是“文革”十年内乱，令人痛心，教训惨痛。一个古老的东方大国，发展成为现代化的社会主义国家，谈何容易。

四、从“天下大同”到“一大二公”

共产主义的理想是崇高伟大的，是普世的。而中华文化的终极社会理想是天下大同。早在《礼记·礼运》中就宣扬了下述高峰理念：

大道之行也，天下为公。选贤与能，讲信修睦，故人不独亲其亲，不独子其子。使老有所终，壮有所用，幼有所长，矜寡孤独废疾者，皆有所养。男有分，女有归。货，恶其弃于地也，不必藏于己；力，恶其不出于身也，不必为己。是故谋闭而不兴，盗窃乱贼而不作，故外户而不闭。是谓大同。

而《孟子》的口号是："老吾老，以及人之老；幼吾幼，以及人之幼。"

如果说我们现在建设的是"中国特色社会主义"社会，是全面小康的现代化国家，那么，上述宣扬，可以说是"有中国特色的共产主义理想"，是大公无私的人间乐园。中华文化其实天生地倾向于接受共产主义与社会主义。

共产主义是共产党人也是中国的一切有志者有识者的共同的终极与永恒的理想。毛泽东思想是马克思列宁主义与中国革命的具体实践的结合，也是马克思列宁主义与中国的源远流长的文化传统的结合。从毛泽东在人民公社运动中的"一大二公"的提倡上，我们仍然会看到"天下大同"的观念。

革命的严峻、彻底、巨大，造就了革命队伍中的崇高无比的理想主义精神，自我牺牲精神，坚定炽烈毫不妥协的斗争精神和极严格的组织性纪律性，空前的集中统一大团结以及利他主义、禁欲主义、艰苦奋斗乃至苦行精神。

然而，革命成功以后，中国的文化冲突并没有因此缓和，而是更加剧烈。革命的惯性使得新中国的思想文化批判运动一浪高于一浪，连年的政治斗争与文化冲突造成了消极的后果，批来破去的结果造成了新一代的思想的贫乏和价值的失范，造成了知识的落后和对外部世界的阻隔乃至道德的与信仰的危机，更造成了人文知识分子的浮躁心态、急于求成，即企图以某种万能的文化观念一揽子解决一切社会问题的夸大狂与乌托邦幻想。

五、务实、柔韧与耐性：中国文化精神的另一面

与此同时，中国文化的另一面是百折不挠，务实、柔韧与耐性。《礼记·中庸》提倡“行远必自迩”“登高必自卑”，老子的说法是“哀兵必胜”“柔弱胜刚强”，庄子则推崇“呆若木鸡”的内敛形象。“愚公移山”（《列子·汤问》）的坚决与耐性，超出了正常判断的范畴，置时间、效率、成本等关节于不顾，提出了以一家之力移山的浪漫命题。

“精卫填海”的故事更加荡气回肠。说是神农氏炎帝的女儿被海浪吞噬，化为小鸟精卫，为对海浪复仇，它衔着草棍砂石，一次次地丢到东海，意在将海填平。

愚公与精卫的故事都是他们的精神感动了“上帝”，最后神祇帮助了他们，达到了愚公移山的目标，也改变了被精卫痛恨的东海格局。

中国有“君子报仇，十年不晚”的说法，“以退为进”（扬雄：《法言·君子》）的命题，一直到“水滴石穿，绳锯木断”“只要功夫深，铁杵磨成针”与“大丈夫能屈能伸”的成语，都说明了这一点。

这一类的中国故事极多。有趣的是“呆若木鸡”的故事，庄子原来说的是一只善于争斗的公鸡最后修炼到了像木鸡一样迟钝呆笨，才“鸡虽有鸣者，已无变矣，望之似木鸡矣，其德全矣，异鸡无敢应者，反走矣”（《庄子·达生》）。但传到今天，人们只知道用“呆若木鸡”来形容一个人的呆傻与迟钝了。

中国文化的特点是既充分地“高屋建瓴”“势如破竹”“论万世”“为天地立心，为生民立命，为往圣继绝学，为万世开太

平”……高扬理想主义，又完全可以做到实事求是、因陋就简、委曲求全、韬光养晦，忍为高，百忍便成金，退一步天高地阔。一个忍辱负重，一个以屈求伸，古代中国出现了境外难以想象的极软弱却又极刚强，极曲折却又极坚定的中国故事。一个是越王勾践败于吴王夫差后，投降被俘，受尽侮辱使役，千辛万苦，“投之亡地然后存，陷之死地然后生”（《孙子·九地》）。越王勾践十年生聚，十年教训，卧薪尝胆，最后终于雪耻翻身。

共产党的文化精神同样包含了这样的坚忍不拔、反败为胜的惊天神力。1934 年第五次反“围剿”失败后，白区的共产党组织损失百分之百，红区损失百分之九十，长征中饱经磨难，最后到达了延安，经过抗日战争，终于取得了解放战争的胜利。

1958 年“大跃进”受挫，全国发生饥荒后，剧作家曹禺创作了话剧《胆剑篇》，召唤中国文化这方面的惊人的精神承受能力。

而在世界文化史上造成了空前巨大影响的中国故事是“赵氏孤儿”，始载于《左传》，继而完备于《史记》，后来又成为著名元代杂剧《冤报冤赵氏孤儿》或《赵氏孤儿大报仇》的故事，表现了以程婴为代表的中华英烈，前仆后继，英勇牺牲，保护一个受冤枉的忠臣后代的惨烈事迹，为伏尔泰、歌德等重视。伏尔泰将其改编后，在巴黎上演，取得很大的成功，成为 18 世纪中华文化“走出去”的一个美谈。

遗憾的是，近年上演的电影、戏剧《赵氏孤儿》，缺少对于原作、对于中华历史文化遗产的应有的珍惜与敬畏，任意修改，令人痛心。

一个古老的国家，一个古老的文化，它不但有胜利的经验，更有失败——被称为置之死地而后生的经验；有蒸蒸日上的经验，更有重大失利的经验；有光辉灿烂的经验，也有奇耻大辱的经验，更有宠辱不惊的经验；它的文化的全面性、多面性、可塑性，机变性与坚持性都是非同寻常的。许多自以为是的发达国家的学人对中国的事情中国的局势始终作不出正确的预判，不断预言，不断破产，不断隔靴搔痒，离题万里。原因就在于他们无法体会中国历史中国经验的丰富性、独特性、久远性与中华文化的坚韧性和非同寻常的生命力。

六、前革命、后革命的文化生活与文学作品

单凭理想主义总是要碰壁的，理想与现实之间总是有距离的，革命并不仅仅是一种浪漫激情的表现，革命碰到的是很现实的东西。所以在革命成功、人民共和国建立起来以后，出现了各式各样的麻烦。过分激进的理想主义，本身有太强的排他性，20 世纪 50 年代后期中国所采取的过“左”的做法，实际上有其历史的必然性，它是激进理想主义的产物。

毛泽东对于中国社会主义发展道路进行了艰苦卓绝的求索，积累了丰富的经验。由于中国革命环境的特殊严峻，战争中形成的军事共产主义精神，国际上二元对立格局的单纯性与尖锐性，中国的农业社会的前现代性质以及人们对传统的惰性、面对异质文化的紧张与危殆痛苦感估计不足，尤其是对于人们对中国传统文化的生命力与永恒价值、对中国文化在现代化进程中充当一个积极的角色的可能性的认识远远不够。我们的认识是破旧立新，是弃旧图新，是新永远比旧好。这种认识的后遗症是历史虚无主义与思想的贫乏片面，但是文化传统的价值与影响作用要深远得多、稳定得多。

世界各国，在革命前常常会出现一个文学的悲情洋溢的高潮，例如 19 世纪到 20 世纪初的俄国文学高潮。中国的从 1919 年五四新文化运动到 1949 年人民革命的胜利，也出现以鲁迅为代表的左翼文学（左翼文学：中国 20 世纪 20 年代开始出现的文学现象，强调对社会黑暗面的暴露和批判，强调作家的世界观和作品的真实性，主要代表性作家有鲁迅、茅盾、丁玲等）的高潮。即使是非革命派的作家，他们作品中对于旧社会的沉痛表现，客观上也将读者推向革命阵营。俄国的托尔斯泰与陀思妥耶夫斯基，中国的巴金、曹禺与老舍的作品都是这样。故而在 1948 年底逃到台湾的国民党政权很长时间对于抨击现实的文学作品高度戒备，如临大敌。

而在中国大陆上，面临了另外的形势。革命的成功，使悲情万种的革命文学开始变成歌革命之功、颂革命之德的文学，或者成了挑剔革命的不足、新生活的瑕疵的文学。人为的继续革命不足以维持革命时期文学艺术的浪漫与悲情，前革命时期的文学高潮在后革命时期难以为继，正如鲁迅预言过的那样，革命的胜利带来的并不是对于革命文学家的致敬与慰劳。自以为高尚忘我地选择了革命的文学家，还要接受革命的新权力系统的选择。1949 年以后，屡屡发生对于一些文艺家的批判整肃。这个情况，到了“文革”结束、改革开放开始以后，有了大的变化。中国的文艺生活、文艺人才，处境改善。但又受到市场化、娱乐化、平淡化乃至空心化、庸俗化的潮流的困扰。

在这种情况下出现了对于改革开放、拜金主义、贫富分化的困惑，乃至是对于改革开放前的英雄主义、浪漫主义、悲情主义文化的怀旧。社会上乃有改革开放以来文艺生活堕落空虚，比旧中国的国民党统治区还差，比抗日战争时期的日伪统治区还坏的极端说辞。

第三节　改革开放与中国文化的新生

改革开放是中国的又一次革命。邓小平建设有中国特色社会主义的理论开辟了中国现代化的道路，中国的面貌焕然一新。自1919年“五四”以来席卷中国的新文化运动也从而走上了更加务实、更加成熟、更加与中国人民创造新生活的实践紧密结合的新阶段。

邓小平主持改革开放以来，对现实采取一种务实的心态，人们越来越认识到有把理想与现实，特别是把理想与经济生活的现实结合起来的必要，因为革命的结果应该是提高人民的生活水平，不是相反。

把世界先进文化与中国的具体实际结合起来，把世界先进文化与中国固有文化传统中富有生命力的部分结合起来，于是有了“有中国特色的社会主义”，中国社会和文化迎来了一个新的历史时期。从中华民族历史长河看，也是一个大的文化转型期。

矛盾与碰撞仍然存在。旧与新，中与外，民族主义、爱国主义与国际主义、世界主义，物质文明与精神文明，姓“社”与姓“资”，文明法制与革命加拼命，等等。然而，我们毕竟看到了也切身体验到了，有中国特色的社会主义，有中国特色的社会主义现代化，社会主义的市场经济，我们终于亲身体验到了不是饥寒交迫，而是小康乃至逐步赶上富裕的物质生活的可能。

近年，中央电视台曾经做过关于幸福感的访问调查，有不少受访者肯定生活的幸福，这是有它的现实根据的。

一、中华文化在开放中获得新生

邓小平正是在深厚的民意基础上，不失时机地顺应潮流，坚定不移地实施改革开放政策，使中国特色社会主义出现了新局面。

十八大以来，日益丰富的中国特色社会主义道路，“一个中心、两个基本点”社会主义初级阶段基本路线的提法，面向世界、面向未来、面向现代化与不忘初心、继续前进的提法，全面建成小康社会、全面深化改革、全面推进依法治国、全面从严治党的提法，不忘本来、吸收外来、面向未来的提法，映射出来的正是中华文化统筹兼顾、中庸务实、自强不息、厚德载物的光辉；正与中华文化的从善如流、“穷则变，变则通，通则久”，自强不息、不进则退，“苟日新，日日新，又日新”的变革观，还有吾日三省吾身、闻过则喜的精神相对接。

在我国改革之初，西方一些政要，预感到了中国崛起的必然性。布热津斯基 20 年前就预言：中国可能不要太长的时间就会在全球事务中采取一种较为坚决而自信的姿态。他们认为，用中华文化武装起来的中国领导人，有一套自己的战略思想，是理想的也是务实的，是敏锐的也是有耐性的，是坚强的也是善于应对与自我调整的，是讲原则的也是足够灵活的，是善于保护自身又具有足够内存容量的。这正是中国思维方式所赋予我们的养料：不拒绝任何为我所用的启示与参照，无可无不可，白猫黑猫抓住老鼠就是好猫，不做胶柱鼓瑟、刻舟求剑的傻事，同时懂得过犹不及，见贤思齐、见不贤而内自省，循序渐进、稳中求快，坚持自身的选择权决策权，不信邪，不跟风，保证改革不会走上歧路。

早在1979年3月，中国改革开放的发端期，邓小平就提出了坚持四项基本原则——即坚持社会主义道路，坚持人民民主专政，坚持共产党的领导，坚持马列主义、毛泽东思想。1987年7月4日，邓小平在会见孟加拉国总统艾尔沙德时提出："要搞现代化建设使中国兴旺发达起来，第一，必须实行改革、开放政策；第二，必须坚持四项基本原则，主要是坚持党的领导，坚持社会主义道路。"

对于许多西方政治家与学者不可思议的两方面的"坚持"，恰恰体现了中华传统文化的统筹兼顾、左右逢源、面面俱到、不偏不倚。有主见，有预见，避免了片面性。

中华文化在开放的过程中面临着前所未有的振兴机遇。我们正在努力从开放和引进中为我们的文化注入新的活力，同时也是以我们的文化积累，回应现代化过程中时时遇到的挑战与难题。现代化的文化，应具有一种更新的精神、改革的精神、自省的精神。自己能反省自己的文化，使它能够有一种应变的能力，能够在改革、现代化、开放和交流的潮流中，保护和发展自己，同时也渐渐培育出一种稳定从容、胸有成竹的文化智慧与文化定力。

二、可口可乐与开放的中华文化

中国文化本身有很大的适应性和再生能力。中华文化有保守的一面，也有趋时的一面。1982年我首访墨西哥，在墨西哥学院结识了汉学家白佩兰女士（Flora Botton Beja），我说到中国太大、太古老，许多事都需要慢慢来改进。她说："你说的与19世纪末李鸿章见伊藤博文时说的话完全一样。但是我在中国的体会是，中国人非常喜欢跟随潮流，追新逐异，这也是中华文化性格的一个方面。"

改革开放为中国文化注入了新的活力，提供了新的发展契机。文化发展的一个特点，就是只有既保持自己本土的族群特色，又不断地在与外来文化的接触和碰撞中对其加以吸纳才能得到发展。那种纯粹的所谓固有文化只能存在于博物馆里，那样就不会有变化和受到冲击的危险了。所有活的文化都是充分利用开发和杂交的优势，在和异质文化的融合和碰撞当中发展的。比如佛教，这是印度的东西，到了中国它出现了禅宗。

我还想起，好多年以前，在美国有一次跟一些美国大学生谈到这一点，就举了一个例子，我说可口可乐一开始在中国并不是很成功，想了很多促销的办法，才流行起来。后来可口可乐大面积地成功了，尤其是孩子们特别喜欢喝，有的家长不让喝太多，怕里头有咖啡因。我就说可乐慢慢喝一定也会喝出中国人独特的方法来，不会跟美国人一样地喝。说完这话我回到北京就知道了，中国人用可乐煮姜末来治疗感冒，拿可乐当感冒冲剂。我就试过，觉得有一定效果，用它来煮姜末，喝下去以后起码有发汗的作用。无独有偶，海峡那边的台湾则发明了“三杯鸡”，即用一杯可乐，一杯红酒，一杯酱油炖鸡。真是两岸同文同心同源同趣啊。可乐到中国用法发生了变化，XO的喝法到了我们这里也发生了变化，如碰杯干杯、一饮而尽。而中国茶到了英国、美国、阿拉伯国家，其喝法也令中国人大吃一惊：如加桂皮、加薄荷与大量方糖、加水果调料等，都是中国人做梦也想不到的。我个人觉得，以为中国的文化会因接触西洋文化而会被同化，那是根本不可能的。语言文字是文化的根基，我们的汉字是很独特的，怎么可能被同化呢？这是无须忧心忡忡的。

事实证明，一切有益的外来文化被中国人民接受后，都会迅速地本土化、中华化、大众化、时尚化，成为中华文化的有机组成部分。马克思主义到了中国，与中华文化相结合，乃有毛泽东思想、邓小平理论、“三个代表”重要思想、科学发展观、习近平新时代中国特色社会主义思想。芭蕾舞到了中国，不但有中国的原创剧目，而且即使引进的欧洲剧目也注入了中国元素和中国精神。至于电影电视广播，哪里有谁认为它们是外来形式而为之忧心忡忡？

中国文化只有在开放的过程中，才能获得新的生机，焕发出新的光彩。不论怎样懂得、珍视、爱惜甚至善于利用固有的民族传统文化，不开放，不发展，不再造，传统文化就无法生存下去，更无法获得新的发扬光大。

开放是生命力和信心的表现。具有强大的传统和独特的瑰宝的中华民族文化一定能在开放中获得新生，获得个性的保持，获得新的尊严与新的魅力，并对世界和文化作出应有的贡献。

三、改革开放带来了文化的大繁荣，也带来了挑战

改革开放以来，我们国家整个文化生活的格局，发生了非常大的变化。在之前强调阶级斗争的时期，我们整个文化生活，都带有非常强烈的战斗性，振聋发聩的、高调的东西不少。改革开放以来，我们主要面对的已经不是敌我谁战胜谁的问题，而更多的是现代化建设、丰富和提高大家文化生活的问题，即“满足广大人民群众精神文化需求”。

改革开放同时也带来了挑战，中国有时处在几种不同的文化参照系统的交叉点上。中国式的士人的儒道互补的道统与操守，中国民间社会的伦理规范，“五四”以来的民主与科学的启蒙主义，现代化

与世界接轨的愿望；对于欧洲文明的某些价值观念——标准的人文主义——的认同；共产主义的社会理想与普罗革命的价值追求以及对于资本主义的批判；中国革命特别是农民革命战争的优良传统如自力更生、艰苦奋斗、联系群众等；近代民族意识与自来的“中国”意识以及前殖民地半殖民地与当今发展中国家特有的半是屈辱记忆半是争强决心的爱国主义；还有对于毛泽东时代的某些优良传统的怀念，对于经济发展了但社会风气恶化了的愤慨，或者是对于某些历史片断的耿耿于怀，对于重回“文革”的警告与担忧……于是出现了夸张的“撕裂论”，即说是中国社会各色人等正在被各种挑战所撕裂。

中国需要一个文化的契合点。关键是寻找到一个契合点，才能实现中国传统文明的更新和创造性的转化。生活在美国威斯康星州的学者林毓生，是我小学的同学，他提出中国文明的创造性转化，我觉得他的这个提法是有道理的。

文化转型期是一个比较长远的阶段。中国从一个封闭的、自主的，发展得很成熟，已经走向衰微的国家，变成走向现代化的、发展中的新兴国家，这本身就是一个很大的转型。从计划经济到市场经济，从以阶级斗争为纲到以经济建设为中心，又是重大的转型。在转型中，中国一直面临如何评价自己的文化、怎样进行选择的问题。概括起来，我觉得有以下几个问题：一个是“中西”的问题；一个是“西西”的问题——西方文化能给我们什么选择；还有一个是“中中”的问题，就是在中国传统文化中，我们选择什么；另一个是“新旧”的问题；最后是目前发展中面对的商业文化、大众文化、精英文化的问题。

当前的中国文化思潮，既有众说纷纭的杂多，也有中国共产党的集中统一引领；既有对于大量外来观念、方法、技术的汲取，又有文化爱国主义的讴歌；既有革命精神社会主义精神的感动，又有历史虚无主义的解构；既有低层次的拜金主义、实用主义，又有覆盖性极强的社会主义核心价值的张扬，看起来有几分乱象，乃至确实的撕裂危险。

这是文化事业、文化思潮、文化生活的困扰，但同时更是中华文化的前所未有的机遇，中华文化有能力将中与西、古与今、革命与建设、传统与现代、斗争精神与和谐观念、马克思主义与本土的传统思潮、文化个性与人类共同体观念结合、打通、消化、优化、创新起来，有所前进，有所改善，有所作为，有所积累。

四、中国文化建设的突飞猛进

改革开放以来，中国在教育、文化建设等方面都发生了天翻地覆的变化，取得了巨大成就，为世界瞩目。

教育方面：改革开放初期的 1978 年，全国高等学校在校学生仅为 85 万人，中等专业学校在校学生也仅 88 万人，而 2019 年，全国高等学校在校学生已达 4002 万人，是 1978 年的 40 多倍，中等职业教育在校生 1576.5 万人，是 1978 年的近 18 倍；普通高中在校学生 2414.3 万人，普通初中在校学生 4827.1 万人，普通小学在校学生 10561.2 万人，特殊教育在校学生 79.5 万人，学前教育在园幼儿 4713.9 万人。目前，中国九年制义务教育巩固率已达 94.8%。

文化场所、设施建设方面：1978 年，全国县以上公共图书馆仅 1256 所，许多县没有图书馆。2015 年，全国县以上公共图书馆已达 3139 个，总流通达到 58892 万人次。截至 2015 年，中国共有各类文化文物机构287356个，文化馆3315个，档案馆4196个，博物馆4692座，影剧院5000余个，艺术表演团体2052个，科普活动中心992个，其中建筑面积8000平方米以上的科技馆51个，科普教育基地33928个，每年参观人数26273万人次。

特别是随着改革开放各项事业的发展，文化场所、设施数量呈现几何级增长。以博物馆为例，1978年底，中国博物馆的数量仅有349座，截至2015年，中国已有博物馆4692座，是1978年的13倍多。从1949年建国到1978年底，中国博物馆数量从21座增至349座，近30年内增加了328座；而从1978年底到2007年底，同样的时间段内，博物馆的数量从349座增加到1722座，共增加了1373座，是前一个时间段的4倍之多。自2008年始，博物馆免费开放，使得入馆参观的人员数量进一步攀升，又进一步推动了中华民族历史文化的传播。

改革开放以来，中国的图书馆事业发展迅速。据统计，2015年末，中国各级公共图书馆达3139所，是新中国成立之初的50余倍。其中，国家级图书馆1所，省级图书馆39所，覆盖率100%；地市级图书馆365所，覆盖率89.9%；县级图书馆2734所，覆盖率93.7%。全国公共图书馆总藏书量83844万册，比1979年增加65224万册，增幅巨大。同时，中国国民图书阅读率也有显著提高，2010年到2014年，中国成人图书阅读率由52.3%增长到58.0%，数字阅读率由32.8%增长到58.1%，人均纸质图书阅读量由4.25本增长到4.56本。另外，文化部、财政部拨专款大力支持图书馆事业发展，据统计，2015年国家财政投入1270354万元，并积极启动数字图书馆推广工程，加快建设覆盖全国的数字图书馆服务网络。截至2015年末，供读者使用的电子阅览室终端达 12.67 万台，计算机 21.18 万台，电子图书 83041 万册，并且手机图书馆、24 小时自助图书馆等新的服务形式发展尤为迅速。

体育方面：根据《第六次全国体育场地普查数据公报》数据，截至 2013 年底，全国共有体育场地 169.46 万个，用地面积 39.82 亿平方米，建筑面积 2.59 亿平方米，场地面积 19.92 亿平方米。对比第五次全国体育场地普查，全国体育场地数量增加 84.45 万个，将近翻了一倍；1979 年中国重返国际奥林匹克运动会，2008 成功举办了北京奥运会。在 2016 年夏季里约热内卢奥运会上，中国体育运动员共取得 26 枚金牌，18 枚银牌，26 枚铜牌，中国的体育运动人口已达 6.8 亿人，已成为名副其实的世界体育强国。

图书出版、文化传播等方面：2015 年，中国出版各类图书 314459 种，86.6 亿册；出版报纸 1906 种，总印数 430.09 亿份；出版期刊 10014 种，总印数 28.78 亿册；音像制品 2.9 亿盒（张）。2015 年，中国共生产故事影片 686 部，电视剧 395 部 16560 集，电视动画片 134011 分钟。电视节目综合人口覆盖率达 98.8%，广播节目综合人口覆盖率为 98.2%。各类歌舞厅、俱乐部、夜总会、棋牌厅等文化场所，更是如雨后春笋般涌现，无计其数，已成为中国人日常生活的一部分。

文物保护方面，更是取得了举世瞩目的成绩。据第三次全国文物普查（2007 —2011 年）统计，全国共登记不可移动文物近 77 万处（不含港澳台地区），其中全国重点文物保护单位 2352 处。截至 2016 年 7 月，我国已拥有世界遗产 50 处，位列世界第二，其中世界文化遗产 35 项，世界自然遗产 11 项，世界文化与自然混合遗产 4 项。全国文物保护专项补助资金从 2008 年的 25.2 亿元增加到 2015

年的75亿元，较1978年增长了1070倍。新中国成立以来，中国考古人员积极从事考古研究，马王堆汉墓、河姆渡遗址、秦始皇兵马俑、“南海1号”、“华光礁1号”等一系列考古发现，不断深化人们对历史文明进程的认识。此外，自1982年颁布《中华人民共和国文物保护法》以来，我国积极将文物保护纳入法制轨道，并结合“法制宣传日”“文化遗产日”“国际古迹遗址日”“国际博物馆日”等，广泛开展法制宣传普及活动，将文物保护逐步纳入国民素质教育体系，初步形成了市、县、乡、村四级文物保护网络。且与美国等世界18个国家，签署了防止盗窃、盗掘和非法进出境文物的双边协定或谅解备忘录，使多批次流失境外的文物回归祖国，积极加入《保护世界文化和自然遗产公约》等有关国际公约，参与国际文化遗产保护工作，为世界文物保护作出了重要贡献。

第四节　通向现代化、通向世界的中国文化

在发展中国家的传统文明中，中国文化相对比较能够连接与走向现代化，这是因为我们有一个积极入世、正视现实、与时俱化乃至世俗实用的传统。我们自古就强调自强不息、“苟日新，日日新，又日新”，强调“天道酬勤”“不进则退”，强调文化与道德的此岸性，我们的说法是“未知生，焉知死？”（《论语·先进》），我们尊敬祖先，重视家庭和种姓的延续，强调自身对于祖先与后人的责任，珍惜自己所处的生命链。重视后代，特别是重视子女的教育，也关心后人出生的门第的光彩。我们重视勤俭节约，重视积累，重视储蓄，这些

东西都推动了我们走进现代化。

一、转化与发展：传统文化的现代化

30 多年前，美籍华人学者林毓生提出中国传统的创造性转化（Creative Transformation）的主张："把一些中国文化传统中的符号与价值系统加以改造，使经过创造地转化的符号和价值系统，变成有利于变迁的种子，同时在变迁过程中，继续保持文化的认同。"（林毓生：《中国意识的危机——"五四"时期激烈的反传统主义》）2014 年 2 月 24 日，习近平总书记主持十八届中央政治局第十三次集体学习，在讲到弘扬中华优秀传统文化时，他指出："要处理好继承和创造性发展的关系，重点做好创造性转化和创新性发展。"我们碰到的问题是古老文化的现代化。转化，是指要使封建文化与半封建半殖民地文化实现社会主义现代化，把前现代的精神资源转化为现代化的精神财富。发展，是指摈弃相对保守滞后的文化成色以建设适用于科学思维的、汲取了人类先进文明成果的、符合人类发展方向的前瞻性文化体系。这件事做得好，将使中华民族受益无穷，并为世界提供经验。

文化有相对稳定性、生活嵌入性、无处不在性，何况已经延续了几千年的文化。文化是一个互为依存的整体，它是你中有我、我中有你，"去其糟粕，取其精华"，说起来容易，做起来却没有那么容易，这就是为什么有些带有封建主义瘢痕的文化遗存总是依附在我们社会的肌体上。但是不论有多么困难，我们必须面对这个时代课题。

比如，《弟子规》中有"人有短，切莫揭"一句，一般来说这是对的，别人有什么生理缺陷、难言之隐，你当然不能总挂在口头上；

但是从另一个角度讲，人要有是非观念，要坚持真理，有的短是要揭的啊！而且除了弟子行为需要规范以外，父母也罢，上级也罢，都要树立自己的规范与责任。如同需要“弟子规”一样，我们也需要“老板规”与“父母规”。

又如，孔子的名言“君子不器”，是说君子的责任在于修齐治平，君子不应该关注于形而下的“器”，而应该全神贯注于形而上的“道”。但是我们今天认为，“器”和“利”，关系发展这个硬道理，我们今天必须强调传统文化中所缺少的科学、逻辑、数理、技艺，“鲁班精神”、“工匠精神”、科学方法、精细管理、经济效益等等，恰恰是我们现代化过程中必须大大关注与致力的。但是孔子讲“君子不器”自有他的道理。孔子的中心意思是说，君子不应当拘泥于小事和具体事，而应当通过“器”看到事物的“道”，不要成为器具的奴隶，要有理想，有道德，成为生活主体。这个说法在今天甚至具有“后现代”意义。

再如，孔孟都强调从家庭中的孝悌做起，达到仁义天下、忠恕他人的目标。孟子甚至假设如果舜的父亲杀了人，舜可以下令逮捕他，但逮捕后应该帮他跑掉，放弃王位，陪他度日。这当然不符合现代法治精神。我们不能将家庭人伦血缘关系摆在道义与法律、国家利益与人民利益之上。但同时我们依然认为，孔孟所强调的家庭伦理关系是我们中华文化的一大特色，是合人伦合常理的，只是必须遵守法律底线，符合公共道德。

文化创新发展的关键是，要用先进文化丰富调整安顿我们传统文化中的道德人伦情感，同时用传统文化的包容消化能力使当代文化外来文化变得更加符合国情，对今天的中国适用与有效。

现代化的历史进程，是对传统文化的一大挑战、一大冲击、一大考验。传统文化对现代化同样正在做着有力的选择。简单地说，现代化要选择传统文化，有一部分传统文化和现代化历史进程互相违背得太厉害，最终要在现代化的过程中淡化、消失或者改造，这是一个选择。

网络上出现了“北京（或其他城乡地域）不见了”的哀鸣，无非是许多过往的民俗、饮食、文艺、服装、用品、地名、老字号店铺在不断消失，如城墙、街头理发、磨剪子戗菜刀、小贩吆喝、四川饭店、崇文和宣武这样的富有文化含量的市区名称等。这样的问题不能漠视，否则难以向子孙后代交代。

传统文化在选择着现代化道路。现代化的道路在各地区、各民族、各国家并不一样。如果现代化道路完全违背传统文化，现代化也可以在传统文化面前被抗议、被反对、被厌恶。这两方面的可能性都应看到。所以，对传统文化的选择性，不能不实事求是地予以严肃的考虑，必须考虑现代化与传统文化的互相选择，要善于运用传统文化的积极因素、积极力量来推动现代化，也要善于通过现代化来发扬、改革、发展传统文化，这是一个很了不起的艺术，也是一个很了不起的科学。不吸收世界先进文化就没有中国的振兴，就没有民主与科学，就没有马克思主义与社会主义，就没有现代化。不尊重与爱惜文化遗产也会造成永久的损失与难以弥补的遗憾。

二、碰撞与交流：中国文化走向世界

中国正在走向现代化，中国的面貌，中国文化的面貌，随着中国传统文化与欧美现代文明的碰撞与交流，随着中国的有识之士对于现代文明的全面引进和吸收而焕发了新的活力，成为中国社会变革与进步的一个重要契机。

同时，现代文明与中国传统文化的交流也丰富了人类的文明成果。中国文化必须适应现代化的要求，丰富、蜕变、创造，寻求新的活力。数千年来的特别是近百年来的历史已经证明，只有选择正确的文化战略才能以最小的代价实现中国的现代化，保持中国的稳定、繁荣、发展、进步，实现中国的民族振兴，并且对一个和平、发展、公正的世界作出应有的贡献。

现代的文化观念是一种开放的、自信的与进取的文化观念，反对狭隘，反对愚昧，要更大胆更全面地学习国外一切有益的东西，学来以后要消化，使之本土化、时代化、大众化，把它变成中国文化的一个组成部分。

例如，马克思主义到了中国，与本国实际结合，与中华传统文化的精华部分结合，乃成为毛泽东思想与邓小平理论，成为“三个代表”重要思想与科学发展观，成为习近平新时代中国特色社会主义思想。

近年来，有西方学者感叹他们的颓势，认为西方的优越性已快走到尽头；但也有人依然竭力贬低中国经验。问题是不管有来自何种方向的声音，越是在各种质疑声中，在世界可能需要从古老中国的稳健思路与轨迹中获得参照与补充的时候，我们越是不能对自己的成就和发展感到满足。我们志在对民族对人类作出更大贡献，我们还有相当差距，对待外来先进文化的学习借鉴、汲取消化、为我所用的脚步不能停止，同时把中华文化继承好弘扬好。

三、文化民主与市场经济

自20世纪90年代中国实行社会主义市场经济以来，中国文化经受住了新的市场经济的洗礼、激励、冲击和考验。

市场经济的发展带来了文化心态的变化和文化形态的转变。一个明显的变化是文化理想主义有所削弱，消费主义文化有所增长。从人们的文化心态讲，则是从政治文化心理向商业文化心理的转换。文化理想主义开始冲淡，人们多了一点务实主义，多了一点选择，这是中国人文化心态中值得重视、值得有所肯定，同时又是令人警觉，有可能或已经出现了新的问题的一种变化。

显然，市场经济并不是浪漫主义、英雄主义的经济，市场的运行比较公开，它无法隐瞒自己的种种弱点乃至在自由贸易下面的人们的缺点与罪恶。但是它比较符合经济生活自身的规律，也就是说它比较符合人实际的行为动机与行为制约。因此，是市场而不是计划更承认人的作用、人的主动性。市场经济的假定前提恰恰是承认人的平庸与趋利避害，尽管这种承认也许令理想主义的文人沮丧。

而计划经济的实质在于唯意志论唯精神论，它实质上是用假想的“大写的人”的乌托邦来无视、抹杀人的欲望与要求。它无视真实的活人，却执着于所谓新型的大公无私的人。它的假设——人类经济生活的自觉性、计划性与高尚性——不但是令人鼓舞的，甚至是充满诗意的。可惜，最终证明它又是脱离了经济活动的客观实际的。趋利避害的盲目性在自觉性、计划性与高尚性的后面伪装着与活动着，私心在公意的大旗下活跃着。理论与实际脱节、伪善的教条与行动上的阳奉阴违、对个人主动性的抹杀、权力的滥用与对于权力的迎合、以权谋私与下有对策，再加上最好的计划也无法摆脱的主观主义、命令主义、僵硬与长官意志的夸夸其谈的盲目性……这一切不仅带来经济的挫折，也带来精神的挫折和道德面貌的扭曲。

20世纪末，世界格局发生了很大变化，特别是苏联解体，导致二极对立世界格局的终结。随着二极对立模式的终结，世界开始结束了以意识形态为中心的运作形态与生活方式，而代之以经济活动为中心。这必然带来理想主义的一时式微与务实心态、实用主义的泛滥。正面看更正常也更有实在的盼头一些。负面是礼崩乐坏的局面精神空虚的局面令识者心寒担忧。这样，也就会反激起新理想主义。这样，新中有旧，旧中有新。抵制旧的结果抵制了新，求新的结局是呼唤来了旧。

市场经济的发展和繁荣，带来了文化设施硬件的大建设，近30年来，成百上千的崭新的、常常是宏大与现代化的剧场、图书馆、博物馆、展览馆、画廊、音乐厅、旅游设施，原有的与新建的风景点与得到开发的古迹，还有各种学习、公共关系、娱乐、消闲、健身、疗养场所兴建起来，面貌一新，为民所用，还有各种住处传播与视听多媒体手段进入各个层次的生活中，各式各样的第三产业服务进入人们的生活中，它们满足了人们的物质需要，也满足了相当一部分精神需要乃至信仰需要。许多宗教遗产与旅游事业的结合，既形成了游山玩水的胜景，也满足了一些人的求神拜佛的要求，包括风水、占卜和各种变相的迷信活动也都大大回潮起来了。

高高低低、雅雅俗俗、正正邪邪、五光十色，还有一批属于高消费的旅游文化娱乐体育活动正在兴起。境外旅行在一些大城市已是常态。餐饮场所提供音乐歌舞演出，各类按摩、美容、美发服务，高尔夫球乡村俱乐部，养马骑马赛车活动与各色豪华的封闭式会所，直到非法的同时是屡禁不止、自有其潜规则与存在活动方法的赌博与色情直到贩毒、吸毒活动，都是不能不正视的当前文化景观文化险情的一部分。

文化需求与文化业务的宽泛和多样化，甚至可以说“泛漫”。一些在计划经济、“以阶级斗争为纲”的条件下被忽略乃至抑制的文化消费欲望释放了出来，例如休闲、解闷、感官刺激、绝非高大上的娱乐……你到剧场里看演出，这当然是文化；你上工人体育馆里面听歌星唱歌，有时候唱什么都没明白，就跟着喊叫、跺脚，这也算文化；你上班的时候，骑着自行车，自己耳朵上挂一个耳机，听最流行的天晓得的《忐忑》，也是文化。所以，随着文化越来越“泛漫”，它的消费性和娱乐性在增加。此外还有什么酒文化、茶文化、笑文化、段子文化、手机文化与“娱记”文化……文化的无处不在，导致文化形态多种多样，不像过去那样都是引领性的、严肃认真的。出现了一些不触犯基本的法律法规，境界并不十分高、未必有多少现实意义的作品。而这些没有多少文化乃至在解构文化的所谓文化，正财大气粗地排挤着高端文化，乃至扬言着精英文化的式微，例如扬言由于有了多媒体的手段，语言艺术即文学将会消亡。

同时，它的手段花样也比过去发展了很多。我们年轻时对进一次剧场看歌舞表演或者话剧都非常重视。如果这个票是被赠予的，你会觉得很荣幸，甚至还有几分特权的感觉。如果这个票是自己花钱买的，那么你更会很认真地去看。但是，现在不见得。你可以到剧场或者到影院看，也可以在电视机、电脑上看，高清画面效果并不差。网络的手段不但能使你消费、欣赏，而且还能使你参与进去。

自从我 1980 年第一次访美以来，我访问了多所美国的大学，我看到很多教工食堂在试着做中餐。但中餐用的是什么样的做法呢？他们不经过中餐做法培训，而是想象着将鸡肉、猪肉、土豆、胡椒、辣椒酱、醋、豆腐、豆子往锅里一扔混到一起，以为这就是中国菜了。中国菜做法的一个秘密就是将不同的东西混合在一起，这是对的，但这种混合是依据一定办法的。美国人做中国菜，将中国厨师用的材料都混到一起了，但没有依照炒中国菜的做法去做。

我们的文化生活呈现出了空前的繁荣和蓬勃生机。思想的解放，体制的改革，经济的成长，教育事业的发展与人民文化程度的提高，文化设施的全面建设，传播手段的突飞猛进，群众的积极与日益普遍的参与，对外文化交流的渐趋畅达，使我们的文艺作品与群众的文化生活从数量上、品类上、规模上、参与程度上与选择的个性化上都是以往完全不能相比的。

四、文化生活的一与多、一元与多元

文化的多元化、多层次化，标志着公民的文化民主权利正在得到落实，但也同时出现了良莠难辨、模仿抄袭、低级无聊、格调低下的次文化浪潮。当然，中国的主流意识形态强调的是主导思想即中国化的马克思主义与社会主义先进文化的非多元化；而一元化的指导，正是施于与始于对多元文化存在的承认，否则有什么引领的必要呢？我们是用一来引领一切，而不是用一引领一，也不是听任一切的混战与文化沿着阻力最小的道路下滑与堕落。

自古以来，中华文化注重的是一对于多的引领，对多的辐射，对多的规范，对于多的概括涵养，对于多的依赖与挖掘，古代的说法是人格达到完备的圣人教化于全体百姓，“匹夫而为百世师，一言而为天下法”（苏轼：《潮州韩文公庙碑》），“处无为之事，行不言之教”（《道德经》第二章）。同时注重多对于一的发挥，对一的服膺，对于一的丰富，对于一的开拓与对于一的聚拢。一面是一生二、二生三、三生万物，即一会变成多，这是一的活力、一的生机勃勃、一的强大的表现。一面是万象归一、万法归一、万变不离其宗，这是世界的同一性、真理的统一性、理念的混一性与终极眷注的趋一性的表现，一反过来成为多的各自的活力的源泉。

消闲文化迅猛发展，各种软性读物也大量涌现。传媒在文化生活中影响越来越大，制造了大量文化与文艺明星，制造了各种畅销文化产品，也产生了大量文化垃圾。网络新媒体的出现，改变了人们的许多习惯与观念。被西方思想家称为“沉默的多数”的大众，正在网络上发出声音，兴起波澜，越来越成了气候，甚至影响着舆论与社情民意的表达。

在中国，很多事情出现了前所未有的面貌：外来影响与中国特色、声色并茂的商业广告与义正词严的主流指导、源自境外的崭新名词与对于《弟子规》《三字经》的重掀热潮、艳照门一类的有伤风化的报道与孝敬公婆的好儿媳妇的评选、革命烈士抛头颅洒热血事迹传播与时尚奢侈品的广告大潮似乎是随机地混在了一起。我在欧美介绍到中国的一些情况的时候，他们爱说：“噢，你们那里是所有的一切都掺和到一起了（all mixed）。”因此，要归纳是很困难的，特别是要用一个特别正确的和全面的方式来归纳就更难了。

第五节　全球化时代的中国文化路线图

21 世纪中国的和平发展，特别是全球化趋势，为中华文化的新机遇与新贡献提供了条件，给了我们新的观念与机遇：世界与中国，尤其在文化问题上，已不应是鸦片战争与庚子事变时期的零和、对立的关系，而是共生、共赢，有斗争也有和谐交流沟通，同时也有自己的独立个性的坚守的关系。

一、全球化：一个新的观念和机遇

关于全球化，我要说明一个观点，即全球化与现代化是一致的。讲到全球化与现代化的一致性，我们能看到，凡是有利于生产力发展的东西，很容易被不同的国家、不同的文化背景所吸收。一种技术，比如说电力、电脑，信息技术、材料技术、医疗技术、能源技术，正在飞速地惠及全球，被不同语言、不同国家用不同的编码吸收，你挡不住。而随着技术、贸易、金融的全球化，文化上的相互交流相互影响不能不增加。

而恰恰是全球化的势头，引起了地域和族群的警惕，人们在日新月异的发展大潮中看到了感到了地域文化的式微，感到了西方发达国家从文化上把自身抹杀与吃掉的危险，便更会加强文化爱国主义、民族主义、地方原生态文化珍惜的情绪与理念。例如，目前的中国，一面是普通话的普及，外语尤其是英语的学习热潮；另一面是方言与母语得到了空前的重视与保护，乃至出现了对于学习外语的反感。

某些文化歧义与碰撞，带来了冲击也带来了机遇。我们对于“双百”“二为”方针的坚守，将有利于文化的繁荣；我们对于文化人才的支持与尊重，将吸引各方人才为我所用。国家的文化操作，应该有利于更好地进行文化教育与创新，文化争鸣与讨论，文化传播与提升。

我们中华民族有非常辉煌的历史、辉煌的文化，但如果不吸收现代技术，我们就无法设想有一个现代化的、社会主义的，而且是不断向前发展的伟大祖国。任何一个国家的发展，都离不开世界。你不能脱离开这个进程。全球化给中国带来了发展机遇，中国能有今天的发展，离不开全世界经济发展的势头。

与许多国家不同，恰恰是中国，明确宣称了自身对于全球化的肯定，与对于民族文化、对于本土化的重视。这也是自古以来孔子式的“周而不比”“和而不同”“慎终追远”，庄子式的“与时俱化”，还有语出西汉刘向《晏子春秋》并为民间广泛接受的“识时务者为俊杰”与近现代的民粹、民本、民间文化传统。

目前，中国的经济与科学技术正在迅速地向全球一体化的方向发展。在新的语境下，我们中国文化显示了自己的再生能力，显示自己完全能够与时俱进，完全能够跟得上现代化、全球化的步伐，同时又保持我们自己文化的性格、特色、身份、魅力，表达了我们对中国文化的信心和自豪。

不同文化之间的交流与相互影响能够给各自的文化带来新的挑战与机遇，能大大丰富各自的文化，减少误解与敌意，促进各自文明与人类文明的共同发展。任何单一的文化，在发展到自以为几乎尽善尽美的同时，会遭遇巨大的危机：僵化，保守化，自足循环形成的陈陈相因与停滞不前，排他性，丧失活力等。这个时候，恰恰是他者文化的撞击与挑战，只要应对有方，就能够造成自身文化推陈出新的契机出现。

二、文化冲突与文化融合

全球化给中国这样的一些发展中国家带来了机遇，同时也引起了文化的焦虑。经济技术发展引起的全球化也带来了所谓的文化冲突。比较起来，中国因为有儒教的传统，有比较入世的传统，相对来说能够接受全球化当中追求进步、追求富裕、追求高生活质量的走向。

只看到不同文化间的冲突，看不到它们的互补、交流、融合与相互促进；强调文化之间的对立，如宗教与种族战争。怀着各种偏见，扩大不同文化之间的误解与敌意，这是文化沙文主义。完全否认多元文化之间的某些共同价值准则，这是文化相对主义。一心照搬域外的文化成品，是无视本土历史传统的文化虚无主义、分裂主义与文化乌托邦主义。

而比较理想的模式是多元文化之间的对话交流、求同存异、相互学习、相互理解、各自发展与共同发展。多元的文化有先进与落后的差别，有某些摩擦碰撞，也有某些共同的价值准则。不论什么样的文化传统，承认先进文化的有效性与优势，接受人类文化特别是价值系统的某些共同准则：如和平、种族与性别平等、承认差别与互相尊重、社会公正、基本人权的各个方面、人际关系上的诚信与推己及人即己所不欲勿施于人等，是保护与发展自身所珍视的文化性格的基础。以近年中国强调的核心价值观为例，虽然中国强调了它的社会主义性质，它的提法与基本走向却是包括非社会主义国家与地区的人们所难以否定的。

2008年在北京主办奥运会，并提出“同一个世界，同一个梦想”的口号，其意义是非常重大的。可以说近代以来的国人的文化紧张、文化焦虑、文化对抗的形势正在发生变革的标志，中国与世界正在寻求沟通与互相认同，国人的精神资源正在迅速地扩大，我们追求的和谐社会与和谐世界正在成为一种普世的价值观，中华文化的主动性正在恢复。

中国永远不可能全盘西化，过去不可能，现在不可能，将来也不可能。同时中国必然走向现代化，必然实现中国传统文化的价值观与人类的普遍价值观念的打通，并在这一过程中，作出对全世界全人类的贡献。经受了严峻的考验、反思、批判、震荡直至断裂的危险，中华文化表现了自己的顽强的生命力与适应能力、发展与更新能力、汲取与消化能力。愈来愈多的有识之士回到了民族文化本位上来。因为斯人的反共偏见曾经招致新中国的反击与批判的美国女作家赛珍珠，在她的晚年曾经多次宣扬中国人民与中华文化的优秀性。曾任燕京大学校长与美国驻华大使的司徒雷登也一直念念不忘中国。他的遗体终于如愿安葬到了中国的杭州，并得到了中国人民与官方的友好对待。这也说明在全球化进程中，中华文化日益建构着世界和平的与友好亲善的桥梁。

三、文化定力与文化理想

随着全球化的发展，人们的思维方式得到多方启发，文化思潮日益开阔丰富，出现了多样化的文化生态。全球化与现代化，变化着、有时是冲击着我们的生产方式、生活方式、语言方式、风俗习惯、民族传统。有些毋庸置疑是应该接受的，有些则是我们不愿接受而必须面对的。比如，批量生产的消费文化，冲击着主流文化、高端文化；迅捷的网络信息，人云亦云的大拨儿思维，冲击着独立的深入的阅读与思考。市场经济在更好地配置资源的同时，也使文化领域染上了拜金、浅薄、媚俗、作假的风气。市场炒作使文化成果良莠莫辨，有偿新闻与有偿评论加剧了这种混乱。在浮躁的气氛下，有些演出在热热闹闹拼命造势一番之后并未给我们的文化留下任何遗产，票房高低常常成为一部电影是否“成功”的唯一标志，而文学作品则是印数至上。网络中出现了各种贬低严肃文化与高尚思想的低俗甚至丑陋的东西。此外一些域外的生活习惯如圣诞节、情人节、父亲节在中国的城市里也渐渐增加了影响，同时政府与主流媒体增加了对于民族传统节日清明节、端午节、中秋节的假日安排与报道。价值观念、社会风尚，都通过娱乐休闲市场表现出了异质的多样元素。此外，还有一些片面性荒谬性观点，例如全盘西化或者全面怀旧直到怀念“文革”等乖戾思潮倾向。

这种时候，更需要文化自信、文化定力，更要勇于与善于实现引领、整合、包容、平衡与进一步提升，以优秀传统文化、主流文化为主心骨，积极构建生气勃勃、富有创新活力，又能够满足人民多方面精神需要的多彩多姿的文化生态格局。

2015 年 11 月 3 日，习近平总书记在会见第二届“读懂中国”国际会议外方代表时提出：“中国有坚定的道路自信、理论自信、制度自信，其本质是建立在 5000 多年文明传承基础上的文化自信。”2016 年 7 月 1 日，在庆祝中国共产党成立 95 周年大会上的讲话中，习近平总书记进一步提出：“文化自信，是更基础、更广泛、更深厚的自信。在 5000 多年文明发展中孕育的中华优秀传统文化，在党和人民伟大斗争中孕育的革命文化和社会主义先进文化，积淀着中华民族最深层的精神追求，代表着中华民族独特的精神标识。”和谐社会既是一个社会理念，也是一个文化理想。其实早在春秋战国时期，中国古代儒家的经典已经提出了“和”的问题，“和”是社会政治的理念也是哲学的和审美的范畴，“和”是哲学和审美的一种境界。

我们坚信，中华文明、中华文化在和谐社会和谐世界的构建中得到空前的弘扬与创造性的发展，中国人会更加成熟地选择理性的与建设性的文化战略：勇敢地学习与汲取属于全人类的一切文化成果与人类共同的价值标准，使之变为自己的血肉与力量的一个部分，使中国文化生发出蓬勃的生机，吸收人类社会公认的价值准则——如和平与尊重各国主权、民主、法治、基本人权、保护环境、各种族与民族平等，等等——创造新的、健康的、更加开放和富有活力的文化多元共存、多元互补与多元整合的新局面。这将是中国的也是世界的福音。

正是在这样的文化自信与文化定力的前提下，中华文化将会得到传承、安全与自我保护，得到发展、丰富与创新，中华民族的文化性格、文化风度与文化魅力将得到长久的保持与对于世界和平与人类福祉的不间断的贡献。

四、面向全球化与人类命运共同体

《礼记》中讲述的大同思想，是中华传统文化的最高政治理想与社会理想，与今天我们讲的共产主义理想相通。它包含了对于原始共产主义的怀念与对三皇五帝一直到周公、孔子等圣贤、圣王、中华文化源头祖宗的尊崇与珍惜，也表现了对于东周时代战乱分裂、争权夺利、阴谋诡计、民不聊生的否定。它虽然是理想性的，与当时与此后的现实操作有明显的距离，但是这样的美好理想始终是人类所追求的。

习近平关于人类命运共同体的理念，是在生产力高度发达、各国前所未有的相互依存、国际社会面临种种挑战的形势下提出的。它的一个核心思想就是“求同存异”。由于存在着不同的国家、种族、民族、文化、信仰、意识形态、政治体制、发展程度，才应该在存异的基础上求同。首先要承认不同，认同不同，尊重不同，才能追求大同；承认世界的多元，才能也才有必要提出人类命运共同体的理念。

新冠肺炎疫情之后，再来看人类命运共同体的提出，更有着重要的现实性。如果各国不能携手抗疫，不能合作开放，谁都不能独善其身。与此同时，我们也看到了，并必须正视人类命运共同体的构建是何等艰难，在构建的路上，我们会遭遇何等的挑战与麻烦。

全球化的进程加速了各国的互动与发展，也改变了世界格局的力量对比，同时在某种程度上引起了认同危机、身份焦虑、传统与特色维护的急切感，乃至一定程度的文化冲突与敌意。与此同时，人类认识到多元文化与地域特色的互补性与持久共存性，意识到承认不同文明优秀传统与文化特色的必要性。一个全球化，一个多元化，这正是矛盾的统一或同一体，处理得好，矛盾几方面几股力量，相辅相成相砥砺相促进；处理得失败，或遭遇了过分的恶意与敌意，是相悖、相争，是毁灭性的战争与撕裂，乃至是普天下的没有胜者的灾难。

理想主义的大同思想在于和而不同，不同而和。没有不同的大同，可能是霸权主义的认同。没有和谐即大同方向的不同，则有可能是对森林法则的认同。一而多、多而和，一的一切、一切的一，将多与一结合起来，这正是中华文化包括儒道释三种文化尚同的中华思路。尤其是对于弱势文化、少数族裔文化、处于发展滞后地区的文化，更需要尊重照顾守护。文化生态与环境生态一样，首先是认同多样性，克制对不同文化的仇视偏见与种种狭隘心理，还要坚决反对文化霸权主义、沙文主义、种族歧视。

人类命运共同体理念，是一种中国智慧、中国风度。在全球面临越来越多的科学技术、经济贸易、产业结构、环境治理、公共卫生、气候变化、打击恐怖主义等严峻课题的时候，人类比以往任何时候都更需要以命运共同体的态度和方式团结合作，共赢繁荣。

同时，我们必须面对国际环境的挑战与难点，认识国际斗争的严峻、复杂与艰难一面，冷静观察，从容应对，底线思维，忧患务实，从认同中国特色社会主义的文化选择与核心价值做起，逐步拓宽与优化我们的文化精神资源与空间。

第四讲
一体多元的中华民族文化建设

前面我们从历史与国际的角度讲述了中华文化的特色与命运，现在让我们探讨一下中国境内特别是边疆地区多民族的文化生态与文化建设。中国境内文化存在的民族属性，这是 1949 年新中国成立以后才提出来的，并注意从地名等方面消除对于少数民族的歧视不敬，如新疆首府的地名从迪化改为蒙古语乌鲁木齐，内蒙古首府从归绥改为蒙古语呼和浩特。还在计划生育政策、高考招生、社会救济等方面作出了一系列优惠少数民族的政策安排。

第一节　命运共同体与文化共同体

中华文化是一个多民族的文化，又是一个以中原地区汉族文化为主体的文化，中国人当前被广泛认同的说法是“一体多元的文化”。这就是说，中国的 56 个民族，是命运共同体也是文化共同体。通俗的说法是:“谁也离不开谁”。

这又是中华式一与多的思维模式，尚“同”却又尚“化”的模式，尊重民族自治却又强调祖国统一的模式，一的一切的模式与一切的一的模式。

一、普通话是中华各民族的共同创造

“一体”就是都属于中华文化。中华文化，并不简单地限于纯粹的汉族文化。以中国的普通话为例，如金启孮教授指出的，普通话的基础是北京话，北京话在四五百年前，根据利玛窦的音标记录，与如今的“吴语”即以苏州话为代表的江南吴越方言一致，由于女真、金、蒙古特别是满族的口音影响，去掉了古老北京话中的入声字，增加了 zh 、ch 、sh 等声母，形成了英语中称为“满大人”——mandarin 的满语发音式的北京话——普通话。如今的普通话，是中华多民族所创造完成的。

各民族间语言的相互影响极其常见，北京话中的少数民族语言借词极多，赶马车的语言许多出自满语，点心“萨其玛”是蒙古语，有些从回族民众中流传起来的说法出自阿拉伯语。至于各少数民族所吸收的汉语借词，数不胜数。

二、相近的价值认同

不管是各省也好，少数民族自治区也好，边疆地区也好，我们的传统文化里有一些十分靠拢的或者十分一致的价值追求或精神走向。也就是说，不管是汉族还是少数民族，我们有些共同的文化理念。

一是敬天积善，古道热肠。“敬”是尊敬，“积”是积累，“善”是善良；古道热肠，这是对东方文化的一个说法，我们认为天不变道亦不变，我们认为很早以来，祖祖辈辈都是相信最基本的道德，而且我们是有一副热心肠。这是中华文化的共同特点。

“敬天”。中国目前最古老的书是《易经》。《易经》认为天和地具有一切的美德，人类的道德是从天地那里学来的。“天行健，君子以自强不息；地势坤，君子以厚德载物。”自强不息、厚德载物，这都是天和地所具有的品质。天和地有了之后才有万物，所以对生命爱惜，对生命尊重，这也是和对天敬畏有关系的。

“积善”。我们的文化特点是泛道德主义，就是我们不管衡量什么事，先从道德上开始。泛道德论并不足够让我们做好当今的、社会主义的、现代化的事业，但是它仍然在人民当中根深蒂固。如果一个人不重视自己的道德追求、道德形象，就很难做成几件成功的事情。

“古道热肠”。重情尚义，重视人际关系，这是中国人的尺度。所以，按美国亨廷顿的说法，中国文化是一种情感的文化，重视情感，重视人际关系。

二是尊老宗贤，尚文执礼。“尊老宗贤”，就是把圣贤作为我们的目标。“尚文”就是我们崇拜知识、崇拜读书、崇拜文化。“执”就是按照礼节来做各种事情。

敬天积善、古道热肠，尊老宗贤、尚文执礼，这两条跟少数民族文化追求、文化观念是相当一致的。比如说关于“积善”，“积善”是什么呢？就是维吾尔语所说的“萨瓦布”，我们警惕的是“古纳”（罪孽），我们要的是积德、积善。“尊老”，则表达了对长上、对秩序、对礼法的维护。我知道，新疆的少数民族，尤其是维吾尔族，在敬老方面比汉族只有过之而无不及。

在推崇文化这一点上，我也觉得很惊人。我和维吾尔族农民在一起，时间长了，有一次聊起天来，我说我原来生活在北京，很早就成为一个干部，我还写作，但是在后来的政治运动当中，出了一些麻烦，来到新疆，又来到伊犁农村。你猜这个农民怎么说？他是文盲，他跟我说：老王，我告诉你，任何一个国家有三种人是不可缺少的，第一是国王，第二要有大臣，我想不到的、我觉得惊人的是，他说第三要有诗人，没有诗人，怎么能成为一个国家呢？这种对文化的尊崇，对知识的尊崇，太可敬了！

我想起“文革”当中，能读的书有限，那时我在新疆维吾尔自治区文联工作，有一个评论家叫帕塔尔江，我在他的一个乌兹别克语手抄本里，第一次知道了奥马尔·海亚姆（Omar Khayyam），一位波斯诗人，郭沫若翻译的叫莪默·伽亚谟，他有一首诗讲这位知识分子：

我们是世界的希望和果实，
我们是智慧眼睛的黑眸子，
假如把世界看成一个指环，
我们是镶在那上面的宝石！

很多年前，维吾尔族画家哈孜给我写书法，就是《可兰经》上的那句话：“为了寻找知识，你可以不远万里到中国！”我们汉族里重视知识的话就更多了，有些话现在看不完全恰当，但是它也是这个意思：如“万般皆下品，唯有读书高”（汪洙：《神童诗》）、“书中自有千钟粟”“书中自有颜如玉”（赵恒：《励学篇》），等等。

三是忠厚仁义，和谐太平。不管是西域，还是中原的文化，我们渴望和追求的是忠厚仁义、和谐太平！

依我个人看法，在中原文化即汉族文化中，最早代表古代中国梦的就是《礼记·礼运篇》：“大道之行也，天下为公。选贤与能，讲信修睦，故人不独亲其亲，不独子其子……”渴望世界大同的日子，当然那个时候并不了解世界，那时候是以中原为中心的观念，还不是现在的国家观念。

我小时候练习写字，红模子里面，最多的四个字就是：天下太平。我们世世代代是希望天下太平的。维吾尔族人就更是这样了，一见面就问："平安吗？"不停地重复"帖期"，就是太平、平安。如果都不平安了，你的人身都得不到保证、生命得不到保证、家庭生活得不到保证、衣食住行得不到保证、相互关系得不到保证，你还有什么其他呢？我们可以说这也是一致的、一体的。

四是重农重商，乐生进取。"重农"，我们最看重的是农业，一丝一缕，一粥一饭，当思来之不易，吃一粒粮食，你都要知道它来之不易。我在新疆最感动的事情之一，就是当地各族的农民告诉我，世界上最伟大的东西就是粮食——馕，馕高于一切。一个农民，哪怕一个小孩子，走在街上吃着吃着有一块馕掉在地上，不能吃了，怎么办？挖一个坑，把馕埋起来，跟埋一个人一样，馕是不能把它抛弃的。新疆伊犁养奶牛的很多，农户之间经常互相借牛奶，拿一个碗就去隔壁借，所以经常在村里看见小孩拿一个碗，甚至于拿着的是奶皮子，路上绊了一下，牛奶掉在地上了，怎么办？他要掩埋，把土盖在上面，不能让牛奶暴露在外面。中原，对于吃东西剩下非常反感，这叫暴殄天物。这点和美国人太不一样了，美国人有它的道理，你如果吃一个东西不想吃了，你把它放下，他们认为，你的感觉高于一切，个人高于一切。

中原本来是抑商的，但是经过许多年，慢慢地对商业也重视起来了，所以有晋商、徽商、鄂商等等。新疆的一些少数民族，尤其是维吾尔族人有重商传统，他们很喜欢经商。我的房东是一个很古板的人，但是他也不排除如果有机会的话弄一点莫合烟倒手卖一卖，弄点沙枣卖一卖。这是一个重视商业的地方。所以，哈萨克人认为维吾尔人是“商人”即“萨尔特”，还有哈萨克人开玩笑说，维吾尔人好做买卖，他们一天没有生意，就把左边口袋里的东西卖给右边的口袋。多么可爱的商人！

“乐生进取”，就是对人生抱乐观而不是悲观的态度，也不是抱愤怒的态度，不是抱你死我活的态度。汉族也是一样，中原文化讲的就是这样的，孔子的教导“仁者乐山”（《论语·雍也》），仁者爱人，爱别人的“仁”，见到山以后，他会感到非常喜爱、喜悦，很喜欢，很快乐。“乐”有喜欢的意思，也有快乐的意思。“智者乐水”（《论语·雍也》），智者脑袋清明透彻，来得快跟水一样。孔子又说，他最喜欢的弟子是颜回，子曰：“贤哉，回也！一箪食，一瓢饮，人不堪其忧，回亦不改其乐”（《论语·雍也》）。别人觉得贫穷，可是颜回高尚，高尚的人是快乐的，是充满信心的，是乐观的！

维吾尔民族更提倡乐观。我印象最深的，是维吾尔谚语：人出生以后除了死，全是找乐，全是快乐！他们给我讲，维吾尔人如果有两个馕，他只吃一个，留下的那个馕当手鼓用。多么乐观的民族！多么乐观的文化！这些地方我们有共同追求、共同的语言！

三、多元、互融的民族文化交流

维吾尔文化、新疆各少数民族的文化与以汉族为主体的中原文化之间有太多交流和相互影响、相互融合。

唐朝曾有一个词牌叫作“苏幕遮”，它的节拍、音韵是唐明皇首先制定并首先唱起来的。范仲淹、周邦彦都以此写过特别有名的词，那么这个词牌是哪儿来的？从新疆阿克苏来的。阿克苏某地至今保留着一种风俗“乞寒节”，这是冬天第一场雪前后的“节日”，希望今年冬天好好冷一下，冬天不冷的话，第二年会发生很多的疾病、很多的不幸。在乞寒活动中人们唱的歌就叫作“苏幕遮”。

还有唢呐，我们现在还叫“surnay”，它是外来的乐器，不是中原本地的。笛子，“笛”本身发音就是指的西边少数民族，“东夷西狄”，这是中原的说法，称作“狄”，所以叫作“笛子”。如果没有“笛”的发音，笛子就是“nay”。再说近代、现代的歌曲，有一首大家印象深刻的歌曲《敬祝毛主席万寿无疆》，就带有浓厚的新疆风味。

吃的东西就更不用说了。西瓜就是从新疆传到内地来的，到现在为止，新疆的西瓜仍然是最好的品种之一。还有菠菜，叫菠薐菜，实际上是阿拉伯语。芫荽，是一个怪词，这两个字没有别的讲究，是专门造的字，这两个字必须连在一块用。“芫荽”是阿拉伯语，是从西域来的。我们抽的烟叫“淡巴菰”，就是 tobacco，同样是阿拉伯语发音。

生活在新疆的汉族人，从维吾尔语里边创造了许多“二转子词”，又像维吾尔文又像汉文。1965 年我刚到伊犁时，听到“大家麻家”开个会。什么叫“大家麻家”？我见人就请教，他们告诉我维吾尔语有加词尾的说法。例如，谁肚子痛了，就说我肚子“塔希郎”了。同样，伊犁的维吾尔语里面，也掺杂了大量他们说是汉语但听来听去不明白的词儿，夫妻离婚是“另干”了，我想来想去，离婚，你干你的，我干我的了，就是“另干”了。

和田集市上卖薄薄的桦木片，是引火用的，薄薄桦木片一点，就着起来了。这个叫什么？“qudengzi”，后来才明白是“取灯子”。

我小的时候，在北京管火柴叫作“取灯”，所以 70 多年前，北京话也很接近和田话，北京人从伊斯兰文化里吸收过大量的语言。比如，北京过去说一个人的心眼不好、老是坏心眼，叫什么呢？叫“泥胎”不好！有一年在银川举行书博会，银川的朋友跟我讲，他们那儿有一个清真寺重新翻修，是由穆斯林群众捐款修起来的，他们不叫“捐款”，叫“nietai”，就是“动机”“用心”，这个词来自阿拉伯语“尼亚提”。

维吾尔族的语言受中原文化汉语的影响就更多了。“檩”是檩条，“大煤”是大块的煤，“碎煤”是小煤，西域的白菜就是汉语的“白菜”；“洋芋”的叫法更奇怪，洋芋是从欧洲传到西域的，但是新疆用的不是欧洲的语言，不是罗马的语言，用的是汉族的语言“洋芋”！如 daoli“道理”，讲道理则是 daolixixi，完全从汉语来的。饺子叫作 zhuwawa 煮娃娃，馄饨叫 ququleh 曲曲儿，包子 mantah，就是馒头的发音（现在北京馒头就是指那种不带馅，用面发了蒸出来的，可是古代包括内地陕西等一些地方，把加了糖馅、枣、核桃馅的叫 mantah，加肉馅菜馅的叫包子，新疆的包子应该是从这里来的）。还有我们最喜欢的凉面、拉面，也是从汉语中来的。

一种文化吸收进来以后，必然会和本民族、本地区文化结合起来，吸收的过程就是消化的过程，就是本土化过程，它已经和以前的文化不一样了，已经属于你了。新疆人做“拉面”的方法和兰州拉面并不一样，兰州又和北京的旗人做的不一样。同样，喀什噶尔和伊犁也不一样，伊犁做面都是小小的，一根一根平摆的，喀什噶尔跟做盘香一样，盘一个大盘，一圈一圈，螺旋形的，非常大、非常长，像艺术品！做菜方法也相互交融。我到塔什干去过，没少吃拉面；到乌兹别克斯坦，维吾尔语最吃得开了。我有一个乌兹别克朋友，他喜欢吃一种叫“阿勒噶”的甜食，就是用蜂蜜、白糖、面、清油和在一块做的一种点心，形状有点像山东同和居饭馆的“三不沾”，这据说是乌兹别克的，我以为是北疆食品，最近才发现，南疆也有！

文化不像物质的东西，你从内地买来一万双鞋，卖掉一双就剩9999双，文化是什么？文化是学习了你做鞋的方法，然后与脚的大小、人们的爱好相结合，做出来的鞋就是你的了。

文化的这种互相影响非常大。维吾尔语言的一大特点，就是勇于接受各地区、各民族的语言，维吾尔语向阿拉伯语借词，向波斯语借词，向俄语借词，更多的是向汉语借词，那有什么关系，接受就接受了，为我所用，我们还是中国人！

所以，互相影响、互相交流是各个方面的，这就是文化的整体性与多元性。

我们应该看到，正是中国共产党领导的人民革命，将保护与尊重各兄弟民族的权益许诺在突出的地位。正是1949年以后，中国才承认了境内的56个民族的存在。旧中国，最多承认到“汉满蒙回藏——五族共和”。同时新中国致力于国家统一、民族团结，没有采取苏联的分设许多加盟共和国的办法，而是采取民族区域自治的政策与制度，既有利于民族自治，又保证了国家统一与民族团结。

从1949年以来，中国的政治形势、经济形势、发展形势发生了巨大的变化，20世纪后期，中央政府实现了除台湾地区以外中国各个地区、各个省市的政府的有效率管理、掌控，所以我们有共同的经历、共同的困难、共同的失误、共同的命运、共同的痛苦、共同的希望、共同的快乐。我们的各个民族是命运的共同体。

我们要很好地总结1949年以来的各民族的文化建设，以及内地交流支援、相互学习补充方面的成功经验，我们有许许多多共同的文化烙印、共同的文化趋向、共同的文化记忆。

当然，我们的文化同时又是多元的。首先，语言不一样。维吾尔语是阿尔泰语系突厥语族。阿尔泰语系的民族，生活习惯很多地方不一样。我在伊犁时发现，有很多新疆的朋友不注意，汉族人洗衣服，如果不是左撇子，是右手往前拧；而维吾尔人洗衣服，是右手往后拧，左手往前拧。再如，维吾尔族人洗衣服是往上浇水，用葫芦舀一点水往上浇，搓完以后，用水浇，拧完了再浇水！汉族人则是在盆子里洗。汉族人做针线活，是右拇指在下，食指和中指在上，捏着针扎过去，把针伸出来；维吾尔人做针线活是右拇指在上，针尖朝向自己，维吾尔人也有他的可爱之处，害怕扎别人，这样扎别人可能性就比较小，除非你站他后边。汉族人推刨子是往前推，但是很多少数民族是往后拉，俄罗斯人也是往后拉，还有许多许多。

多元并不等于会发生冲突，恰恰因为多元，新疆文化的资源才这样丰富多彩。每个人都可以认定自己美好的东西，同时也要看到别人美好的东西，虽然不一样，美的东西我们可以共享。我想这是一个非常好的方针与口号。

第二节 现代化与民族传统文化

现代化已经是一个常用的词了，但是中华文化走向现代化的过程是非常艰难的，可以说是非常痛苦的，因为中国的地理环境与历史境遇很特殊。

中国是一个得天独厚的地方，在几千年以前已经有了黄河流域和长江流域的相当精致的文化。这一个中原文化，东面、南面都是大海，当时的中国人没有到海的对面去看看都有些什么的探索开拓思想，而认为那里就是海。北面、西面、西南面就是少数民族，而显然这些少数民族的文化都没有中原文化那样发达。这样就养成中原文化的一种骄傲、沉醉和自我欣赏，乃至于一种盲目的自大与自信，认为周围地区的文化都是不发达的，甚至于没有民族与国家的观念。过去说的国，是诸侯国家，天下就是整个中国。中国几千年的历史上，有两个朝代不是汉族人做皇帝：一个是元朝，一个是清朝。但是一些过去离中原远一点的民族，这些同胞，他们来当了皇帝后，整个民族都融入汉族文化中去了。所以汉族从来没有对自己的文化产生过怀疑，从来没想过自己的文化会被别的文化吃掉。一直到 1840 年鸦片战争为止，突然发现还有那么强大的武器，你那些刀枪剑戟、土炮根本无法相比。在谢晋导演的电影《鸦片战争》里，清朝的人看到英国的军舰以后，他们的反应是“大清国的克星到了”。

所以，“五四”的时候，出现了各种非常激烈的言论。这样的痛苦说明什么？就是一个古老的文化，面对现代化的时候，有一种焦虑，有一种紧张，有一种不安，有一种尴尬，有一种两难。直到 1978 年 12 月党的十一届三中全会召开，确定了改革开放的方针。其实在第一、第三、第四次全国人代会上，周恩来总理都提出了“四个现代化”的任务，而真正开始现代化的步伐，是 1978 年 12 月党的十一届三中全会以后。经过这样一个漫长的过程，从 1840 年到 1978 年，经过了 138 年，从十一届三中全会之后又过了 40 多年，中国在现代化的道路上确实取得了非常显著的成就，有目共睹，无可辩驳。

但是，与此同时，我们的文化，我们的生活方式，都会带来一些变化，都会面临一些挑战。从文化的观点上，你会觉得现代化会让人们付出一定的代价。文化有两个特点，第一是每天都在积累，但是我们更要看到文化的另一面，文化每天都在消失。我在新疆工作、生活了 16 年，我 1979 年离开新疆到现在已经 40 多年，当然，我离开之后又不断地到新疆去，新疆的文化在不断变化，既在不断积累，也在不断地失去。

一、水磨、钐镰与现代化快车

我非常欣赏新疆的一个风景就是水磨。新疆的一些河渠水量很大，水磨很多。尤其是伊犁，看水磨的多数是俄罗斯族的。水磨现在已经越来越少了，用电多方便。甚至有人告诉我，有些地方连坎土曼都不会用了。我一听大吃一惊。我喜欢说我是抡坎土曼的人，坎土曼是新疆农民最基本的劳动工具。

我在我的小说《这边风景》里面专门描写了打钐镰。我不知道现在的人还会不会打钐镰，应该不会像过去那么多，现在机械化了。过去用钐镰打苜蓿，一打一大片，很好看。我在别的地区很少看到有用钐镰的。这个钐镰有很高的文学意义，在《安娜·卡列尼娜》当中，描写到小说的主角之一，农奴主列文与农奴一起打钐镰的情形，而且还有一张插图。很多东西都在变化，很多说法都在变化。

过去，一讲现代化的结果，就是全国一盘棋，全世界一盘棋，全世界是一个市场、一个统一的市场。我们维吾尔语的地位也感到受到威胁。你考大学，不会汉语你考得上吗？你考公务员，不会汉语你考得上吗？你到“口里”（内地）做生意，你不会汉语行吗？你不但要学汉语，你还得学英语。比如说，伊犁过去有几种手工业很好，如做靴子。但是现在也有变化，他们做靴子没有温州人做得好啊，没有温州人可以大量生产的经验。还有伊犁的坎土曼帽子也是这样。很多传统的产业正在重组或正在发生变化。原来和田有苏州援建的丝绸厂，听说也已经没有了。所以说，所有的生产方式、生活方式都在发生变化。这种变化对于文化来说，第一你得到了一些新的，第二你失去了一些旧的。

在这种情况下，新疆的各族人民能不能搭上现代化的快车就成了关键。如果说精通商品经济的日本人来了，美国人来了，土耳其人来了，国内的温州人来了，上海人来了，香港人来了，那么我们仅仅靠我们过去从左口袋向右口袋卖这个莫合烟、杏干或别的什么的经验，能不能搭上这列快车？

所以，有的人感到被动，感到恐惧，至少感到不习惯。这种新的问题如果又被境外的，被现代化甩下来的这么一批人，他们在某种程度上是变态、充满了仇恨、绝望的人所煽动，那我们的文化该怎么办？我们本来是兄弟姐妹的友爱的文化，到某些人那里，出现了一种恐怖的，或者是一种黑暗的、阴暗的文化。

问题在于，我们不能拒绝现代化。不管现代化会带来什么陌生的东西，不管现代化使我们产生哪些不安，拒绝现代化我们就被世界边缘化了，被国家边缘化了，拒绝现代化我们就永远贫穷落后愚昧衰弱下去。

同时，正是在现代化的快车上，我们要注意保护与弘扬自己的民族文化传统、自己的特色，尤其是南疆，那里有许多文化名城、珍贵文物。我希望包括内地的援疆工作人员，好好学习新疆的传统文化，并且致力于保护这些文化遗产，万万不可粗心大意，不可发生建设中破坏传统的事情。

所以我有这样的看法，除了暴恐分子，中央有中央的对策与办法，我们还需要解决另一个问题，就是使新疆的各族人民搭上现代化的这辆快车。只有在这辆现代化的快车上，新疆各族人民才能享受到现代化带来的一切利好，享受到对生活有利的东西、对人民有利的东西，我们也才有强大的实力来保护我们的传统文化。

二、木卡姆与交响乐

现代化不是万无一失的，不是完美无缺的，由于现代化使你离自己的传统文化越来越远，这确实是一个很大的遗憾。但是我们也要看到另一面，由于现代化，你有了实力，你可以回过头来做大量的保护、继承、弘扬传统文化的工作。比如，我们国家现在有很多文艺团体都投向市场，但是一些体现我们国家传统文化的如京剧、昆曲，一些地方戏曲团体，国家都有一定的投资，有一定的财政补贴，以帮助他们能够发展起来，新疆也不例外。

我几次去新疆乌鲁木齐团结路，我们家以前就住在团结路附近的十四中学里面。在团结路那里现在就有自治区的木卡姆艺术团，正是在现代化、改革开放的高潮中，木卡姆被联合国教科文组织列为人类非物质文化遗产，新疆成立了木卡姆艺术团。在北京国家大剧院我知道最少已经有两次十二木卡姆的演出，其中最少有一次是由刘云山同志请来的，表演了《刀郎木卡姆》《哈密木卡姆》《吐鲁番木卡姆》。

所以我们不能把现代化与民族文化对立起来，我们要追求的是在现代化的过程中，更好地来保护、弘扬、继承、珍惜我们的传统文化。用拒绝现代化的方法，你是保护不了自己的民族传统的。拒绝现代化的结果，只能是民族的衰微与灭亡。

恰恰是在急剧的现代化过程中，我们保护了文物，什么时候保护文物有改革开放以来保护得多？我们出版了多少的典籍！我们国家财政部有专门的拨款，《永乐大典》在出版，《中华文化大典》在出版，《二十四史》出了多少版本，包括我们新疆维吾尔文和汉语的维吾尔族的典籍我们出了多少！我知道的《福乐智慧》最少有两个新的版本，《突厥语大词典》我们也出版了。现在“新疆文库”正在出版，我曾出席“新疆文库”的发行活动，文库要出维吾尔文、汉文、哈萨克文、蒙古文、柯尔克孜文、锡伯文等 6 种语言的版本。汉唐对西域的各种记录，各种描写，还有外国的，斯文·赫定、巴尔德、伯希和、斯坦因，美国人、瑞典人，过去去过新疆的外国人对新疆的各种考察各种记录都包括在文库里。

如果没有现代化，没有生产力的发展，我们想保持我们的传统文化，我们做得到吗？当然，现在中央也已经完全知道了这种情况。我看最近中央新疆工作会议的文件里，也提到解决就业的问题。现代化会造成失业，这种情况是完全可能的。你原来的工厂办不下去了，倒闭了，等等。不管怎么样，我们得想办法跟上这列现代化快车。我们党的工作也要深深地认识到，把边疆的各民族同胞拉到现代化这个高铁上来，是我们边疆稳定、发展最重要的任务。在这种情况下，我们的民族文化也可以得到发展。我们可以保留原汁原味的、完全不变的东西。我们的民族文化要在现代化这个大潮当中，为民族文化的征集、保护、抢救、弘扬创造条件，绝对不能把现代化变成是民族文化对立的东西。

赛福鼎同志当年给我印象最深的是，他担心的是新疆的少数民族变成一个落后的、边缘的民族，变成一个赶不上潮流、赶不上时代的民族。他非常敏感，比如北京这边要培养一批女飞行员，他马上找中央，看能不能有维吾尔族的女孩可以参加培训。体育学校培养高水平的体育人才，他也非常关心。当我还在文化部上班的时候，他跟我多次说过，他希望用十二木卡姆的旋律来做交响乐。贾庆林担任全国政协主席的时候，有一次国家交响乐团与新疆一起搞的十二木卡姆交响音乐会，基本上用西洋乐器，小提琴、大提琴、单簧管来演奏，还有钢琴协奏。贾庆林出席了音乐会。中央歌剧院还有以维吾尔族故事创作的歌剧《热瓦普恋歌》演出，有很多领导同志来看演出，赛福鼎同志的夫人阿依木也来了。

第三节　民族文化的未来是光明的

为什么中国现在文化上比过去自信得多？20 世纪 80 年代，我们在对外交往上碰到过一个问题，就是所有发达国家都追着中国，要在中国建立文化中心。我们当时的政策就是一个也不能设。你设了文化中心，就会对我进行“和平演变”，我又没钱上你那里去设文化中心，我演变不了你。可是现在呢，我们在全世界很多国家设立了文化中心，已经开业的就已经有 20 多个。我们除了设立文化中心，还不惜拿出很多钱来，在很多地方设立孔子学院。体现出来的就是实力不一样了，信心也不一样了。现在北京设立的外国的文化中心有一些，比如说西班牙的塞万提斯学院，德国的歌德学院，总共已经有 7 个，但我们在外面设立的已经有 16 个。你只有在现代化中有所成功、有所发展，才能减少你的文化焦虑、文化不安与文化非常态。

有一件事让我非常高兴，我在北京认识了一个维吾尔族的年轻人库尔班江，他是中央电视台的摄影师。他在全国采访了 110 多个从新疆来的，在口里各地打拼的，多半是成功人士，也有正在打拼，还不那么成功的。有带着孩子在读研究生的，开餐馆的，卖羊肉串的，大部分是在内地现代化的大潮当中相当成功的来自新疆的各族同胞。其中有一个美女，现在是阿里巴巴的高管，收入与威信都很高。在他们的身上让人看到的是光明，不是黑暗，不是仇恨，不是焦虑，不是不安，不是尴尬，不是痛苦，因为他们乘上了现代化这趟列车。

所以我们完全有可能，在现代化的大潮中，对维吾尔族、哈萨克族、锡伯族等十几个新疆世居民族的文化加以保护，对此我们应该充满信心。这个过程中一定还会碰到一些苦恼、一些困难，这些都是可以克服和解决的。

有一件事我非常感动。2010 年，我的好朋友，维吾尔族著名诗人铁依甫江诞辰 80 周年时，新疆召开了纪念会议，决定自治区每年拿出 1000 万元来鼓励新疆各少数民族进行母语写作，帮助把这些作品翻译成汉语，说明中央、自治区等各个方面正在重视新疆各民族的文化的保护与发展。

有一次，香港的电视台对我有一个关于新疆的采访，我说了一句话：新疆的各族人民对我恩重如山！我说完这句话，我没想到，那个曾经在凤凰卫视工作过的杨锦麟先生及他带的一帮小丫头小小子，他们都流了眼泪。我本着对新疆的热爱，我认为发生的我不希望看到的那些事件，那是暂时的，是极少数。在我最困难的时候，我在新疆生活工作了 16 年，在“文革”当中，我在新疆是最安全的，任何的人身迫害都没有。每每想起来，我都要说，我热爱新疆，我想念新疆，我感谢新疆各族人民。我相信新疆的各族人民一定能够赢得一个光明的美好的前途。

现代化的发展既向民族文化提出了严峻的考验，更提供了前所未有的机会。例如西藏民族文化，在现代化过程中也同样既面临着挑战，又有自己独特的优势。所谓面临的考验，就是说西藏的经济、科学、技术还不发达，离现代化的要求还有距离。但是，西藏又有些独特的优势。比如，自然环境没有污染或很少污染，这是极大的优势，西藏的传统文化有可能成为世界性现代文化一个有益的补充部分，我们对自己的特殊的机会、特殊的优势，要有充分的认识。我们首先要充分珍惜、保护、发掘西藏的优势，保护我们独特的自然景观与人文景观。保护自然，保护文物，保护传统文化，这是我们面临的非常重要的任务。再如，西藏完全有条件建设成世界性的旅游中心与学术中心。西藏独特的自然文化景观决定了它会成为世界性的旅游中心，而且也完全可能成为一个国际性的研究中心。因为，它在人类学、文化学、比较文化学、民俗学、社会学、宗教学等等方面，提供了无与伦比的研究环境和研究对象。

总之，民族文化要努力吸收现代文化，多做积极的建设性工作，多做教育、普及文化的工作，多做各种艺术表演、绘画、电影、文学创作的发行推广工作，以及多建设各种普及自然科学的设施等等。我们一定要用光明来代替黑暗，一定要用智慧来代替愚蠢，我们一定要用开放来代替狭隘，一定要用现代化来代替无知、落后、贫困，那种自己把自己囚禁起来的生活。

我已经 80 多岁了，我对民族文化的未来充满信心，我坚信民族文化的未来是光明的，是充满希望的。

第五讲
当代文化生活、文艺与文学

中国是一个极其重视文学的国家，从581年建立的隋代开始，科举考试制度就使得全国的读书人以作文成绩获取功名官位。中国是一个文学大国、文学古国。自古孔孟都以《诗经》为依据来实行教化，力图援引诗歌引领与优化世道人心，做到“思无邪”“怨而不怒、哀而不伤、乐而不淫”。

孔子亲自担任了责任编辑，编辑发行了最古老的中国诗歌集：《诗经》。孔子对一首诗的解读极其特殊而又可爱：

唐棣之华，偏其反而，岂不尔思？室是远而。

大意是唐棣的花朵呀，随风摆过来又摆过去，我怎么能不想念你呢？我们的距离实在是太远了啊。

现代人大多会认为这是一首优美的爱情诗。但是孔子批评说：“看来你未曾当真思念，否则又有什么远的呢？”

孔子认为这里的唐棣之华恰巧可以代表美德，一个人想有更好的居心、更好的德行，你想到了也就是做到了，怎么可能是遥远不可及的呢？如果你觉得美德离你遥远，只能证明你根本就不追求、不想念美德啊。

朝廷设立诗官搜集民歌民谣，从中考察施政的得失与民众对政权运作的反应。中国共产党一直重视文学作品在政治斗争中的作用，甚至以文武两个战线，枪杆子笔杆子两个“杆子”的说法表达对于文学艺术的重视。事实上，在人民革命的过程中，左翼的文学艺术作品，起到了重大的作用。与俄国十月革命时期大批著名文学家艺术家出走的情况相反，1949 年是旅居国外的大批作家艺术家不畏险阻，从世界各个角落聚集北京。载歌载舞，八方来仪，给人留下深刻的印象。

新中国成立以后的一段时期，也曾经多次发生因频仍的政治运动损害了文学艺术事业的状况，直到改革开放以来，情况有了很大变化，中国的文学艺术，正在面临着前所未有的发展机遇，在世界上也取得了越来越大的影响。

第一节　六十余年的性沧桑

2009 年春天我到香港地区参加一个由香港岭南大学、上海复旦大学、美国哈佛大学——三所大学的中文系联合召集的中国当代文学六十年研讨会。会议本来谋划，由男作家一组谈文学与社会，女作家一组谈男人与女人，后来这个安排遭到了女作家们的抗议，掉了个个儿，改由男作家谈男女之大伦了。我不得不就对于我绝非长项的这个话题谈谈看法。

一、革命的动员与被侮辱与被损害的女性

列宁说，没有人情味就没有对于革命的追求。人情味的重要内容之一，在于革命的缘起之一是为受到性侮辱、性压迫的女性说话报仇。

例如《白毛女》中的喜儿，例如《太阳照在桑干河上》的黑妮，

例如《红色娘子军》中的吴琼花（在样板戏中被更名为吴清华，这个更名也流露了非女性主义、羞于女性特点主义），例如《家》里的鸣凤，例如话剧《屈原》中的女弟子婵娟。

有些作家本人并非革命作家，但是他们描写的不幸女孩，极具煽情性，例如《复活》中的玛丝洛娃，例如《白痴》中的娜斯塔西娅·菲利波芙娜，例如《悲惨世界》里的芳汀。想想看，如果喜儿没有被黄世仁强暴的遭遇，人们能不能激起那样强烈的阶级仇恨？甚至，如果不是每个乡村都有一个或几个准喜儿的故事，中国能不能出现急风暴雨式的土地革命？

站在被侮辱与被损害的女孩对面的是地主黄世仁，是南霸天，是那些享有性特权性霸道性暴力性穷奢极欲的旧社会的地主、恶霸、沙皇、将军、富商等人。他们的存在是革命的暴力必然性的依据。

也许我们还可以提到解放战争时期的城市群众运动，在北京，抗战胜利后第一次大规模的学生运动是1946年由于美国海军陆战队人员皮尔逊强奸北大女生沈崇引起的抗暴大游行。当时的口号是“谁无妻女，谁无姐妹”，这样的群众运动使美军与国民政府处于与广大学生、老师、市民对立的千夫所指的被动地位，而使反美反蒋的烈火从此燃烧不息。

所以，谈到1949年标志第三次国内革命战争胜利的歌曲，一般都认为是《解放区的天》，而我宁愿选择郭兰英首唱的《妇女自由歌》，歌中用山西梆子的悲情风味唱道：

旧社会，好比是，黑咕洞洞的苦井万丈深，

井底下压着咱们老百姓，妇女在最底层。

如泣如诉，有冤有仇，郁积千载，苦情万状。听了这样的控诉歌曲，谁能不与旧世界血战到底？

性的分野阶级化了、政治化了。无怪在20世纪50年代末期，苏联专家在华导演话剧《柳波芙·雅洛瓦娅》，描写一个可爱的女子柳，发现了自己钟爱的丈夫是反革命，从此在她心中爱情与革命角力，令人唏嘘不已。据说在排练时，饰演柳的三位ABC角中国女演员，在导演说戏的时候，回答导演问题如果你发现自己的情人是反革命，会怎么办？三位中国女演员一致回答要报告公安局。使苏联专家叹为观止。比较起来，苏联当时是出现过这种所谓人性与政治选择冲突的故事的，例如《第四十一》（原名《蓝眼睛的中尉》），描写一个红军女战士与白军中尉的爱情。顺便说一下，现在中国的电视剧，则没完没了地热衷于表现这种革命与反革命的人情，可能是夫妻，可能是情人，可能是姐弟，也已经俗不可耐了。

二、革命女性的光辉形象

与此同时，也有各式各样革命女性的光辉形象，极有魅力、说服力与动员的力量。

一种是《青年近卫军》中的刘巴型，疯玩疯闹，能歌善舞，个性完全解放，玩弄敌人于股掌之上，显现了女性革命化后能够达到怎样的自由与美丽的完美结合。哪怕结局是革命女孩的光荣牺牲，也是虽死犹荣，虽死无憾。

一种是丁玲喜欢写的贞贞（《我在霞村的时候》）类型人物，受人之所不堪受，忍人之所不能忍，背负着几千年的封建十字架，对于革命作出特殊的贡献，却为俗人所诟病。贞贞的形象也令我联想起苏联革拉特珂夫的《士敏土》中的丽莎，女性的身体与情欲，成为她们对于革命的慷慨而且狂热的奉献与牺牲品。也许这样的女性形象还能令人联想到莫泊桑的《羊脂球》，看来性献身的传统也是源远流长。

还有一种是向往革命的浪漫女性，多半是知识女性。巴金的《家》提到过俄罗斯戏剧《夜未央》，剧中描写俄罗斯的虚无主义女革命者（应该是名叫苏菲亚的吧），为自己的情郎打信号，情人以大致上是人体炸弹的方式去消灭沙俄统治者。这样的苏菲亚是革命女神的形象代表。她让人想起法国的圣女贞德。

而在日本女作家、日共总书记宫本显治的妻子宫本百合子的小说中是伸子，在中国的《青春之歌》中是主角林道静，在契诃夫的小说中是“新娘”，她们都不能容忍乏味庸俗的中产阶级生活，出走家庭的樊篱，投身革命。尽管我们可以说，契诃夫对于革命其实一无所知。

性压抑、性淡漠、对于生命的高潮化的期待，与性有关的各种不平衡不公正，完全有可能成为一种革命的驱动力。

三、性的劳动化与人民化

新中国的建立，在继续宣扬记述性的革命化的同时，也宣扬与刻画性的劳动化人民化。

评剧《刘巧儿》中唱道：

我爱他，身强力壮能劳动，

我爱他，下地生产真是有本领。

黄梅戏《天仙配》中唱道：

你耕田来我织布，

我挑水来你浇园……

这里，对于性伴侣的理解更像是对于劳动生产互助组合成员的要求。但是，在20世纪五六十年代，这样的唱词，仍然给人以质朴与健康的新鲜感，远远高明于古典中国文学作品对于女孩儿的二八妙龄、三寸金莲、杨柳细腰、破瓜娇羞的轻薄与病态描写，也高明于好莱坞某些影片的对白“你的屁股（如何如何）……”

其实老区的秧歌剧《夫妻识字》与《兄妹开荒》中已经包含了这样的意味，虽然兄妹关系的安排回避了性这个国人羞于面对的情势。

也有麻烦。萧也牧20世纪50年代写了小说《我们夫妇之间》，写一名小资男性娶了劳动女性为妻，小资男性要赏月，劳动女性认为月亮不如大饼能为人民充饥。为此萧也牧受到批判，他从此一辈子没有抬起头来，“文革”中悲惨地死去了。头一个批判萧也牧的是命运多舛、令人扼腕的杰出女作家丁玲。

四、性的社会内容：公与私、人与己、资本主义与社会主义

早在20世纪50年代曾经高调宣扬过一些小说人物乃至一些先进人物的事迹，他们由于忙于做好事或其他任务，不但多次推迟自己的婚期，而且到了结婚那一天，又是身陷公事好事，乃大大迟延了与对象约好的结婚登记。

也宣扬过这样的道德标兵，配偶已经完全残疾乃至死亡，女性则为了照顾公婆等坚守不再嫁。这确实令人感动，同时也会有人为之有

所困惑。

应该不是偶然。“大跃进”中李准有名篇《李双双小传》，“文革”前夕有影片《天山上的红花》，描写女性走社会主义道路，而男性搞自由资本主义，同样的题材不止上述两篇。这可以解释为是用女性的魅力增加集体所有制向心力的尝试。

我也曾经欣赏过王汶石的中篇小说《黑凤》片段，描写“大跃进”中的刘巴型女性黑凤，可惜此篇终未完成。如果把“大跃进”女性化，会不会使得“大跃进”变得更加迷人呢?

“大跃进”以后,《洪湖赤卫队》《红珊瑚》《江姐》《红色娘子军》，其后“文革”中的《沙家浜》《龙江颂》《海港》等都由女性主打革命英雄，应该并非偶然。

而宣扬无产阶级专政条件下继续革命的戏剧《夺印》当中，一个活跃的角色叫“烂菜花”，是个专门腐蚀干部的女子，说明在女性革命化得到突出的同时，女人是祸水的意识或无意识积淀也远未消失。

五、无性化

“文革”当中一批样板戏的特点是无性化，非女性化。《海港》中的方海珍，一切做派连同唱腔，都往男角色上靠。人们也熟知“文革”中的笑话，即人们看了《沙家浜》以后会浮上一个问题，只有阿庆嫂，那么阿庆呢?戏中唯一提出这个问题来的是坏蛋兼白痴胡传魁，好人是不该问这个的。而舞台上一个反派人物向阿庆嫂提出“阿庆呢”的提问的时候，会受到男青年观众的挤眉弄眼的坏笑，会边坏笑边鼓掌喝彩。

也无怪乎《龙江颂》出来之后，有人说主角江水英似乎有些不同，因为她有点女人味儿。

不知道不愿意提性别，尤其是不愿意提女性，是不是与汉语有关系。世界各族语言多数是分阴性与阳性的，提到人，如是印欧语系或阿尔泰语系，一听，男女自明。但汉语常常不分，汉语可以忽略性别不计。我们有些极好的女作家，就对于女作家一词反感，质问为什么说到男作家时不提是男作家，而说到她们时要说是女作家，其实这更多是语言系统与构词规则造成的。

女性或有人愿意以男性或无性人的身份出现，但男性很少有人愿意以女性方式出现。我们可以追溯到新中国成立初期的战斗英雄郭俊卿，她是现代花木兰，她以女身而假作男孩参军，英勇杀敌，最后才呈现女身。我还记得有关她的报道中，唯一提到的她的女性特点，就是她有时候喜欢一块花布衣料。

所以在“四人帮”倒台以后，刘心武要专门写一篇小说讲《爱情的位置》，而且把爱情写得仍然十分柏拉图化，是对于一个死者的思念，仍然是绝对的无生理的性、非生理的性。

六、柏拉图的与肉的性展现

在改革开放的初期，柏拉图化的《公开的情书》是相当有影响的作品，个中出现的是知识分子的情愫与声音，是思想者的风度，是理性的优越感。它的作者金观涛与刘青峰选择了分析与批评的主调、保持一定距离的姿态，这是中国社会的一种新现象。

王小波与李银河夫妇的情状令人想起金、刘二人来，虽然王小波的作品中有极其具体的肉的描画，而李银河干脆是性学专家。李银河的有些涉性观念，如关于强奸，关于同性恋，关于性工作者，虽然与王小波的作品一样还无法被整个社会认同，还无法走上主流台面，却仍然是在合法地传播着讨论着，被一些人欢喜赞同着，这说明了中国开放程度的正面发展。

贾平凹的《废都》曾经找了麻烦，即使没有出版管理上的麻烦，也仍然有许多女作家、许多评论家如舒芜与吴亮对此抱批评的态度。性的问题牵扯到道德、舆论、法律、妇女与儿童的保护、扫黄打非……对于许多人仍然是既然惹不起不如躲得起。与此同时，市场对于涉性的暗示如什么“有了快感就喊”等标题，有很敏锐的反应，有利于畅销与效益，这是无人避讳的公开法门。

还出现了公然的所谓“下半身写作”的涉嫌下作的说法，出现了以“下半身写作”为借口，全盘否定当代文学写作的基本教义派舆论。如说现在的文学不但比新中国成立以来的任何时期都糟糕，而且比白区、沦陷区时代还糟糕。如果你试图批评改革开放以来的中国，抓住性描写与性现状这个突破口未尝不是一条捷径。一位身份较高的人物，拿着一本印有大美人封面的杂志，严厉抨击意识形态工作的传闻，是完全有根据的。

七、五花八门的性话题

改革开放以来，性话题五花八门。我亲耳听到过一位身份很高领导质疑说：反思反右的文艺作品中，屡屡出现由于争老婆而陷人于右的情节（如《天云山传奇》），这恐怕不太典型吧?

非婚爱情问题、第三者的问题也狠狠地争论过，甚至对陈世美的评价也有歧义。

出现了新的或暗或明或露骨的名词：“一夜情”“二奶”“三

陪”“三点”“鸡”“鸭”“同志”“驴（女）生”“南（男）生”、按摩女、洗浴女、毛片、自慰……同时也出现了正规的扫黄打非、取缔淫秽、保护青少年、打击低俗等努力。

这里最刺激的说法应属“黄色娘子军”。甚至说当年的红色基地，现时的黄色正在弥漫。虽然从政治颜色的观点来看，我们宁愿千百次的姐妹们赤化也不是黄化，虽然红变为黄的说法刺耳锥心，我仍然相信“天若有情天亦老，人间正道是沧桑”（毛泽东:《七律・人民解放军占领南京》），我不认为“沧桑”是人间歪道。当然对于正在进行人生的文学观察与表现来说，正道与歪道的判决无须急躁，我们不能不保持理性，人们对于性的敢于面对，青年男女生活空间的空前扩大，信息与观念的急剧丰富化与多样化，与小康生活的逐渐接近，正为中华民族提供着前所未有的生机。“黄色娘子军”的说法当然并非光彩，一代女性无须乎去拼刺刀、掷手榴弹、钉竹签，倒也不能说是堕落腐化。旧的问题解决了会出现新的麻烦，永远没有最后的句号。当然，把性与腐化联系起来的文艺作品也不在少数，以反贪为题材的小说与电视连续剧，无不描写贪官的非法非道德的性堕落、性放纵，同时为了不正当的男女之事，赃官们会更加贪得无厌地去贪污……令人警惕。

八、性与作家

这里笔者不屑于多说那些为畅销而在文学作品中做出的性挑逗描写，并透露出一些男性作者的下作与无耻，和玩弄女性嫖客心态的下三流作品。

我们也看到，在帝王戏里一些人的皇帝情结，一个是能任意杀人，一个是能够任意占有女性，或者占完了再杀，令观众看得流口水。

有的女作家的涉性描写带着朝露的甘甜，她是在制造自己的性糖果。有的女作家的涉性描写透露着怨妇的愤激、老旧的绝望、痴心女子负心汉的公式中不无“好冤枉哉”的感情勒索。有的女作家的涉性书写当中闪烁着她的偷窥的鹰眼。有的女作家的涉性书写中表达着叛逆的粗犷，她好像要说，我让你们压制了几千年了，这回本小姐要痛痛快快写一回啦，吓不死你！

当然也有不少男女作家更热衷于写社会与历史对于性的劫持，写市场与金钱对于性的扭曲与谋杀，写生活的艰难对于性的蚕食，写弱势群体的性悲剧，写野蛮与无文化对于性人权的残酷压制，例如 20 世纪 80 年代的《被爱情遗忘的角落》，其内容是非常严肃的。

呜呼哀哉，为什么再也读不到、至少是难于读到那种伟大的人性，那种男女的真正平等的两相情愿的完美的结合，那种在性上的善良、体贴、多情与人们已经厌弃了的忠诚与相依？变了，变了，人们公然高唱着“不愿天长地久，只要曾经拥有”，那么，“执子之手，与子偕老”的名句果然显得有些傻气了吗？《红楼梦》的故事，《安娜·卡列尼娜》的故事，果真已经完全过时了吗？“贫贱夫妻百事哀”的句子，已经引不起共鸣了吗？

……不论何时，只要讲起中国男女因情而成悲剧的种种故事，我就会热泪盈眶。性是美丽的，性是自然的，性也是有文化有道德有意义有责任的。是不是呢？

第二节　歌声涌动共和国

谈完性，我愿意再谈谈唱歌。

一、新中国成立初期最流行的歌曲之一：《妇女自由歌》

新中国成立以后，各种革命歌曲，其中大量由民间曲调填上了新的政治鼓动内容的歌词，像浪涛、像春花、像倾盆大雨一样到处汹涌澎湃。

其中有一首郭兰英首唱的《妇女自由歌》，给我以深刻的印象，歌者因为演唱此歌，在苏联主导的一次世界青年联欢节上得了铜奖。《妇女自由歌》是山西民歌的调子，伴奏让我想起晋剧，悲伤、郁积，像控诉，像哭，闻之怆然。

——没有这样的彻骨的悲怆，就没有革命的搏击。

多少年来多少代，盼的那个铁树就把花开，

共产党，毛泽东，他领导咱全中国走向光明……（《妇女自由歌》）

是突然释放的热情，是好不容易搬开了压在头顶上的石头，是成千上万的姐妹们由衷的笑脸，中国的女子有救了，历史从 1949 年重新书写。

就像另一首歌里所唱的：

铁树开了花呀，开呀嘛开了花呀，

哑巴说了话呀，说呀嘛说了话呀……（《千年的铁树开了花》）

谁也没有办法否认这样的事实，这样的历史，这样的民心。情是这样的情，理是这样的理，激愤、期待，也充满信任。无怪乎据说一些老解放区的歌唱家聚会的时候，在酒过三巡以后，他们宣告：革命的胜利是从他们的唱歌儿的胜利上开始的。

我想起 1949 年至 1950 年苏联协助拍摄的文献纪录影片《中国人民的胜利》与《解放了的中国》，后一部影片解说词执笔人中方是刘白羽，苏方是西蒙诺夫。

也许你可以追溯到蒋介石的 1927 年的“四一二”血洗，也许你可以追溯到秋瑾与黄花岗烈士的就义，也许你可以追溯到 1840 年的鸦片战争，也许你可以追溯到窦娥冤、秦香莲、杜十娘直到黛玉、晴雯、鸳鸯、金钏……也许还应该提到《兰花花》与《森吉德玛》，应该提到遍布神州的节烈牌坊与牌坊下的冤魂厉鬼。风暴与渴望孕育了几十年、几百年、上千年，点点滴滴、零零星星、血血泪泪，终于汇聚成了改变中国也改变世界的狂风暴雨。

二、民歌的力量

旧中国城市里的流行歌曲，尽管也颇有可取，如《马路天使》《渔光曲》里的插曲，但同时也确实与旧社会一起透露出了土崩瓦解、鬼哭狼嚎、阴阳怪气的征候。例如 1948 年流行的《夫妻相骂》，女骂男：“没有好的穿呀，好的吃，没有股票呀，没有田地房产，没有金条，也没有金刚钻”，男骂女：“这样的女人，简直是原子弹”，邻居骂：“这样的家庭，简直是疯人院。”

而解放区唱的是“解放区的天是明朗的天”“太阳出来了，满呀嘛满山红”“东北风啊，刮呀，刮呀，刮晴了天，晴了天，刮晴了天，

晴了天，庄稼人翻身哪……”（歌曲《新东北风》）。

“庄稼人翻身哪”一句，离开了旋律调性，它是呼喊，是叫嚷，是霹雳电闪，它唤醒了阶级，带着拼却一腔热血的决绝。

与旧的流行歌曲相比较，民歌风更刚健也更明快，更上口也更泼辣。20世纪50年代的我们，认定是共产党带来了云南民歌《小河淌水》与蒙古长调，还有四川的《太阳出来喜洋洋》。早在新中国成立前，是地下党接收了推广了并非共产党人的教授老志诚所整理的新疆民歌《阿拉木汗》《喀什噶尔姑娘》，使之成为平津学生大联欢的主唱歌曲。中华人民共和国的一大贡献是开掘了、辑录了也充分使用了如此丰赡的民歌民谣，开掘弘扬了我们的民族民间精神资源。

在新中国成立头两年的众多的欢庆解放的歌曲里，一首新疆歌儿令我如醉如痴：

哎，我们尽情跳跃在五星红旗下边，
我们快乐地迎接这美丽的春天。
太阳一出来赶走那寒冷和黑暗，
毛泽东给我们带来这快乐和温暖……（《迎春舞曲》）

你觉得这歌声不是从喉咙，而是从心底的深处、含着泪、又破涕为笑了才唱出来的。人民，只有人民，让我们永远记住人民的支持和信赖，期望和贡献。

这样的歌词与真情千金难换。

老式的唱片上，一面是此首歌，另一面是器乐合奏十二木卡姆的一个片段。十二木卡姆也是随着解放才兴旺发达起来的。

1951年，我从一张纸上学会了我此生的第一首维吾尔语歌曲，这张纸抄写了用汉语记录的维吾尔语发音的歌词：

巴哈米兹能巴哈班尼达赫依毛泽东，

（我们花园的园丁是伟大的毛泽东）

阿雅脱米兹能甲尼甲尼达赫依毛泽东，

（我们生活的意志是伟大的毛泽东）（《歌唱毛泽东》）

无论如何，这样的歌词是太可爱了，别具一格。

事实如此，在民歌与流行歌曲较量的过程中，民歌大获全胜。在革命战争中，歌曲属于革命者，属于人民。对立面的窘态之一是无歌可唱。自古中国政治斗争中的失败者的遭遇就叫作“四面楚歌”。

三、我们要和时间赛跑

20世纪50年代初期，一首名为《我们要和时间赛跑》的歌曲打动了国人。看这个题目，充满了苏联味儿。古老的中国虽然有“与时俱化”“与时俱进”的说法，却没有“与时间赛跑”的豪言。它的词曲作者是瞿希贤，老革命、老作曲家，我早就学会了唱她的“红旗飘哗啦啦地响，全中国人民喜洋洋”。

瞿希贤的歌曲使我想起苏联的曾经相当发达的群众歌曲，例如《祖国进行曲》《莫斯科，你好！》《五一检阅歌》，后者唱道：

柔和晨光，

在照耀着，

克里姆林古城墙……

雍容、大气、坚强、乐观，你想着的是五十路纵队阔步前进。新中国成立初期，“五一”“十一”也有这样的群众游行。瞿希贤的歌曲同样反映了这样的气势。目前仍然被许多歌者喜爱的《莫斯科郊外的晚上》，却给我不同的感觉。这首歌的出现，已经是中苏关系逐渐恶化的时代了。这首歌曲也不像其他歌曲那样富有意识形态的悲壮与锐利。至少对于我个人来说，《莫斯科郊外的晚上》意味着的是某种衰退与淡化。

其实我最最喜爱的《纺织姑娘》的“在那矮小的屋里，灯火在闪着光”，也没有什么斗争意蕴，但那毕竟是民歌，又是 20 世纪 50 年代初期传进来的，它给我的感觉是质朴与纯洁。而描写二战的苏联歌曲，例如《灯光》《遥远啊遥远》，更能穿透我的心，令我落泪。

四、李劫夫的歌儿及社会主义好

最受苏联群众歌曲影响的还是李劫夫。特别是至今有人演唱的：

我们走在大路上，
意气风发，斗志昂扬……（《我们走在大路上》）

他的旋律有与《莫斯科，你好！》相衔接的地方。这是一个作曲家最先告诉我的。1965 年我到达伊犁的巴彦岱公社，更学会了用维吾尔语唱这首歌：

达格达姆哟鲁芒哎米兹……

他的“语录歌”应该说是勉为其难，自成一家，乐段仍然有它的优美与真情。虽然，看到天才的作曲家生产出来的竟然是这样的果实，令人不胜唏嘘。

而李焕之的脍炙人口的歌儿是《社会主义好》，社会主义好，这当然好。他的歌词“反动分子想反也反不了”“帝国主义夹着尾巴逃跑了”，相对天真了一些。世界和中国，历史与现实，都比歌曲复杂。

五、歌曲与口号

在一个特定的时期，歌词变得完全政治口号化了，这当然很不幸。然而，歌曲总算还有一个好处，仅仅有标语口号式的歌词，是不算完的，它还得有曲子，它的曲调仍然来自生活，来自音乐传统，来自人民，来自世界也来自作曲家的灵感。即使政治口号中包含了虚夸与过度，感情仍然有可能引发共鸣，某种情结仍然有它的纪念意义与审美意义；而音乐，一首首歌儿的曲调，是相对最纯的艺术。

“公社是棵常青藤，……社员都是向阳花”（歌曲《社员都是向阳花》），这首歌儿民歌风味，非常阳光，非常诚挚，令人不忍忘却。我的妻子曾经抱着孩子面向阳光照过一张照片，一见这张照片，我就会唱起这首歌来。“革命人永远是年轻，他好比大松树冬夏常青”（歌曲《革命人永远是年轻》），也很地道，理想简洁明丽。“毛主席来到咱们农庄”（歌曲《毛主席来到咱农庄》），把人民的爱戴唱得多彩多姿。“共产党号召把山治呀，人民的力量大如天”（歌曲《蟠龙山高顶着天》），这首歌唱“大跃进”歌唱“蟠龙山”的电影插曲，令人想起那火热的年代。

《大海航行靠舵手》是一首成功的歌曲，泱泱大度，恢宏壮阔，乘风破浪，勇往直前，至今它的旋律仍然令人神往。至于它被利用到“文革”当中，或者说它的歌词中包含有宣扬个人迷信的政治上不正确的成分，责任只能由历史与时代担当。我希望，总有一天，能够荡涤掉某些歌曲上附加的累赘与尘垢，使我们的六十年歌吟行进的过程连贯起来整合起来，而完全不必要搞几次避讳与中断。

六、关于样板戏

有二十年无歌可唱。样板戏的说法小儿科，样板戏的唱词不无庸劣，如李玉和唱完“雄心壮志冲云天”（《红灯记》），杨子荣接着唱“气冲霄汉”，“一号”人物都是跟天干起来没完。有些戏词比较好，如“垒起七星灶，铜壶煮三江”（《沙家浜》）、“一路上多保重，山高水险”（《红灯记》）、“穷人的孩子早当家”（《红灯记》）等。唱腔则很有成绩，我特别喜爱江水英、柯湘、雷刚，还有《海港》里的唱段。

京剧是我们的文化财富，“文革”思潮扭曲了京剧包括现代戏已有的基础，民族戏曲与音乐传统又毕竟由于它的根深叶茂、源远流长与群众的喜闻乐见，而具有一种抵抗（急功近利、假大空与瞎指挥）病毒、平衡“文革”污染的能力。文艺说到底仍然是文艺。六十年来的文艺经受了各种局面，经过了许多试炼，它存储了历史的鲜活，它留载了多样的喜怒哀乐，我们当然正视这一切过程与经验，我们却也不因为某些过程与经验的愚蠢与荒谬的方面就抛弃一切，更不可能回到 1949 年以前——例如张爱玲与刘雪庵代表的大上海。

大声疾呼地催生今天的鲁迅也与催生今天的曹雪芹或者巴尔扎克一样的是十足的外行话。江山代有才人出，各领风骚若干年。

文艺的生活性、艺术性、感情性、创造性与个人的风格性是常青的，也是常变化的。我仍然喜欢唱渐行渐远的《家住安源》（《杜鹃山》）、“听对岸，响数枪，声震芦荡”（《沙家浜》）、“面对着，公字闸，往事历历……”（《龙江颂》），同时这丝毫也不妨碍我接受舒曼的《梦幻曲》（组曲《童年情景》中的一首），虽然后者曾经在我们的一出极好的戏剧里遭到纯朴的却是缺乏音乐熏陶的革命人的嘲笑。

七、绕不开的“乡恋”

新的历史时期的歌曲并不像原来人们喜欢讲的那样大喊大叫。原来新生事物有的需要或必然大喊大叫，有的则只需要、只能够潜移默化。至今没有一首歌曲叫作“我们一定要改革开放”，或者“改革开放就是好”，或者“现代化进行曲”。当然，也有内容比较全面和正规的《走进新时代》，而在《祝酒歌》中有歌词：“为了实现四个现代化，愿洒热血和汗水”。

是的，进入了 20 世纪的 80 年代，我们的歌曲更丰富也宽敞，我们的节奏更从容也更正常，我们的生活更美好也更多样，我们的歌声更细腻也更微妙了。

李谷一的《乡恋》所以引起注意，在于她打破了那时邓丽君的独霸卡式录放机的局面，不是靠引进港台，而是我们自己的歌手，带来了久违了的温柔、依恋、沉醉与喜悦。已经习惯了厮杀与冲锋号的人们，对于柔情似水会一时听不惯，以至充满警惕。往后几年苏小明唱《军港之夜》大受争议，有同志提出：“水兵都睡着了，谁还来保卫祖国呢？”我乃戏言，文章作全就要唱：有的睡着了，有的值夜岗，吹响起床号，立马跑早操……

八、歌曲创造了太阳岛

与《乡恋》差不多同时，郑绪岚的《太阳岛上》广泛流传。享受生活的情调那时颇为陌生，然而，生活的力量仍然是不可战胜的。直到 20 世纪 80 年代中期，我去哈尔滨的时候所面对的太阳岛，仍然只不过是自然形成的几个松花江中的沙洲。到了新世纪，太阳岛公园、太阳岛展览馆已经仪态万方地又是神气活现地出现在松花江上，成为哈尔滨的著名景点了。是这首歌早在 20 世纪 70 年代末期为公园工程立了项，是歌曲创造了生活。

乔羽作了许多优秀的歌词，他的《思念》却别具一格，“你从哪里来，我的朋友，好像一只蝴蝶飞进我的窗口……”有点抽象，有点忧伤，有点怀念，它什么都没有说，它又什么都说了。

应该提到的歌儿太多太多。《在希望的田野上》《八十年代新一辈》，继承着过往的时政主题。而王立平的《红楼梦》电视剧插曲愁肠百结，情深意长。那年我到黄山，看到作为片头用的实景，一块巨石，想起大荒山无稽崖青埂峰，为之肠断……

九、歌声联结着世界

我必须承认，至少在唱歌的范畴，我已经落伍。在我的孩子们成长过程中，我深深体会到，一个时代有一个时代的歌，我无法让他们与我一样地为那些老歌而涕泪横流，即使我费了九牛二虎之力将他们教会。当然也有积累和传承，会有百唱不厌的歌正像有百读不厌的诗篇。1986 年至 1988 年，我参与了组织帕瓦罗蒂与多明戈的演唱会。我完全倾倒于世界级的男高音的辉煌音质。帕瓦罗蒂告别舞台以后不久就去世了，我相信，上苍降生他到这个世界就是为了歌唱。他为唱而生，离唱而去，他属于意大利也属于中国的听众。他们的到来丰富了中国人民的歌唱生活。

首次在北京亮相后十余年，世界三大男高音再来，已经是很昂贵的商业演出了。

我也看到了人们逐渐见怪不怪的通俗歌星的大行其道。我听到我的孙子在演唱粤语歌曲。我也一度热衷地看过“超女”的歌喉。我为刘若英的《后来》而感动：

后来，我总算学会了如何去爱，
可是你早已远去，消失在人海……

在丰富的歌曲的海洋中我感到的是在在生机、处处迷雾。20 世纪 80 年代，我努力学着用英语歌唱《往日情怀》的插曲，影片描写 20 世纪 50 年代的麦卡锡时期美国文艺人中的左派人士的经历，由犹太歌星芭芭拉·史翠珊唱红了的这首歌曲，令人神往怀旧。影片结尾处是女主人公仍然在忙着征集和平签名，不由想起难忘的 20 世纪 50 年代，同时歌曲达到了高潮。而到了 2008 年，我以 74 岁的高龄，总算用俄语唱下了描写卫国战争时期的苏联歌曲《遥远啊遥远》，本来是要在 2007 年访俄参加中国年的书展活动时学会的。而早在 1980 年访问德国时，坐在莱茵河的游船上，萦绕在耳边的《罗瑞莱》，也是直到 20 多年以后，我终于在王安忆的先生李章帮助下查出来它的歌词全文：

谁知道很古老的时候，
有雨点样多的故事……

那么多美丽的歌曲，古今中外，召之即来，唱之牵动肺腑，思之如醉如痴，六十年的歌吟，六十年的合唱，六十年的情怀，“自信人生二百年，会当水击三千里”，我们举杯！

第三节　泛漫与经典

大众化、市场化文化生活的发展，也是改革开放后发生在中国的一个值得关注的变化。

这里我想从“泛漫与经典”的对照说起。“泛漫”其实是我找的一个中性的词，因为如果我用“大众化”，那就是一个正面的词，用“文艺的民主”就更是一个正面的词，如果用“泛滥”那就是一个负面的词了。而我之所以用“泛漫”，就是为了不急于作出此是彼非的判断。

一、“五四”：启蒙文学的兴起

到了近现代，由于中国面临着生死存亡的危机，“济世”文学在五四运动以后形成了一个高潮——从启蒙到革命，文学成为一个启蒙和宣传革命、振奋民心的利器。中国的《诗经》《楚辞》和汉赋等，这些都是古典的高潮。但是我们也不能回避在 19、20 世纪随着批判现实主义的发展带来的一个高潮——文学关注的是社会的不公正、阶级压迫，不管是开始的欧洲还是后来的中国，都形成了一个具有悲情的社会批判意识的高潮，大量文艺作品出现。这可以通过回顾“五四”时期一大批文人、作家来了解。

有一种说法认为，“五四”以后的一段时期是文学和艺术的黄金时代、高峰期，应该是“国家不幸诗家幸”或者说“国家不幸学家幸”的时期。“五四”以后中国社会非常混乱，找不到一条自己的发展道路，找不到一条摆脱丧权辱国、割地赔款、分裂、欺压、国无宁日的道路，可也就是这时候，文学、艺术相当活跃而且充满激情。“鲁郭茅巴老曹”就曾经掀起过一个非常辉煌的潮流。当然，胡适在中国现代文学的地位也越来越得到承认，还有些过去左翼文学不多讲的比如沈从文、张爱玲这几年也越来越热。

但总的来说，左翼文学、艺术在20世纪的中国，确实占有突出地位。毛泽东在《新民主主义论》里有这么一个估计：国民党政府对革命人民一方面进行军事“围剿”，另一方面进行文化“围剿”，军事“围剿”并没能消灭革命的力量，而文化“围剿”一上来反动的势力就失败了。

回过头来看文学就更明显，有些文人本身并没有参与革命活动，比如谢冰心，她的出身非常高，爸爸是清朝时期海军军官，她是中国最早到美国韦尔斯利女子大学留学的学生之一。再如老舍，最初也并不怎么赞成中国的革命，但是他们的作品在客观上都给人这样一种感觉：如果不彻底地搞一场翻天覆地的革命的话，中国就没希望了。冰心除了写《寄小读者》《繁星》《母爱》《笑》以外，还写过《去国》，写的是一个留学生回到旧中国后发现自己不可能做任何有益于人民的事情，所以就又出国走了。冰心还写过另外一篇散文《到青龙桥去》，写的是军阀战争以后北京青龙桥上伤兵横七竖八的情况。至于老舍的《骆驼祥子》，你看完以后，它会使你变成共产党，虽然当时老舍并不是很赞成共产主义的。

但是革命以后会是什么样呢？没有人想过这个问题，只有鲁迅对作家和革命的关系明确地提出了一点质疑。鲁迅说，革命文学的发达，多半是那里还没有发生真正的革命的时候，真正革起命来，就没有文学家多少事了。他说革命的文学是赶不走臭名昭著的军阀孙传芳的，只有大炮才能赶走孙传芳。而且只有鲁迅说，革命的作家千万不要以为革命成功以后，革命的人民会端着面包和黄油——很奇怪，他用的是“面包和黄油”，而没有说烧饼油条、小笼包子——他说不要以为革命成功以后，革命作家会被请吃面包和黄油，不会有这样的事情。

我从少年时代就特别积极地追求和向往革命，但看了鲁迅这两段话后又觉得特别扫兴。我想这世上哪里还有比革命更伟大的事情，比如我们唱苏联的歌“兄弟们向太阳，向自由，向着那光明的路，你看那黑暗已消灭，万丈光芒在前头”（歌曲《光明赞》），中国的歌“我们的青春像烈火样的鲜红，燃烧在战斗的原野。我们的青春像海燕样的英勇，飞跃在暴风雨的天空”（歌曲《青春进行曲》），要求的就是这种革命的“煽动”，那为什么鲁迅要给我们泄气呢？为什么告诉我们要是真革命了就顾不上文学了，就算革命真胜利了也没人端面包、黄油给我们吃？

此外，还有一些作家，像丁玲、艾青，他们本来是在非解放区的，但也已经很有名气了，后来才到了延安；还有解放区的老作家像赵树理等，写出了比较“革命”的作品。

一直到 1949 年以后，这样的文学、艺术的高度意识形态化变成了一种政治动员的力量，变成了政治上的一股激扬、推动的力量。这样的文学的局限性在于排他性、简单的煽情、一厢情愿地对生活的反映，而它们的长处是批判性、尖锐性、严肃性、激情性。至于曲折的过程我就不说了。

二、改革开放以来文艺格局的泛漫化

改革开放 40 多年以来，我们的文艺生活或者说“文运”已经发生了非常大的变化。

首先，市场系统、文化消费观念进入文化生活。不再是每一部文学作品都催促你去革命，而是有了大量的所谓消遣、休闲、调剂、好奇、揭秘、时尚、八卦的东西，我们的文学格局已经大大地泛漫化了。比如全国最流行的杂志是《读者》，它的发行量越来越大，一直是几百万份。《读者》就是用所谓的“白领”，有时候再带点“小资”的趣味，保持着一种文明但是又相对轻松、容易被接受的姿态，里面也有一点讽刺，但是也不太多，总而言之，非常生动好读，叫作舒适而又温馨。

类似的成功作品还有很多。过去有很多妇联杂志很发愁，因为发行量很有限，但是现在很多省妇联办的杂志变成了最畅销的品种之一，比如广东的《家庭》，湖北的《知音》。至于电影里票房最好的，贺岁片就非常成功。有些影片，一方面有很多人骂它，另一方面它在商业上算是成功的——票房、各种营销策略、炒作策略等都很好。所以文艺并不是少数天才、大家的专利，市场的“手”正把文艺搞得铺天盖地。反而当年红极一时的像《人民文学》《收获》这些杂志的销量却减少了非常多。很简单，过去，讲的是思想性艺术性，讲的是人类灵魂的工程师，那时候文艺作品从数量上看是很有限的，那时候泛漫的娱乐型文化生活是没有搞起来的。

另外，一些相对比较通俗的节目由于视听媒体的力量，变得越来越重要，比如春晚。在“文革”结束没多久的时候，春晚是一个大家批评或者说控诉“文革”十年内乱所带来的民不聊生局面的场合，有很多带有尖锐的批评与讽刺的节目，比如当时大家很喜欢的节目之一——《如此照相》。但是后来，春晚越来越多的是小品，每次春晚之后报纸上就会有零零星星的对春晚的批评，然后电视台就要作一个非常高调的报道：“本次春晚受到了观众热烈的赞扬，根据调查，98.2% 的人认为本次春晚是成功的”，如此这般。

过去没有电视小品这样一种艺术形式，但是现在它已经成为电视传播上的一个主力，造就了许多明星。有开玩笑的说法，几位老领导坐在一起说：“中国历史上有楚辞、汉赋、唐诗、宋词、元曲、明清小说，那将来要记载我们今天最兴旺的文学，应该是什么呢？”另一个人就回答说：“现在最兴旺的就是小品和手机段子。”

目前，文艺的受众大量增加，传播手段大大丰富和便利，传播的功能覆盖全国的每一个角落，文艺品类与产品空前增加、受众的参与性大大扩大，现在电视观众、网民、电话手机用户，数量不知道比过去影剧院的观众、报刊的读者增加了几十倍还是几百倍。这就是我说的泛漫化。但是泛漫了不等于提高了，受众的数量与作品本身价值并不能画等号。文艺的成品不仅要看一时的受众，还要接受时间、异域与作品本身深刻性、创造性、后续影响力的考验。有些畅销的东西，最后不过是垃圾而已。同样有些一开始不甚被理解的东西，终于成为我们民族文化宝库中的瑰宝。

三、网络文学与 80 后

在某种意义上，可以说网络改变了我们文艺生活的格局，就是说文艺不再是少数几个文艺人、文艺团体的事，而是人人都可以参与的事，人人都可以是作家。你可以写博客，这样就会有点击率，当你的点击率达到一定程度后，网站还可能给你报酬。现在在网上以写作为主的人也不少，尤其是青年人很喜欢利用网络。而且如今网络技术也有了新的发展，比如电子书。理论上我对电子写作或者网上写作是很支持的，我曾担任盛大文学网总顾问等职务，不过由于年岁大了，视力也不好，我没看过太多。

除了网上写作，现在还有低龄写作现象。有一个朋友跟我说，有人 16 岁就出书了。

再说一些数字。从 1949 年到 1966 年“文革”以前的这 17 年里，全国出的长篇小说是两百部左右，也就是平均每年出 11 或 12 部书，而现在全国每年出的长篇小说——不算网上的，只算纸质的——有 1000 多部，如果再加上网上的，那就更多了。而且网上的阅读量也不见得比纸质的少，有些专门在网上写作的人说他们年收入都在 10 万元以上，虽然不算特别多，但也总比打工或者干一些别的好一点。

一方面文学越来越泛漫，另一方面各种各样的商业行为都充分利用文学这种形式。我有一个小孙子，我教他念白居易的诗“离离原上草，一岁一枯荣”（《赋得古原草送别》），还没等我念完，他就说“我知道我知道，这是治脚气的药”，因为有一种脚气药的广告词就是“离离原上草，一岁一枯荣”，大概是想表达脚气一直治不好就像“离离原上草”一样，很烦恼。

香港城市大学中国文化中心主任郑培凯教授是台湾人，他说他在台湾的一位以前专门写现代诗的朋友现在决定不写诗了，什么原因呢？他说是因为那位朋友发现，现代诗已经变成广告词了。比如，一个选美广告说“美丽，是一种责任”，这句广告词岂止是现代诗，都已经变成哲学了。我一直在想这句话用英语说也是很漂亮的——“Be a beauty shall be duty”。

在这样一种情况下，就有各种各样的反应，其中一种反应就是一批精英意识比较强的作家气得要死。当他们看到自己呕心沥血、殚精竭虑写出来的作品销量还不如一部胡说八道、装腔作势、空洞无物、虚情假意的作品时，真的是非常愤怒。

有四个全国公认最优秀的作家——年纪当然都比我小一些，有一次签名售书，但是来的人寥寥无几，就那么二三十个人签完以后就没了，他们坐在那里感到很无趣，就早早离开了。之后媒体记者采访他们对于这次签售有什么感想时，这四个人把读者骂了一顿，说中国读者素质太低。其实他们太傻，他们越骂，别人越不去买他们的书。

四、非高潮化与非经典化

引起一片愤慨后，就是各种骂声。第一，没有经典。改革开放以前，我们都可以回答公认的经典是什么，像“三红两闯（创）”——《红旗谱》《红岩》《红日》《李自成》《创业史》，都是中国青年出版社出版的，另外还有《林海雪原》《保卫延安》《野火春风斗古城》《铁道游击队》等。可是现在要让我回答最优秀的作品是什么，说不清楚，也就是说没有经典了。

第二，没有高潮。有人回忆新中国成立十周年左右也就是 1960

年，那年是中国生产最失败的一年，粮食不够吃，在全国造成了大饥荒。也就是在那一年春节前后，出版了一部著名的小说《红岩》(首版时间实际为 1961 年 12 月)，那些吃不饱的人却在排着队买《红岩》，从王府井一直排到东单，很多人想看《红岩》还买不到。当时谁手里有一本《红岩》就说明这个人追求革命、思想进步、向党靠拢而且有办法。我为这个争读《红岩》的情节专门写了一篇小说《眼睛》。

现在的书多了，单单长篇小说就有上千本，有讽刺的、搞笑的、非常深刻的，也有很多新名词的书，人们也就不那么激动了。市场、传媒、网络，整个出版环境和文艺作品生长的环境跟过去相比有了很大不同，单单电视连续剧每天在播的就有很多。

有一次我到浙江横店参加浙江省作协组织的一个活动，当时横店也正在举行关于电视连续剧创作的讨论会，他们还让我发言。当时我实在不知道谈什么好，就说我还是经常看电视剧的，原因是我一吃过晚饭老态就显出来了，所以一边看着电视剧一边就睡着了，睡了一会儿后又醒了。这种发言本来就应该是不及格的，可是没想到等我讲完以后，陕西著名女作家叶广芩发言说："刚才王蒙老师讲他看电视剧的时候睡着了，这是多大的成功、多高的境界！"我到现在还是很迷惑，不知道这个叶老师是在骂我还是骂电视剧。

从国内到国外出现了各种各样对于中国文艺生活的指责，说中国文艺太不像样了。

第三，没有权威，谁都可以骂，谁都可以捧，你越骂我越捧，你越捧我越骂，批评可能是炒作，也可能是大荤大素的谩骂。褒奖可能有公关成果的影子，也可能惹来的是狗血喷头。书画作品无法定高下，干脆按作者是理事还是常务理事，是主席还是副主席定每平方尺的市场价格。……无经典、无高潮、无权威，我们的文艺怎么了？

五、中国作家的原罪

我开玩笑说，中国当代作家有一项原罪，就是没有当今的鲁迅。有人很诚恳地写过一篇文章说，中国的幸运在于有一个鲁迅，中国的不幸在于只有一个鲁迅。我说这是什么话，所有的作家都是独一无二的，我们同样可以说，英国的幸运在于有一个莎士比亚。但是英国没什么不幸，相反它有三个莎士比亚倒是有点不幸，同一种类型、同样地位的作家出来仨，这还了得？

文艺的权威有一种滞后性，往往是经过一段时间的考验以后才形成权威，并非在当时就是权威。曹雪芹一开始权威吗？不权威，他的作品在当时是禁书，大家只能互相抄着看一看；宋词一开始权威吗？并不权威，当时更多地被当作流行歌曲；李白一开始权威吗？也不怎么权威，当时他跟着永王李璘造反，差点掉了脑袋，后来还被放逐——“随君直到夜郎西”（李白：《闻王昌龄左迁龙标遥有此寄》）；鲁迅当年也不那么权威，是由于中国革命的胜利，尤其是后来毛泽东对他的几个评价而逐渐成为权威……都是有一个过程的。

还有，权威的出现与人民对于权威的期待是分不开的。首先得在思想上、精神上有一种嗷嗷待哺的感觉。感觉看不到光明也不知道未来在哪里，这样人们就会产生一种“伟大的作家降生吧”的呼唤，就这样由一种期待产生了一种权威。

再提一个问题：后革命的文学和革命之前的文学能保持一样的激情吗？这很不容易说清楚，但这是一个实际的存在。从世界文学史来说，社会大动荡期间或者大动荡前期往往会出现最好的文学，出现文艺的高潮，国家不幸诗家幸。

在世界范围内，很难有像从18世纪末到接近20世纪初的俄国文学那样一种景象——出现了列夫·托尔斯泰、屠格涅夫，以及早些时候的普希金、莱蒙托夫，还有后来的谢德林、契诃夫等一大批伟大的作家。有谁写长篇小说能写成托尔斯泰那样子的？

俄国人在文学上表现出是一个非常感情化的民族，非常有感情也非常理想化，轻视实利，所以俄国的经济老是搞得不太好。2004年我去俄罗斯的时候，有个俄罗斯人告诉我两个数字——已经过去10多年了，后一个数字可能已经有了一定的变化——这两个数字让我非常震惊。他说，苏联经过列宁、斯大林、马林科夫、赫鲁晓夫、勃列日涅夫、安德罗波夫、契尔年科、戈尔巴乔夫等人70余年的经营，国力有了很大的发展，但是在这70年里，粮食产量从来没有达到过沙俄时期的最高水平。这是他告诉我的一个数字。另一个数字是，从苏联解体一直到2004年这14年里，整个独联体的经济从来没有达到过勃列日涅夫主政时期的水平，勃列日涅夫时期苏联经济不断发展强大。

我本身是搞文学的，这没错，但我无法解释是不是当一个国家的文学太发达以后，就没有人要去做买卖了，觉得做买卖太令人看不起，没有理想、没有激情、没有悲情、没有“美丽的责任”，只有精确的计算。设想一下，如果今天中国出现一个作家能成为嗷嗷待哺的读者们的精神领袖和精神导师，成为鲁迅那样的旗手，会怎么样？可能还是觉得怎么看也不像，因为我们没有那种期待。

有一次余华先生在一所大学作讲座，谈的是文学。有一个学生提出说现在的作家为什么没有做出像“五四”时期那么大的成绩，

“五四”时期作家怎么怎么好。这话真把余华给说急了，他就把自己的真话说出来了：“五四”时期的作家写得好？你们把“五四”时期谁谁的现在收在课本里的散文拿出来看看，比我的差多了。他说那种散文现在每个高中生都能写出来，说他自己的缺点就是他还没死。作品被传播、被接受、被评价的结果与这个作品质量的关系，不是一句话可以说清楚的，有时并不是直线的关系。

比如，波斯诗人莪默·伽亚谟，郭沫若曾经翻译过他的《鲁拜集》。“鲁拜”是一种诗歌形式，就像我们的七律一样，不过比七律还要严格，不但有首韵、尾韵，还有腰韵。莪默·伽亚谟的诗是在他死了很多年后被两个英国人发现的，这两个人翻译的莪默·伽亚谟的诗在英国大红，连带着莪默·伽亚谟也红起来了，波斯人这才知道原来他们有一个这么好的诗人。莪默·伽亚谟的主业不是写诗而是历法，他是主管历法的官员，每天计算历法。所以被接受并成为权威的过程谁也说不清楚，有些是当时就可以，但有些是需要时间考验的。

那么泛漫化好不好呢？有它的好处——这是一种文化生活的民主化，也是整个社会走向民主的一个进程。千万不要以为民主一扩大文化就能上去，不一定，文化上质与量不一定协调。大家都参与文化了，如网络文艺，它也许反映的是大多数网民的平均数，而不可能是文化的高峰。美国有很多搞通俗文化的人，而且其中有些人也关心社会、政治。像迈克尔·杰克逊就关心政治，有反战的歌曲、演出、舞蹈之类；还有那个被疯狂“粉丝”枪击致死的约翰·列侬，也有大量对政治生活的参与。但是同时又产生了一个非常大的、一两句话说不清楚的问题——文艺的经典是谁创造的？没错，大家会说是人民创造的，因为大家都是人民。但是群众自发创造的吗？还是由少数天才精英创造的？当然这两者也是有着密切联系的，天才精英要从人民群众中汲取大量营养，邓小平曾经也讲过相似意思的话：“人民是文艺工作者的母亲。”（邓小平：《在中国文学艺术工作者第四次代表大会上的祝词》）但制造文学艺术精品并使之成为经典的人，是天才，这个问题无法回避。

六、建立健全的评估系统

大量的人参与写诗、写小说、写博客、写杂文发表意见，这是一件非常好的事情，不过同时也是对我们的文艺生活提出的一个新挑战——一个社会如何才能建立一个健全的文艺评估系统？

首先是市场的评估，这个评估是最清晰的。对作家来说，它表现在版税收入上；对电影来说，表现在票房上；对网络作品来说，表现在点击率上，比如你发表了一篇网络作品，如果平均点击率为 80 万人次，当然算是高的，而如果点击率只有 1000 人次，就不行了，对于一些网站来说，点击率近百万次的作家是他们的宝贝；对电视节目来说，表现在收视率上。收视率不是由我们自己来统计的，而是靠一家在美国注册的公司来统计的，这家公司有一套所谓很科学的办法。虽然也有人对市场评估有看法，认为收视率的统计并不准确，但毕竟是存在这种统计的。

仅仅这样一个系统是不够的，仅仅这样一个系统必然会造成黄钟毁弃，瓦釜雷鸣，使浅薄者、浮躁者忘乎所以。我们的社会还需要一个艺术与学术的权威评估。对于不同的文艺作品，需要一个强有力的评估体系，这里面有文艺团体（比如文联、作协）、大学、研究机构（比如科学研究机构、文艺研究机构）的作用。但现在的问题在于我们还没有养成这样一种习惯，也还没有树立起这样一个权威，我们的专家与专门机构远远没有应有的公信力。

如果讲市场化，美国是非常市场化的，但是他们的艺术与学术评估却仍保持着自己的独立性，不受市场的影响。比如《纽约时报》的书评版和剧评版是很厉害的，谁的话也不听。1982 年我去美国，有一天到剧作家阿瑟·米勒家里去，那时他的一部新戏正在美国上演，我过去祝贺他的新戏上演，他却忧心忡忡地说："到现在为止，《纽约时报》的剧评版对我的戏还未置一词，我很不放心。"后来事实证明，一般人认为他的那出新戏并不成功。

法国人对美国奥斯卡金像奖的反应就是一通嘲笑，但奥斯卡金像奖也不是只看重票房的。有人还分析说，其实《阿凡达》也是非常商业化的片子。西方人和中国人不一样，西方人喜欢看科幻的东西，有外星动物，有人类的狂妄与愚蠢，也有爱情，有各种惊险的画面，有让人匪夷所思的风景……我想说的是，美国的这些商业片即使是作秀，作的也是一个思想秀，比如在《泰坦尼克号》里他们秀爱情的崇高，在《阿凡达》里他们秀对自然的尊重、对生命的尊重、对动物的尊重。而中国的有些商业片秀的是"白痴"，是一种"白痴秀"。搞点大众的东西是可以的，但总要有些文化、思想含量，不能仅仅是作秀。同时奥斯卡也奖励过一些相对文静乃至沉闷的艺术片。

而目前我们这里，金钱的力量可以影响或者购买有些东西。一个月只挣三四千元的教授多的是，仍有些孔乙己相。很多地方会争文化品牌，有时候一个专家被某地请去，接受各种各样待遇之后，也就下决心承认有争议的文化资源在那里了。我们就是没有一个权威的体系。

还有第三个系统——真正的社会舆论体系。我们可以完全理解、包容那些群体性、消费性的文化生活和文艺作品，用不着痛不欲生，因为痛不欲生也没有什么用，像别人一样一边喝着咖啡、茶，一边听着歌不是很好吗？但是，社会舆论应该知道什么是优秀的作品。中国这一段历史的文学艺术成就靠什么？最高的文学成就总不能就是一段手机段子吧？总得有些别的东西，包括有没有真正权威的文艺评论。

社会可以百花齐放，只要不违反宪法和法律，各种各样的文艺形式都可以存在。可以有卡拉OK、歌舞厅，也可以在咖啡馆或者西餐厅里表演。同是小品也有不一样的，像赵本山的小品还具有一些农民的智慧与狡黠，但有些小品就假得让人难受，完全就是拿出来让人发笑的。假如我们有一个健康的评估体系，那么当今的文艺生活就会健康很多、发展更快。

我们也不要一味地认为只有在社会动荡时期才会出现大的文学作品，像“汉唐气象”并不是出现在社会动荡时期，盛唐诗歌也是在“贞观之治”的时候出现的。中国有几千年的文化、艺术传统，所以不但会有批判的文学、血泪的文学，仍然可以期待会有能够成为人民良师益友的、亲和的、眷恋的、追求生活真实的、把我们的文化心理表现出来的精品的文学。经典总是会有的，只是有一个逐渐形成和被承认的过程。

第四节　热点与歧义

改革开放以来，文化生活中出现了一些难以归类、有些令人不完全摸得着头脑，也与过去习惯了的文艺生活感受颇有不同的文艺现象。下面略作介绍。

一、“翠花，上酸菜”与《忐忑》

2001 年，网络上出现了歌曲《东北人都是活雷锋》，一时广为流传。作者雪村的父亲是部队文艺工作者的佼佼者。此曲的题名非常“积极”，但词、曲与演唱都比较随意，听起来更像是解嘲起哄，只求哈哈一笑。歌曲有浓厚的东北方言与生活气息，尤其是最后一句说白:“翠花，上酸菜”，令人忍俊不禁。时隔许久，又传出了雪村一家将拍摄同名电影的消息。

2009 年，歌手龚琳娜演唱似是中国民族花腔，基本上听不出歌词来的滑稽歌曲《忐忑》，也大受欢迎。歌曲是 2006 年她的老公德国人老锣（Robert Zollitsch）创作的，网络上称之为“神曲夫妇”。依老锣的说法，此歌曲受到了京剧唱腔唱法的影响。

二、幽默小品大行其道

最初是电视节目中出现了幽默小品，赵本山、范伟、高秀敏一组，赵丽蓉、巩汉林一组，还有曾经在“文革”时期极罕见的电影故事片《海霞》中扮演过角色的蔡明，27 次上春晚，表演幽默小品。从“三突出”的小英雄，到插科打诨、有时不免生拉硬扯地逗你笑的表演路数，令人无言。继而一想，给观众做点笑料，倒也是贴近生活贴近人民，也就释然了。

后来随着网络技术与手机设备的突飞猛进，PS 手段制造视频，歪曲人物形象，搞上好笑的配音等等，令人喷饭。我就看过一些给外国政要化妆出洋相的视频，还有嘲笑中国足球踢得不好的视频。

比视频更简便的是所谓段子，即讲一个十足夸张搞笑的故事。如说一次在欧洲足球比赛中一位法国名将与人发生肢体冲突，是因为此名将被告知将加盟中国足球队。又说是一位机关职员未等到下班时间就偷偷回到家，发现本单位领导正与自己的老婆行苟且之事，怕自己的提前下班被领导发现，吓得逃之夭夭。

每年手机上都传播所谓该年最佳微型小说。所谓的2016年最佳微型小说是：

"等我股票回本了，就跟你离婚。"他淡淡地说。

听完后，她的心里暖暖的，她想，这大概是最海枯石烂的承诺。

……

"等房价跌了，我就买房和你结婚。"他暖暖地说。

听完后，她的心里凉凉的，她想，这大概是最婉转的分手了。

三、众口难调的春节文艺晚会

1983年以来，每年农历除夕晚间，中央电视台的数个频道，联播春节文艺联欢晚会，受众数量惊人，例如2016年春晚收看人数达10.33亿人。收看春晚，已经成为近数十年来的一项春节民俗，其地位与放鞭炮、吃年糕或饺子等不相上下。

开始一段时期，内容有对于"文革"的嘲笑批判，有对于文艺过分市场化的嘲弄鞭挞，还有对产品质量不佳的嘲笑相声。20世纪90年代后则更侧重于表达欢乐阳光的情绪与展现表演技巧，特别是从达人秀中选拔出出色的人才登台演出，很受欢迎。

十几亿观众的大晚会，其组织上的困难可想而知，其影响之大也可想而知。有些演员因“上春晚”而走红，身价大增。个别导演从中渔利，连续七年导演春晚的赵安因受贿罪被判刑十年。

时间越长，观众的要求越高，每年春晚后，一方面大家都在看，一方面是众说纷纭，有许多不满意的话。同时每年春晚播放后次日也都发出消息，全是对于春晚的一片赞美之词。

当然，春晚不是自发性的现象，但是十几亿人看过以后的各种说法评论法，则是相当难以引导统一的了。

四、赵本山、郭德纲与周立波

赵本山是辽宁省出现的演员，开始工“二人转”，一种民间歌舞男女对唱，有的还有某些色情调侃。后来则在幽默小品上大行其道。连续 17 年担纲春节晚会的压轴节目，后又发展到电视剧、电影、剧院剧团经营，名声大噪，经济效益与文化产业全面成功。赵本山是少数自购飞机的大款之一。

2014 年，网上对赵批评责难的声浪大量出现，主要是批评他的节目低级猥琐，丑化中国人民，他似乎从红里透紫的演员转眼变成了庸俗、低俗、恶俗的代表人物。

来自天津的相声演员郭德纲，基本功很强，致力于恢复一些相声的老段子，作为民间艺人，曾经大受欢迎。后来也出现了与某些媒体的摩擦，被一些媒体抵制，又被其他媒体所欢迎。责难他的庸俗低俗恶俗的舆论也时有出现。

还有上海“海派清口”（脱口秀）演员周立波，自称是喝咖啡而不是北方人吃大蒜的。他以清口起家，并参加电视台的各种选秀节目，担任评委。近年来，其一些言行也曾引起争议。

五、《超级女声》与《中国好声音》

2004 年湖南卫视举办《超级女声》选秀节目，以不同的路数传播唱歌与推出杰出歌手，这个节目提出了略有争议、终无大碍的“想唱就唱”的口号，比赛中唱响了许多新歌包括英语歌曲，风格各异，异军突起，竞争评分均极严格，不断进行，不断淘汰；掌声雷动，胜者翩翩，跃过龙门，便是明星；含泪拜谢，败者告别，虽败犹荣，也有斩获。一时此节目收视率极高，引起世界重视。

同时有专家领导不以为然，认为这种选秀推歌手的方法为害艺术，不利风气。

后来是浙江卫视的《中国好声音》节目，形式特别是旋转 180 度的评委座椅的知识产权，购自荷兰，也做得非常红火。此后各地包括中央电视台纷纷举办选秀节目，都获得了相当的成功。

六、网络语言与年度汉字

网络的出现也出现了一些稀奇古怪的语言。如以“囧”字代表碰壁与受窘，原因是“囧”字形状似是陷于窘态的面孔。

2011 年后出现了“不明觉厉”“普大喜奔”“人艰不拆”“累觉不爱”的缩写性说法，含义是：虽然听不明白你的话语，但已经感觉到你的严厉；普天同庆、大快人心、喜出望外、奔走相告；人生如此艰难，又何必把一些令人不快的事情拆穿；人生的疲累感已经使自己没有爱的力量与感觉了。

网络上还有已经广为流行的高端、大气、上档次（简称“高大上”）与低调、奢华有内涵的说法。

近年从网络推出的说法还有“山寨”“土豪”等词，针对社会现象，不无春秋臧否笔法。

网络语言中的“给力”“屌丝”则已被公众接受，常常出现在口头乃至文字上。

还有些故意使用的别字，如把“悲剧”称为“杯具”，把“是的”写作“是滴”，把“旅友”写作“驴友”等。貌似无意，实际上有某种亵渎调侃的小乐趣。

至于把“什么”写作“神马”，于我则是旧调重弹，七八十年前，我读小学时候，同学就爱骂人时说“神马东西”。当今网络上一度爱说的是“神马都是浮云”。

也有专家对此深感愤慨，社会上的基本态度是不予认真对待。

然后各地有了年度汉字的推选。2016 年中国大陆推出的汉字是“变”，台湾推出的字则是“苦”。2014 年贵州则推出了“火”“大”“快”“通”“累”五个字供人们评选。这个活动似乎是源自台湾影响。

此外，近年还有抖音、微信、快手、直播等迅捷、方便、短小、海量的传播信息受到欢迎，一方面它们吸引了大量受众，另一方面也因为其碎片化、肤浅化，有时是低级趣味化而受到质疑。

七、电视与电影

通过电视讲座出现了一些学术名人，如易中天、钱文忠、于丹、王立群、鲍鹏山等。易中天的学术见解中不乏创见与棱角，他的地位与影响呈上升趋势。于丹的致力于“心灵鸡汤”的出色努力，则有不同反应。

改革开放的前 20 年，中国电影深受世界关注，并造就了张艺谋、陈凯歌这样的获得过国际重要奖项的名牌导演。近年张艺谋的作品好评不多，但是他的对于重大文艺演出活动的执导，仍然大受肯定。而陈凯歌的作品则有时受到质疑。另有没受过专业的电影制作教育的导演冯小刚，其作品屡屡获得票房上的成功。

与此同时，近年中国的影院运营，汲取了欧美模式，不但是多厅小厅，而且里边可口可乐与玉米花的消费也与境外相似，电影院线获得了极大成功。2003 年，全国电影观众 0.44 亿人次，2006 年上升到 0.98 亿人次，2019 年上升到 17.27 亿人次。票房，2003 年 9.2 亿元，2006 年 26.20 亿元，2019 年 642.66 亿元。

八、中国与诺贝尔文学奖、奥斯卡等电影奖

最早传出将获诺贝尔文学奖的中国作家是诗人北岛，1993 年我在纽约华美协进会（China Institute）讲演完后，受到自称确知当年北岛将获诺贝尔文学奖的美国笔会女性秘书的追问。但此事未有实现。后来是 2000 年高行健获得了诺贝尔文学奖。另有报道，2007 年重庆书博会上，瑞典科学院皇家院士马悦然为山西作家曹乃谦“站台”，声称曹乃谦完全可以获得瑞典科学院的诺贝尔文学奖。此外，山西作家李锐，也得到过马悦然博士的招呼，他十分有希望获得诺贝尔文学奖。这些文友，从盛年等到老迈，从精力旺盛等到力衰神疲，等待诺贝尔文学奖，等得好苦。

国内有舆论劝告中国作家不要对诺贝尔文学奖抱渴求期盼的态度，有的还指出这一奖项的意识形态背景，但从整体上看，此奖仍在

中国大陆获得极多的报道与极大的关注。

在获得国际电影奖的事态上，曾经一度很热，张艺谋、陈凯歌、贾樟柯等和一大批演员都获得过一些热门国际电影节颁发的大奖，但电影从业者更关心的奥斯卡外语片奖，除中外合拍的某些影片外则至今未有收获。近年来，获得国际电影大奖的气势已经逊于已往。

第五节　莫言获奖十八条

2012 年，莫言获得了国内外瞩目的诺贝尔文学奖，然后出现了各种说法。现以此为典型案例，作分析如下：

第一，诺贝尔文学奖是当代影响最大的一个世界性的奖，它有相当长久的历史，大致上有北欧的社会民主主义意识形态背景，有一批年老的、相当认真地从事着评奖事业的专家，有相当的公信力与权威性，同时也因其不足与缺陷而不断受到质疑与批评指责。

第二，它是西方世界的主流文化强势文化的符号，从事这项评奖工作的个别专家，确实也有自我感觉良好的种种表现，对中国的文学常意在指点。中国的一些人士，则对之又爱又恨，又羡又疑，又想靠近又怕上当，既想沾光贴金扩大影响，又怕被吃掉被融化演变吃亏。有些写作人，像小蜜蜂一样地围着被视为权威的评奖人士飞舞（语出香港作家黄维梁教授），希望通过此奖的认可来为自身加分求证添利。它反映了第三世界和正在迅速崛起和平崛起的我国，在文化上还缺少足够的清醒的自觉与自信，对外部事务的知晓也还有待推进。有时候此奖奖给了我们不喜欢的人，主事者们大怒，干脆将之否定；有时候则是可以接受的人选，皆大欢喜，说明我们其实喜欢此奖。我们可以通过莫言获奖这一好事，总结提高以非强势非世界主流的古老独特文化，面对强势主流文化时的各种经历与经验教训。我们应该逐步树立不卑不亢，实事求是，明朗阳光，该推则推、该就则就的敢于正视、敢于交锋、敢于合作、敢于共享的通情达理、尊严、自信、坦然的态度。

第三，我们现在很提倡中华文化的“走出去”，一出国门，就会碰到同样一个非强势非主流文化面对强势与主流文化的问题，有时候你不想讲意识形态，但西方意识形态的代理人们揪住你的意识形态不放。有时候对方认为他讲的是并无意识形态色彩的普世价值或专业学术，但是引起你的意识形态的深恐上当的警觉，尴尬而且踯躅为难。这方面的自觉与自信，应该落实为从容不迫与实事求是，落实为眼界拓宽、心胸扩大、知己知人、追求真理。不必花一大堆钱到处送票然后吹嘘自己进了什么欧美演出大厅，也不必一言不合便断定对方亡我之心不死。简单地说，我们要大大方方，彻底超越、摒弃、清除义和团对八国联军的心态与逻辑。当然，看到那些八国联军式的高高在上的对中国的指手画脚，也令人觉得他们还迷迷糊糊地生活在近庚子年代。

第四，文无第一，武无第二。文学是语言的艺术，是十分个性化、风格化的创造，它的接受、欣赏、评析、传播也是与受众个人的个性与风格爱好分不开的。诗仙诗圣，唐宋八大家，托尔斯泰与巴尔扎克，普希金与拜伦、雪莱，哪个第一，哪个次之，岂有公认定论？奖励文学，排名次，是非常困难非常冒险的事情。但是在当今信息化、媒体化、市场化的时代，寂寞的文学与它的主体即作家们，他们中的多数人，其实相当愿意得到社会的扶持乃至炒作。与此同时，一些掌握了相当的社会资源的人士，有志于通过评奖推动文学事业，发现尚未被认识的文学天才，向受众推荐优秀的文学作品，直至从财务上支持作家并客观上支持严肃的文学出版事业，这是一件好事，是值得欢迎与赞扬的义举。

第五，文学奖搞得再好，它不是一个文艺学、语言艺术、美学、小说学或诗学的范畴，它主观上是一种文化友好加慈善的活动，最多是文化活动文化事业文化行为，不是文化创造，更不是文学创造本身。客观上它已经成为重要的传播手段，是可能获得巨大成功的品牌营销，是文学的推手，当然也是已有成绩的文学家的美梦，是名利双收的大喜事，是为自己的作品与知名度进行促销的天字第一号手段。

第六，生活中常常让你觉得大奖比被奖的文学作品与作家更牛得多。一本好书出了，不过如此，大奖拿上了，响动甚巨。原因是大奖调动了社会资源，与国家、权力、财力结合在一起（如诺贝尔奖是由瑞典国王授予的，芥川龙之介奖是由日本天皇授予的，法国的龚古尔奖、美国的普利策奖，也都有很高的规格。同样，龚古尔奖也受到为出版商谋利的批评），堂堂皇皇地闯入文学的象牙之塔（如果当真有这样的塔的话），以世俗之力去干预有脱俗之心的语言艺术。这样，各种奖被传媒与大众所十分关注。而单枪匹马的作家，没有这种实力。

第七，好的文学奖最感人的是它的伯乐作用。一个默默无闻的爬格子—敲键者，一登龙门，身价百倍，正是大奖最令人敬佩和感激之处。但是大奖也可能挂一漏万，也可能有遗珠之恨，也可能有看走了眼的地方，这也难免。前者我们可以举出海明威与加西亚·马尔克斯，后者我们可以举出一大批旧俄作家。对此，我们可以客观评价，既不必苛求苛责，也不必对某奖顶礼膜拜。我早就喜欢说的一句话是模仿一个电视广告词，原词是“新飞广告做得好，不如新飞冰箱好”，我的话是“诺贝尔文学奖做得好，不如文学好”。

第八，文学追求脱俗，作家与做奖，不可能绝对免俗。写作与做奖，都是肉体凡胎的人类干的活。获奖者不是神仙。奖不是天赐金钟罩或飞天成仙灵药。各种世俗生活中都有失误或缺陷，作家与做奖亦不例外，这不足为奇。我愿意相信主办此奖的专家的纯洁心意，但世俗中的人的判断受到世俗因素的影响，也属正常。例如受到国际形势、国家关系的影响，受到本身的价值取向的局限，受到社会风气时尚的影响（有时候刻意地去反时尚，也是受到时尚影响的表现）；受到语种与翻译的影响，受到影视戏剧视听作品的咋咋呼呼的影响，乃至存在着某种公关活动的影响等，都是可能的，都是可以理解的。同时，我们不能否认关键的关键仍然是作品。没有好的作品能翻译好？能搞出好的配方？能响出动静或拉好关系？能碰上铃兰花（瑞典国花）运？离开了文学作品谈某某获奖，那都是庸人论文，是将文学奖与文学干脆八卦化。

第九，诺贝尔文学奖与社会主义国家发生过不少碰撞。苏联帕斯捷尔纳克与索尔仁尼琴的获奖，都得到了苏联当局的负面反应。但肖洛霍夫获奖，则是皆大欢喜。中国一高一莫，也是一怒一喜。同时，我们不妨注意一下，诺奖颁发也曾与美国龃龉。在我国、包括对莫言影响甚大的诺奖得主加西亚·马尔克斯，是卡斯特罗的好友，他曾长期被美国政府禁止入境，并因此受到美国作家的强烈抗议。诺奖也奖过阿拉法特的友人、葡萄牙共产党人作家萨拉玛戈，以及意大利左翼剧作家达里奥·福等。我们最好不要简单地将此奖视为异己敌对势力的表演，正如不能将瑞典学者视为中国文学的考官与裁判一样。

第十，莫言获奖当然不是偶然。他的细腻的艺术感觉，超勇的想象力，对于本土人民特别是农村生活的熟悉，他的沉重感、荒诞感、幽默感与同情心，他的犀利与审丑，他的井喷一般的创作激情与对于小说创作的坚守，都使他脱颖而出。早在11年前，日本诺奖得主大江健三郎就在北京预见了莫言将获此奖。

第十一，有人不喜欢莫言的作品，指出他写作上的某些粗糙乃至粗野粗鄙。这里有个性上的隔膜，也有言之有理的真知灼见。大奖并不能帮助作品的完善，这些评议是完全正常的，乃至是有益的。

第十二，说莫言的作品是皇帝的新衣，不如说许多庞然人物有皇帝新衣即破绽的一面。这奖那奖也未尝没有破绽，人类文明、民族传统、普世价值，吹得上了天的令人目眩神迷的说法，都不是无懈可击的。托尔斯泰大贬莎士比亚，陀思妥耶夫斯基厌烦屠格涅夫与别林斯基，都有它的道理，也都不是结论定论。

第十三，文学的魅力之一是它的可解读性，即它具有相对阔大的解读空间与分析弹性。对于一部文学作品，完全可以你解读你的，我解读我的。不能因为别人的解读不合我们的意就疑神疑鬼，也不必跟着北欧的风起舞，甚至于也用不着急于给莫言搞操行评语。至于将对莫言获奖的讨论变成对莫言的政治鉴定，责备莫言尚未做到又白又专、成为现行体制的敌手，那种立论，廉价、偏颇、浅俗、几近疯狂，可以与将文学人一律视作黑线的“文革”重组文艺队伍论并列，堪称难兄难弟。

第十四，莫言获奖的最大积极意义在于，他使中国堂而皇之地走向了牛气十足的“诺贝尔”，也使“诺贝尔”大大方方地走进了摸着石头过河的中国。所谓诺贝尔文学奖出现了真正的中国元素，也就是中国文学中出现了认真的诺贝尔元素。这与主观动机与一厢情愿的解读无干，莫言获奖意味着互相的承认。莫言在瑞典学院的讲话《讲故事的人》获得了诺贝尔所在地的知识界的好评，也全文刊登在了《人民日报》（海外版）上，这太好了。它有利于民族、本土、中国特色与西欧、北美、基督教文明即所谓普适或普世的交通直至对接，用文学的夸张来说，它有利于世界和平与和谐世界、和谐社会的构建、文化的繁荣发展“走出去”与“请进来”。如果此后中国出现十个二十个更多的莫言与获奖事态，中国将会有所不同，世界将会有所不同。它的意义要慢慢地看。一些持反面看法的鼓噪者，正是力图用零和模式，用非此即彼的思路来简化世界。

第十五，诺奖开始运作以来，已经颁奖给一百多位作家，真正对文学事业产生巨大影响的人物与作品，其实有限。有人视诺奖为神明，视本土作家为粪土，这是面对强势文化的第三世界国家的文化虚无主义表现，也是十足的愚蠢与幼稚无知。

第十六，国家不幸诗家幸，在一个社会土崩瓦解之时常常会有一批影响巨大的文学人物如鲁迅出现，而另一种情况下，文学有某种边缘化的趋势。加上信息科学的迅猛发展，视听、网络的冲击，传统的严肃的文学写作目前远非一帆风顺。这种情势下的莫言获奖，是大好事，瑞典科学院对于文学事业的坚守，也值得赞扬。顺水推舟，借力打力，我们何不趁此机会多谈谈文学？

第十七，无疑，此奖是发给莫言个人的，但个人的写作有自己的语境、同行、人文环境。在莫言获奖的同时，我们想到毕飞宇、迟子建、韩少功、贾平凹、刘震云、舒婷、铁凝、王安忆、阎连科、余华、张承志、张抗抗、张炜（以姓名汉语拼音首个字母为序）等优秀作家的劳绩，我们不能不珍视，不自觉与自信于我们的当代文学创作。

第十八,一些国家自身的作家作品成就与影响一般，但他们奖项的轰轰烈烈，大大增加了他们的人文话语份额与人文气势。这对于我国热心于走出去的同志应该有很大启发。与其抱怨旁人，不如当仁不让。我希望，首先，中国自己的文学奖，应该办得更好更权威更有规格。奖金应大幅提高，发奖最好是国家领导人出面。其次，中国应该举办世界性文学大奖，至少是华语文学大奖。

2012 年的获奖，一下子使莫言成了举世瞩目的形象，成了不同意识形态争相解读、发挥、测评、为己所用的文本，也成了文化市场营销产品、名声、炒作与追逐的品牌。这在当今世界上本不足为奇，我相信莫言完全有能力应对、消化、排遣与“搞掂”这一切。外部环境的大起大落也是宝贵的故事的资源与佐料，相信莫言定能足够超脱、足够幽默、足够淡定地“你有千变万化，我有一定之规”地讲自己的高密—斯德哥尔摩故事；我希望本国的读者给莫言留下足够的写作空间，对莫言的一言一行不要过度解读，神经兮兮。获奖令人羡慕，故事就更是要往得心应手、妙趣横生、俯拾即是里讲。问君能有几多愁？恰似一江浪花滚绣球！

第六节　网络时代的阅读

网络正全方位地改变着人们的生活，包括文学生活。网络时代的阅读，也无可避免地面临着一些新的挑战和问题。以我个人为例，前40年，周末的主要活动是读书，读书给了我对生活的发现、感触、理解与方向，读书充实了我的青春，读书满足了我太多的精神需求；可是现在我花时间最多的是看电视、上网，第三才是阅读。

一、阅读永远是不可动摇的

古今中外，提倡读书的说法有千千万万："读书改变命运""知识就是力量""书籍是人类进步的阶梯"……大家都非常提倡读书。提倡阅读，也是中国的国策，"全民阅读"也连续7年被写入政府工作报告。

但有趣的是，也存在一些表面上贬低或是用消极态度来谈阅读的说法。庄子说，书就像一个人留下的旧鞋印。也就是说，人的精神强大，常随机应变，把人的经验、思想和知识写成书，就像画了一个鞋印。但鞋印不等于鞋，鞋不等于脚，脚又不等于人。所以，他贬低书。孟子也说"尽信书不如无书"。在扬州运河公园的亭子上，也有一副老对联——"从来名士皆耽酒，自古英雄不读书"。甚至连毛泽东都说过，有些人"书读得越多越蠢"（《毛泽东年谱（1949—1976）》第五卷）。但毛泽东也说过很多提倡读书的话，比如他在晚年还提出："认真看书学习，弄通马克思主义"（《毛泽东年谱（1949—1976）第六卷》）。所以，他是提倡读书的，但也批评本本主义和读书读成书呆子的现象。

当下，人们越来越感到知识、思维能力、精神品质对人的重要。尤其当中国处在一个迅速发展、日新月异的时代，我们都有一个共同的担忧，就是我们的精神品质、知识储备都达不到应有的状态。虽然物质生活改善了、提高了，但是精神生活并没有得到足够的改善和提高。这个时候，人们希望有更好的演出、电影电视节目等可看，还有各种业余活动。但尤其需要的是阅读，最简单、最可靠、最有效的方法，仍然是阅读。不管网络、新媒体、多媒体对阅读有什么样的冲击，阅读是不可动摇的。阅读永远是最深刻的，阅读永远是一个思维和发现的过程。绝对不能让浏览冲击了我们的阅读，绝对不能让我们白痴化、傻瓜化、平面化。只会浏览的脑子是平面的。所以，我们还是要坚持阅读。

二、阅读能不能被替代

网络时代，由于新媒体和多媒体的发展，使得原来那种认真阅读的方式有所变革。手机、电脑等能够代替人大脑的一部分功能，譬如说记忆、排列、查找等。但任何能够代替人的体力和智力的工具，在给予人类巨大帮助和推动的同时，也会削弱人类固有的部分能力，电脑越先进、越方便，你的有些能力就会下降。

孟子早就提出了这个问题，他说："耳目之官，不思而蔽于物，物交物，则引之而已矣。心之官则思，思则得之，不思则不得也。"（《孟子·告子上》）眼睛能看，耳朵能听，而看到、听到的都是外物。（古人说的"物"，不是指今天所说的物质和精神，而是指外物，即客观的东西）如果只被外物牵着鼻子走，就可能上当。而经过思索、判断、选择和分析，才能成为一个有头脑、有知识、有学问的人。

孔子说得更有意思，他说，"学而不思则罔，思而不学则殆"（《论语·为政》）。"学而不思则罔"，就是你学到一些东西，但不会思考、消化、选择和分析，就像只吃东西不消化一样，脑子里只是一大堆垃圾；“思而不学则殆”，如果你既不接受新的事物，也不肯学习，只是整天想这想那，就有走火入魔的危险。我觉得这两句话很好玩，可以换个词来表达。什么叫“学而不思则罔”？光学不会思考，就变成了网虫。整天上网的人，每天接收一千条信息，他能记住哪条？又能分析哪条？“思而不学”就更有意思了，就是自以为有思想，但却什么信息、什么知识都没掌握。什么叫“殆”？就是指英文死（die）。“思而不学则殆”，谁作谁“殆”，有点“no zuo no die”的意思。

广西师范大学出版社做了一个调查，统计网民们最看不下去的书，排在第一名的是《红楼梦》。凡是名著，网民们都看不下去。是什么原因呢？因为在网民中，存在一个很奇怪的现象：和文盲相比，喜欢上网、看段子、浏览的人是有一定知识的；但在有一定知识的人当中，喜欢没完没了上网的网民是知识少的。

很简单，多媒体的音像传播，更生动，更真切，更直观，更省脑力与目力，更能满足感官与观赏的需要。

同样正确的，而且更重要的是，语言文字是人类思维的符号与依托，正是相对不那么直观真切的语言文字以及延伸为图表算式公式这些符号性的成果，使人的想象力、逻辑思辨能力、记忆力、表述力与传授能力和综合判断的能力，发展到前所未有的水平。书和影视产品相比较，它是最深刻的，思维的强度是最大的。而一般的音像产品，它的节奏是由音像产品所掌控的，实际你是在被动接受，和读书的感觉是不一样的，思维的强度是不一样的、深度是不一样的。

还有，阅读是我读我思我问我答我完成；而多媒体的全面性使你感到，你是在被看被听被 3D 乃至 4D 被传播灌输满满。阅读多了人多半会聪明些，固然聪明不一定就正确；光盘看多了，也许会变得犯傻一点。这个看法不知对不对。就是说，以多媒体代替相对枯燥一些但深刻得多也概括得多精神能力发挥空间阔大得多的读书，其结果可能是精神能力的退化，读书能读出辜鸿铭、鲁迅、胡适、钱锺书、季羡林来，看盘则不能。所以看盘的人比读书的人多多了，而认真阅读是追求精神提升的必由之路。

我丝毫没有贬低其他传播样式的意思，但是阅读是不能够被代替的，如果用声像的东西代替阅读，实际上会使自己的精神能力退化。

三、阅读究竟是一个消费还是一个生产、一个劳动

在大众化、市场化这样一种情形之下，我们阅读要有可读性，要好看，要有悬念，要有八卦，要有出其不意种种。总而言之，得逗得他看得下去，而且要让他自己掏钱买这个书、买这个产品，这样的话他很容易就走向消费化，消费化的阅读也是完全无罪的，是可以的，但是消费化的阅读和那种能成为一个强大的精神劳动的阅读是不一样的。我年轻的时候非常讨厌“苦读”这个词，因为我觉得阅读是非常美好的事情，怎么能苦读呢？但是现在我慢慢地感觉到苦读是必要的，跟看热热闹闹的电影，我也看《速度与激情》，跟那个相比较，阅读是要费劲的。所以要有费劲的阅读，要有精神劳动的阅读，要有生产积累的阅读。如果只停留在消费性的趣味、过瘾、知道点新鲜情况、爆点什么料、弄几个笑话、几个稀奇古怪的段子，和真正的幽默，和真正天才的文学，根本不能相比啊。稀奇古怪的段子也可以知道一点，一晃，也就过去了。所以我提倡生产性的阅读，要把阅读当一个劳动与积累、攀登来把握。

四、能不能够攀登得更高一点

大众化的市场情况之下，我知道咱们出版业印数都在追求高指标，我们写作人也追求印数。我还好，我还没碰到过滞销，但是我也很少碰到过畅销，我看人家销行 150 万册的，非常羡慕。但如果你能卖两万册，也算不错呀，现在文学的书，如果能卖两万册、五万册，那都算非常成功的了。可是如果我们国家要停滞在这儿就完了，我们一定还要有一个非常强大的力量，一个文化的力量、一个思想的力量、一个精神的力量，要告诉大家什么样的书是好的，什么样的书只是看看玩玩就完了，有的书看完以后扔到垃圾箱里得了，在家里占地方，是完全没有意义的。还有一些书虽然只有一万人能看明白，但是它不一样。各种先进的技术在带来好处的同时，必定会带来人的某些能力的退化。比如说，现在交通越来越方便了，所以长跑健将多出在非洲，出在肯尼亚，因为那里人上学的时候要跑一个半小时才能到学校，太阳老高他开始往家里跑，然后天黑以后，他才能到家，所以他跑得好。智力也是一样，什么网络都给你解决了，你不用死乞白赖地背诵、记忆，你一查网络，什么都知道了，但真的假的不一定。我们越是在网络时代，越要能静下心来，以攀登高峰不畏难的精神来阅读。

一个民族、一个国家要把读书作为一个长期的战略，变成自己国民的自觉行动。

近年来，我们的文艺事业在各个方面都有了很大发展，包括满足各种不同层次的精神需要，以及文化服务的扩大与广大受众的参与。与此同时，也有一种现象令人担忧，就是好作品湮没在平庸、苍白、空心、浅薄以及炒作、消费化、单纯娱乐化的作品当中。

文学艺术当然有娱乐消费的功能，但它们更是一个时代一个民族的精神品质、精神瑰宝、精神能量的表现，它体现着也充实着、提升着受众的灵魂。我们应该有鲜明的、权威的、富有公信力的评论，这种评论能入情入理、立意高远、令人信服：它们应该告诉世人哪些文学作品是真正优秀的乃至杰出的。我们要有一套理论与价值标准，要有对于真正好作品的体贴与把握、热情与信心，要取法乎上，攀登精神生活的高峰，不能任由那些准广告式炒作式与跟风套话式的所谓评论大行其道。同时，还要告诉受众，有些作品其实不是最好的，但却是可以包容的；与此同时，评论家有权利也有义务指出：这些作品是有着相当令人遗憾的方面的，是可以讨论的，是可以提出与中国这样一个文明古国水准更加相称的要求与期待的。

传播在文艺推广方面的作用非常大，媒体不能带低俗这个头。我们的文艺不能浸泡在营销计谋、人云亦云与装腔作势的浑水里，传媒不能成为娱乐市场的附庸，不要与娱乐市场合谋，而要有一个正大光明、高尚庄重、对文学艺术与历史负责的态度，我们的传媒要去呼唤经典、呼唤真正的好的文艺作品。

现在外国人办一个奖，口气大、规格高、人气旺。法国的龚古尔奖、英国的布克奖、西班牙的塞万提斯奖，还有诺贝尔奖等等，这些评奖活动都有极高的规格。于是就有一些朋友、同行，把作品的评价寄托在国际奖项上，令人深思。党的十八大报告提出："建立国家荣誉制度，形成激发人才创造活力、具有国际竞争力的人才制度优势"。我们的文艺需要有国家主体的高端评奖，也要在条件成熟时举办世界性的至少是华文作品的评奖，形成我们自己在文艺方面的评价体系与全球影响力。说到底，这方面的推进有助于显现我们的理论自信与文化自信，有助于激发广大文艺工作者提高志向境界，激励创造力与精益求精的精神，引导广大文艺工作者创作出更多无愧于时代的优秀作品。

五、让文化成为真正的文化

现在对于文化有各种不同的说法，如说让地域文化成为该地域的“名片”，让文化成为效益上佳的产业，让文化塑造美好的形象，以文化推广旅游，还有“文化搭台”“经济唱戏”——以文化活动招揽来客，目的在于贸易推销等等。这些说得都很好，也都有一定的可行性，有利于市场经济的发展，有利于改革开放。

同时文化、文艺，不仅具有“名片”等诸多功能，甚至其首要意义也还不是软实力，虽然软实力的提法意义重大，获得了普遍认同，值得认真面对与部署。

文化，首先是对人类的物质与精神需要的满足，是人类有效地提高自己的生活质量的成果与经验的结晶，是民族人心的寄托与凝聚，是心智与人性的拓展、积累、结晶与升华，是对真理的接近与拥抱，是人生的魅力、生活的多彩、人格的优化，是天地的美好、历史的庄严与世界的光明与温暖的源泉。一个有志于文化、文艺的人，尤其是一个文化文艺从业者，应该有自己的品位与追求，有自己的境界与底线，有自己的志向与抱负，不能停留在市场与传媒炒作的层面，不能停止在招牌与名片的层面。招牌、名片与效益，可能有助于文化生活的发展前进，也可能尚距离真正的文化传承与积淀十万八千里，甚至可能成为对文化传统的歪曲与贬低。问题在于你能不能有对文化的真正认识与敬爱。

第六讲

中国梦 · 文化梦

2012年11月29日，习近平总书记在参观“复兴之路”展览时，第一次提出了“中国梦”的概念。“中国梦”的提法，具有开放性、世界性、前瞻性，这是一个更加积极、更加现代的说法。“中国梦”里包含着文化梦。今天的“中国梦”和中国人过去的梦想是紧密相连的。任何民族的文化中，都包含着人们的追求、理念、向往、愿景，直到信仰。而正是这些东西，构成了这个民族的精神支柱、精神能量和精神生活的范式。

第一节　选择、文化性格、中华风度

今天谈中华文化的创新发展有其特殊意义。我们身处一个时常感到无所适从的多样化文化环境，面对的是一个在近现代受到过多方挑战、多种考验、有时不无歪曲变形的文化，一种博大精深而不易轻易取舍的文化，一个劲风乱吹、乍暖还寒、怎么说都说不准、会遭反驳，同时怎么说又是怎么有理的文化，一个无所不在的前现代、高调的现代、天晓得的后现代掺和成一大堆，儒道释法墨、马克思、列宁、斯大林、毛泽东、周恩来、邓小平、胡志明、卡斯特罗与自由主义、精英主义、集体主义、个人主义、实用主义，实心、虚心、古心、洋心、初心、成心、变心大交汇、大激荡、大翻滚的文化。又是一个随着国家的迅猛发展，日益被珍视、显现出强大生命力的文化。此时更需要我们汲取正确的精神实质，有扬有弃，有用有废，把传统文化中家长制、官本位、歧视妇女、弱化身心、扼杀创造等种种封建糟粕，毫不留情地淘汰，而把激励心志、坚守美德、智慧深邃、胸怀天下等等壮阔醇厚的元素，薪尽火传，日月经天，一代一代传承下去。

改革开放 40 多年后的今天，中国又一次站到了历史的重要节点，再一次使我们思考中国文化之历史命运。我们温饱了、进步了、小康了，国力大大增强了，在国际上越来越有分量了，中华文化在今天能为中华民族的软实力提供什么样的精神支持？能为人类作出什么样贡献？中国人应该以怎样的面貌与世界相处？

一、中国人的文化性格

正如美国作家赛珍珠所说："中国人似乎一生下来就具有一种世代相传的智慧，一种天生的哲学观。"（赛珍珠：《我的几个世界》）的确，中国人在漫长的历史中经历了许多考验、挑战、困苦，培育了善于自我调整、善于适应新的形势、面对各种挑战而从容应对、受得住一切艰难困苦，九死一生、百折不挠、千钧一发、转败为胜的文化性格。正如湖南人自称的那样：吃得苦，输得起，拼得死，霸得蛮。例如，司马迁在《报任安书》中就提出："仲尼厄而作《春秋》；屈原放逐，乃赋《离骚》；左丘失明，厥有《国语》；孙子膑脚，《兵法》修列；不韦迁蜀，世传《吕览》；韩非囚秦，《说难》《孤愤》；《诗》三百篇，大底圣贤发愤之所为作也。"

也就是说，中国人的文化性格首先是吃苦忍耐，发奋有为；其次是长期苦难忧患的历史培养的稳重老成，韬光养晦、并且自我调适的谦虚谨慎态度。中国人往往不习惯自吹自擂，张扬任性，自我表现，而追求适当内敛，低调行事。宋朝的文学家苏洵就提出，人们应该做到："泰山崩于前而色不变，麋鹿兴于左而目不瞬，然后可以制利害，可以待敌。"（苏洵：《心术》）

宋代祝穆的《方舆胜览・眉州・磨针溪》记载说：

在象耳山下，世传李太白读书山中，未成弃去，过是溪，逢老媪方磨铁杵，问之，曰："欲作针。"太白感其意，还，卒业。

中国有许多鼓励人们勤劳、耐心、长期努力，终将有所成绩的故事与成语。

当然，中国文化具有多侧面性，历史上也不乏直爽、单纯、豁达的透明人物。例如，天才的宋代诗人苏东坡，他同时卷入了反王安石变法新政的有风险的政治斗争，他一生坎坷，被王安石一派新党所贬抑，又被旧党所提防，最后贬到海南，得大赦后回归途中病死，但同时他诗词文赋，潇洒风流，豁达畅快，随遇而安，随缘而适。能上能下，能俗能雅，烹调治病，生活百科，荤素故事，嬉笑怒骂，无不任性随意。他不但留下了大量诗文，而且留下了名菜东坡肘子。

而清朝哭庙案中被砍了头的评论家、怪才金圣叹，说什么"砍头最是苦事，不意于无意中得之"，刑前饮酒，说"割头，痛事也；饮酒，快事也，割头而先饮酒，痛快痛快"，而他留的绝命家书，竟是"盐菜与黄豆同嚼，大有胡桃滋味"。

金圣叹的几近变态的性格表现，其实透露出来的是封建时代某些中国文人处境的险恶惨烈，他们只能用自欺欺人的方式度过自身的有生之日。

二、中华风度

中华民族是一个有着无比文化自信的民族。我们的文化自信不是顾影自怜，也不是文化自傲，更不是像“奇葩”辜鸿铭欣赏妇女小脚、赞成一夫多妻制那样的扭曲的“自信”。我们应该提倡一种“中华风度”：文质彬彬、从容不迫、避免争拗、和谐稳重，再补充以健康公平的竞争，以及对于核心价值核心利益的坚守，“中华风度”几近完美。设想一下这样的中国人：有着诗书礼乐的教养与化育，琴棋书画的益智与审美，笔墨纸砚的文房四宝，孝悌忠信、礼义廉耻的“四维”“八德”，精致而俭朴的生活态度，贫贱不能移与富而好礼的姿态，行云流水、水到渠成的耐心与定力，穷则独善其身、达则兼善天下的明达与开阔，怨而不怒、乐而不淫、和而不同、周而不比（孔子）与方而不割、廉而不刿、直而不肆、光而不耀（老子）的恰到好处。谁能不喜爱有着这样“中华风度”的人？遗憾的是，由于历史条件的局限，由于教育传承的不够，许多国人没能将风度塑造得如此美好。

风度体现了我们的文化性格。比较起来，中华文化性格强调稳重、中庸、谦逊、吃苦、耐心、勤勉、厚朴；相对不那么突出与擅长的是冒险、搏击、竞争、幻想与严格的法纪与逻辑，这与我们的总体文化传统有关，也与我们的长期处于农业文明阶段有关。

有几个词在中国有特殊的意义，一个是从容与定力，儒家讲到君子之风，会强调这方面的修养，佛人禅人也从内心的光明空阔、去除杂念邪魔的角度强调定力、淡定，庄子强调的虚静也有这方面的含义。

中华文化还讲养气，浩然之气，正气丹心、气守丹田，百毒不侵，流芳百世，倬彼云汉，为章于天，杀身成仁，舍生取义。养“气”的说法中包含着道德自信，乃是赋予文化的自觉与仁义道德的坚守以质料感与实在感，甚至是强调自觉自信的生命元素感遍布身体与身体四周感，正气、浩然、凛然、无敌、无伤，自信转变落实为身体的气场、气感、气息、气血、气力，乃至气质气象灵魂。

同时孔子很注意人的外在形象、颜容、脸色、姿态。他的燕居（闲居），“申申如也，夭夭如也”，平时清洁整齐而又宽松舒适。他强调孝子不是仅仅完成赡养双亲的义务，更要对双亲有好的容色，叫作“色难”，脸色要好看。他说：“饭疏食，饮水，曲肱而枕之，乐亦在其中矣。不义而富且贵，于我如浮云。”（《论语·述而》）他又是“温而厉，威而不猛，恭而安”（《论语·述而》）。

在特殊情况下，中华文化的斗争精神、牺牲精神、忠诚则肝脑涂地，感恩则结草衔环，报恩是“涓滴之恩，涌泉相报”，雪恨则“君子报仇，十年不晚”，战场上可以盘肠大战，刑场上可以举行婚礼，吟诗是“风萧萧兮易水寒，壮士一去兮不复还”，坐牢是“愿把这牢底坐穿”，堪称惊天动地。

我们需要懂得我们自己，珍重我们自己，才能做到提升我们自己，完善我们自己。

第二节　以传统文化滋养自身

中华传统文化虽然其中也有许多教训，有许多失败的东西，但是几千年的积累形成了一套特有的政治—文化理念，从中能够开垦出很多资源，具体体现在八个方面。

一、天下为公

我们知道“大道之行也，天下为公”这个理念是早就存在于中国文化当中的，它表达了最早的中国梦，中国文化之梦。

孙中山推翻清朝皇帝的精神资源之一就是“天下为公”的命题。天下是天下人的天下，而不是皇帝老儿的家天下。毛泽东喜欢讲“立党为公”“处以公心”，认为公与私的摆法决定了一个人的品德、一个党的成败、一个价值观念的高低。习近平总书记在一次中央政治局会议上对中央政治局委员提出的要求里面，就有“天下为公”这个说法。中国人接受马克思主义、社会主义、共产主义不是偶然的，它有传统文化的依据，这个依据就是中国自古就有的“天下为公，世界大同”（《礼记·礼运篇》）这样一种理想。“天下为公，世界大同”里面还有一个中国式的基础，即性恶论还是性善论。我们现在不作价值判断，因为性恶论、性善论各有各的侧重点，各有各的作用。但在中国比较占上风的是性善论，认为人之初、性本善；而西方讲人的原罪，很多东西是以性恶论作为基础的，但西方的社会主义思潮恰恰是提倡性善论的。共产主义的思潮、马克思主义的思潮和性善论比较接近。为什么？因为这种思潮认为人性恶的东西，那些自私、贪婪、恶性竞争等，都是私有财产所造成的，如果取消了私有财产，人应该变得大公无私，应该会显示出人最美好的那一面。

有人说“共产主义”其实可以翻译成“大同主义”，我们中国人的脑子里头都有“世界大同”这样一个中国梦，这个对于我们来说是有崇高意义的。

二、以德治国

我们中国是很特别的，把权力道德化，把权力文化化。权力本来是一个物化的东西，但是中国的先贤更注意的是权力的文化化。

中国的许多先贤认为越古代的皇帝越好，比如说伏羲氏、有巢氏、神农氏，都是最好的皇帝。当然，到了孔子这儿他还认为周公最好。但是庄子就比较严格，他认为好就好到神农氏，神农氏以后是黄帝轩辕氏，到了轩辕氏的时候是用物化的权力，靠战争打败了蚩尤，才建立了这样一个政权，所以，庄子对黄帝不满意，但是喜欢神农。为什么呢？因为神农氏不仅仅是管制这个国家，管制百姓，他还教给大家种地，教给大家制造各种农具，他成为中国农业文明的奠基人；他尝百草，确定各种草的食用或药用价值，也就是说他还是中国医药学的创始人。神农究竟是一个人还是好几代人的统称，现在学界里有不同的说法，但是他的形象非常可爱。因为“德”在古代既有道德的含义品质的含义，又有功能的含义。神农的可爱之处不仅在于农业，他还发明了乐器，神农属于音乐家，中国的音乐祖师，他是一个用德行教化人民的领导者，建立了神州大地上人口众多、不断繁衍、有自己文化的这么一个种群，这么一个民族。

这里头包含着一个问题。中国人是很喜欢大一统的，虽然中间有过各种各样的分裂，但是中国人喜欢的是大一统，不喜欢分裂。在中国这个地域，中原文化不面临与别的文化共存或者平起平坐这种挑战，它东边是大海，北边、西边、南边有些相对生产、生活文明程度比较低的少数民族，当时叫作番邦，这个统一的地域非常大。注意到这一点的是美国著名的汉学家费正清，他提出来中国有一套很特殊的延续几千年的治国理政的方法，对全国进行集中的管理和统治（我顺便说一下，这个叫“集权”，集权本身不带有任何的贬义，是一种行政管理的方式，是和分权相对的，和“极权”含义是完全不一样的；“极权”是带有贬义的，指的是专制、独裁，压制人民的领导者，压制不同的阶级，等等）。中国长期是集权，费正清注意到了这一点，他的这个观点被基辛格所接受。有一年，胡锦涛到美国进行访问，访问之前基辛格发表了一篇很长的文章，他说中国有自己几千年的一套治国的理念和治国的方法，想让中国接受别的国家教给他怎么样治国理政几乎是不可能的。

中国的集中统一领导怎么给它一个合法性，怎么给它一个说法呢？为什么他就能够领导呢？中国的说法是两部曲。第一，这是天意。这是无法验证的，皇帝就是天子。皇帝出生之前不是龙降到他房上了，就是他房上冒着红光，证明他是天意。第二，怎么表现出来这个人身上体现的天意？因为他身上具备了和天地一样伟大的道德。你的身上既有自强不息的优点，又有厚德载物的优点，说明你的身上就体现了天和地最美好的品质。因此，你的统治就是合法的，这是“文化合法论”。对这个说法一直存在着疑惑，尤其“五四”以来很多学者认为，中国历代的君主和皇帝从道德上要求并不是无懈可击的，有很多问题。有的学者提出中国几千年来的皇帝，真正做到了以德治国，实行仁政，又做到了老子的无为而治的，只有两个皇帝，就是汉文帝和汉景帝，他们开创了“文景之治”。即使有这样的一些质疑，我们必须看到一点，就是老百姓愿意接受“以德治国”的提法，愿意接受“天下为有德者居之”的提法。因为这个提法让老百姓感觉到比较舒服，精神上比较舒服。为什么你领导我？因为你道德、人品等各方面都比我强，我不服你不行，你的很多表现令我五体投地。古代的臣子也是这样，皇帝道德品德较高，就五体投地、肝脑涂地，认为他的统治就是合法的。

在客观上，以德治国的说法也形成了对权力系统的文化监督与道德监督。如果宫廷里头有一些不理想的事情发生，就会让皇帝有压力、舆论上有压力、文化上有压力、道德上有压力。这个文化监督虽然不是特别管用，但是比没有强。

还有更重要的一点是，虽然不能说封建社会有很多民主程序，但是由于有“以德治国”这样一个说法，就至少使得一些臣子有可能给皇帝提意见，甚至于提很尖锐的意见，这样的例子很多，当一个文官就要敢于为坚持真理死在皇帝手里。中国是封建专制，但以德治国这种文化监督限制了这种专制，甚至以德治国的说法给农民起义找了根据，为什么呢？就是当权力系统缺德太甚、失德太甚的时候，就会发生农民起义，就会发生颠覆，这个权力系统就会被指责为无道昏君，而你只要是被戴上无道昏君的帽子你就快完蛋了。中国这一套以德治国的说法，仍然是有积极的意义，但是又是不可能完全做到的。这一点来说和外国区别非常大。中国到现在提拔干部强调德才兼备，“以德治国”至今仍然活在我们中间。

如果我们认为今天还可以用《三字经》和《弟子规》就能够治国平天下，那是做梦。那不是“中国梦”，那是傻梦，是封建梦、旧梦。因为很简单，看看《红楼梦》就知道了。《红楼梦》里头没有几个人真正是把道德、文化、礼义放在第一位的。因此，在今天仍然只知道以德治国，甚至误以为《三字经》说得多好，《弟子规》说得多好，全体一念咱们国家就办好了，都是共产党闹什么革命，才把这些东西给闹坏了、闹乱了，这就是自绝于现代化，就是甘心让中国永远处于一个封闭、落后、停滞的状态，就是邓小平说的，闭关锁国的结果是愚昧无知，是贫困饥饿。但是反过来说，如果我们干脆不理睬，或者不重视以德为优先、以德治国、有德者居之，不重视这个就等于自绝于中国的传统文化，自绝于人民，因为人民喜欢这个，人民信这个。一个干部如果干过几件跟道德有关的事，证明这个干部很有道德，立刻老百姓对他的印象就非常好。

三、中庸之道

中国人所讲的道德和西方人所讲的道德有一致的地方，也有不一致的地方。比如说，西方很讲究自由竞争，优胜劣汰，但是中国先秦诸子对竞争态度都比较保留，主张“不争”，因为“争”会变成暴力之争。中国人更讲究的是人情味，讲究的是人际关系，是适可而止。“中庸”曾经在中国成为一个非常重要的命题，一个非常重要的词。放在政治上，人民尤其把“中庸”看成一种政治道德。

我简单说一下，西方政治文化、政治理念的核心是对权力的多元制衡。所谓多元制衡就是不同的人群不同的地域不同的行业的各种利益、诉求让它达到某种平衡。但是中国没有多元制衡的传统，在中国你随随便便地实行多元制衡有可能把国家搞分裂，有可能出乱子。

那么中国有没有一种平衡呢？也有。中国的平衡往往不是表现在同一个时期几种不同力量在那儿互相制约，而是时间纵轴上的平衡，不是在空间的横轴上的平衡。什么意思？三十年河东，三十年河西。据说水文学家研究，内陆的河流经常改变河道，是以三十年为一个周期。西方把三十年认为一代，三十年河东，三十年河西，一代人又变了，所以一个人做事不要做得太过，留有余地，因为你不但有“河东”的时候，还有“河西”的时候。林语堂说中国文化喜欢的是少年老成、老成持重的人，喜欢的是不慌不忙的人。中国人不喜欢特别往上冒的那种人。

中庸之道非常有意思。其实主张中庸之道的不仅仅是中国，根据学者们说，苏格拉底、柏拉图和亚里士多德都主张中庸，他们说的“中”就是“终点”；而中国学者有的分析说中庸的“中”指的不是终点，而指的是准确；“庸”现在变成一个坏词了，平庸、庸俗，但是“庸”的意思就是正常，就是不发神经，你正正常常的，对什么事情的反应没有离开正常，合乎常识。中庸之道在中国的政治观念上也很有意义。

我们知道中国有一个特别漫长的被称作超稳定的封建专制的历史，这样的历史文化中有专制主义的传统：“普天之下，莫非王土。率土之滨，莫非王臣”（《诗经·北山》）。还有“君要臣死，臣不敢不死；父要子亡，子不敢不亡”。但同时，中华文化有各种对专制主义的限制、制约方面的观念。第一是天道，君王应该为政以德，无德就是无道，无道昏君，就会被推翻；第二是亲民与民本，君王必须赢得民心，否则是天怒人怨，自取灭亡。

四、水能载舟，亦能覆舟

水能载舟，亦能覆舟。（出自《荀子·王制》，原句为：“水则载舟，水则覆舟。”）这句话其实很有意思。但是，也有人说现代西方的政治理论、民主理论认为“水能载舟，亦能覆舟”还不行，我们不仅仅是要载舟，要覆舟，还要参与公共事务的管理，有公民权利，有民主权利，这是另外一个问题。

水能载舟，亦能覆舟，表明了中国高度集权的社会里头，还是有一种民本思想。人民要拥护你，你简直就威风得不得了，你是金口玉言，你是普天之下莫非王土，率土之滨莫非王臣；如果人民要反对你，人民要折腾你，人民要推翻你，你就变成了毛泽东说的向隅而泣的可怜虫，甚至连可怜虫也当不成，脑袋都掉了。旧中国既是一个权力集中的国家，又是一个不断地用暴力手段，通过农民起义来更迭朝代，更迭权力的国家。这里面的经验教训太多了。怎么治国我们应该研究，还要研究怎么乱国，东周怎么乱的？秦朝怎么乱的？西汉怎么乱的？东汉怎么乱的？这里面学问太大了。这里头我提一条，中国的文化有一些很有趣的思想，我们说君君臣臣父父子子，君要臣死臣不敢不死，父要子亡子不敢不亡，这都非常的讲服从，讲孝顺，讲愚忠，讲不要自己的性命，要看到这一点，但是中国的民本思想里头也有暴力的一面，也有反叛的一面，用毛泽东的话来说“造反有理”。

《道德经》上说：“天之道，其犹张弓与？高者抑之，下者举之；有余者损之，不足者补之。”说天道就好像拉弓射箭，拉弓的时候如果你左手这边高了就往下压一点，右手低了就往上举一点，求得一个平衡，求得一个准确，他说这是“天之道，损有余以补不足”。天道是什么？按北京话来说，就是你身上很多油，我拿个小刀在你身上这么一刮，这个油就流下来了，我刮强者支援救济弱势群体，这叫天道。老子底下一句话太厉害了：“人之道则不然，损不足以奉有余。”说人之道恰恰相反，谁强谁就刮弱者，谁就压榨弱者，谁就剥削弱者，他要损害弱势群体来锦上添花给强势群体，这太可怕了。老子这句话是社会革命党的语言，这句话是含着某种反叛性的。《道德经》里还有其他地方有反叛性，说为什么有的人吃不好、吃不饱？就因为君王和诸侯吃得太好，这话都太厉害。中国自古以来农民起义者打出来的旗号四个字“替天行道”，农民起义才是“替天行道”，而替天行道就要杀富济贫、惩强扶弱、开仓放粮、造反翻身。而一旦到了一群一群的农民在那儿替天行道的时候，水覆舟的可怕劲就出来了，实际是很深刻的对历史经验的总结。

五、物极必反，盛极必衰，否极泰来，多难兴邦

这是中国人早就有的一个历史的辩证法，甚至带有宿命的色彩，它变成一个哲学的命题，一个神学的命题，一个宿命的命题。《红楼梦》中秦可卿要死了，托梦给王熙凤，说自古以来盛极必衰，月盈则亏，水满则溢，说我们贾家，赫赫扬扬已经好几代了，一旦树倒猢狲散，不知道会出现什么惨状。这个道理很深，但是王熙凤没听进去，王熙凤不可能听得进去，秦可卿死的时候用她的魂灵宣布了这个话。历史上这样的事无数。

20 世纪末，美国前驻华大使尚慕杰帮助安排了江泽民的访美，

江泽民对尚慕杰说，现在美国非常强大，世界没有对手，这种情况从中国文化的观点上看是很危险的，因为盛极必衰，水满则溢，月盈则亏，他说美国文化没有这一条，我希望你把我的话带给你们的布什总统。江泽民说完了一年就发生了“9・11”事件，从中华文化来说，对美国的“9・11”事件是有预见的，是可以预见的。

六、“无为而治”

中国人常说的很有特色的治国理政方法，就是“无为而治”。“无为而治”是道家的思想，同时孔子也讲无为而治，并且指出舜帝是无为而治的典范，孔子说舜的治国无他，只是“恭己正南面而已矣”(《论语・卫灵公》)，恭恭敬敬地朝着正南方一坐就行。这里包含着简化行政管理的观念，甚至与马克思主义的国家消亡的思想遥相呼应。要理解这句话，觉得离不开当时的政治环境。在春秋战国时候，中央政权非常衰弱，皇帝在那些大臣、诸侯面前可怜得不得了，什么也不是。诸侯谁也不服谁，个个都急功近利，恨不得一朝扫荡寰宇，但不知道用什么方法好了，今天一个主意，明天一个主意；今天一个措施，明天一个措施；今天派兵去打赵国，明天又联合去打魏国，再过几天又是自己跟自己打，胡折腾没完没了，使老百姓不得安宁。所以老子就提出来“无为而治”，就是你们少干点事行不行，少说点话行不行？老子的最高政治理想就是“无为而治”。早在《尚书》里头就有了“日出而作，日入而息。凿井而饮，耕田而食。帝力与我何有哉”的话，就是我老百姓过老百姓的生活。庄子也讲这个，说连鸟都知道飞得高一点，不要让弹弓打到自己，连老鼠都知道把这个洞挖得深一点。老百姓总不会比鸟和老鼠更笨，他们该干什么不该干什么他们会明白。这个国家成功是什么意思？就是老百姓都知道哪些事能干哪些事不能干。你那虽然有法，没人犯法，你有交警，没有人醉驾，这是老子认为最好的。

老子认为，对于执政者，“太上，不知有之；其次，亲而誉之；其次，畏之；其次，侮之”（《道德经》第十七章），最好的状态是人们不知，即根本不知道你的存在，这是第一等的，比如开车，一个严守交通规则的人根本用不着考虑哪里有或者没有交警。第二等才是对你又亲爱又歌颂。我想起陈毅 20 世纪 50 年代初期写过一首诗，里头有一句“颂歌盈耳神仙乐”。他说的就是如果到处是歌颂你的声音，你就是神仙也架不住了，你扛不住了，你晕了。50 年代初期陈毅元帅已经看到了一味歌颂不一定是好事情。为什么不一定是好事情？我这么想，一味歌颂就会形成对你超过实际可能的希望值，早晚就会有让人失望的一天。第三等是老百姓害怕政权。我前面已经讲了什么叫管理，你不服从我的管理我有加害于你的能力，我可以把你关起来，我可以判刑，可以罚款，可以吊销执照，可以没收车本；而最坏的情况是你不但要管理他还要侮辱他，不尊重他，我们也可以理解为互相侮辱互相开骂。管理者骂被管理者不自觉，没有觉悟，没有素质，没有道德。被管理者骂管理者全都是恶霸，全是恶人，那当然是最坏的事情。

老子还有一句话是：“功成事遂，百姓皆谓：‘我自然。’”（《道德经》第十七章）意思是一件事办成了，老百姓都说什么呢？说这是我自己把它搞出来的。这个“自然”就是我做的，我自行完成的。“自然”不是名词，而是指一种状态，“我自然”就是我自己办的。这说明什么呢？说明权力的追求和老百姓的民心高度一致，权力希望发展生产，老百姓也希望发展生产，权力希望解决廉租房，老百姓也希望廉租房，这样做好了一件事，老百姓认为那是与我的心意合一的，像自己做的一样。老子的这句话还符合现在中央讲的群众路线，群众路线我到现在为止看到最完整的文章还是刘少奇在延安讲的，其中就包括群众自己解放自己的观点，群众是靠自己来解放自己，一切事情要依靠群众，“无为而治”有这个意思。

七、“韬光养晦”

“韬光养晦”实际上在老庄的学说里头已经有萌芽，老子的说法是“将欲歙之，必固张之”（《道德经》第三十六章），你想把它合上，先得把它张开，“将欲弱之，必固强之”（《道德经》第三十六章），你要削弱他，你先让他发展发展，“将欲废之，必固举之；将欲取之，必故与之，是谓‘微明’。”（《道德经》第三十六章）这个是很微妙的一种智慧，很微妙的一个计策。老子还提倡“知其雄，守其雌”“知其白，守其黑”（《道德经》第二十八章）。你要做的事情不一定是直线去做的。

韬光养晦当然现在对我们来说也很重要。苏联解体的时候小平同志特别强调韬光养晦，但是有一点我觉得不甚理解，我觉得韬光养晦基本上传达到政治局就行了，你不能全国老百姓都说韬光养晦。刘备屯兵小沛，每天种菜，那他就是为了“韬光养晦”。曹操“青梅煮酒论英雄”，找他来，说你干什么呢？他说我这儿种菜，种萝卜，萝卜很好吃，表示他自己并无野心，并无大志。曹操说天下英雄就是你我二人，刘备一听吓得把筷子掉到地上了。怎么回事？他不敢说你一说我是英雄我吓的，他说天上打雷。后来曹操心里想，这么胆小，胆小鬼，这样的人有什么可怕的，上了刘备的当。我们现在反过来说，曹操问刘备："你现在在小沛干什么呢？"刘备说："在下韬光养晦。"不是活腻了，找死吗？类似的这些东西不能什么都全民重复。

"韬光养晦"是中国政治很重要的窍门，但是这个话不宜说得太多，尤其一个人请不要自己声明"韬光养晦"。

八、"治大国若烹小鲜"

最后这三句都和老子关系比较大，前面五句是和孔子关系比较大。"治大国若烹小鲜"（《道德经》第六十章），温家宝也喜欢讲这句话，美国前总统里根在1981年上台，就职演说里头居然也用了"治大国若烹小鲜"。对"治大国若烹小鲜"有的解释非常具体，"烹小鲜"即熬小鱼。韩非子和河上公都解释为为政不要搞得太琐碎，不要折腾得太多。但是我总觉得有另一层意思，即举重若轻，游刃有余。你甭管出了多大的事，你还要有一个平常心来对待，自自然然，胸有成竹，天道有常，各种事情都有它的常规，都有它的道理，不要搞得太紧张。

从上述八个说法，我们会得到一个印象，就是我们中华民族很喜欢把权力的运作文化化、哲学化、理想化，这其实都是相当理想的东西，但是这个理想的标准是文化，就是我们应该有一种政治文明，这种政治文明可以从中华的传统文化中得到许多启发。

但是，我们显然也应该看到作为治国理政来说，我们的传统文化有许多不足之处，比如说关于法治，我们的传统多半是人治盖过了法治；关于监督，我们有文化监督、道德监督、行为监督，还有谏官的拾遗补阙与直言君过，但远未完善，没有制度化。行为监督就是礼的监督，孔子那时候讲的礼不是指礼貌，我们现在的礼貌是一些浅层次的行为标准，他指的礼就是社会的秩序，君君臣臣，父父子子，尊卑老幼这样一个秩序。

我们有这样一种理想化的、有文化的，而且深入人心的一套治国理政观念，我们不能够轻易地破除这些观念。但是我们要给予补充，给予关于法律、法制、司法、监督，关于规则、竞争的补充。要有合法的竞争，要有良性的竞争，就还需要做很多的补充。如果不加任何补充，以为现在靠《三字经》《弟子规》能把国家搞好，那纯粹是开玩笑。或者，因为看到我们国家的一些不足，就把传统文化扔在一边或者彻底骂倒，那也是极端愚蠢的行为。

第三节　中国梦与传统文化

中华文化是一个富矿，能够丰富人们对于社会主义核心价值观的认识和体悟，为中国梦提供了强大的文化支撑。

我们可以从儒家的仁政、王道（即政治文明）中加深对富强、民主、文明、和谐的理解；从恕道、礼治以及老庄的学说中加深对自由、平等、公正、法治的理解；从仁的教育、美德的重视中加深对爱国、敬业、诚信、友善的理解与认同。所有这些虽然和现在有所区别，但都有相通之处。

社会发展、变化得这么快，但精神上的资源并没有得到很好的开发，经过了人民大革命的高大上亢奋悲情以后，在市场经济条件下，处于后革命时期的某些中国人感到了自身精神的平庸乃至贫乏。从天翻地覆的革命高潮，到后革命时期的平淡无奇，世界上许多地方出现过这种困惑。于是切·格瓦拉要离开革命取得胜利的古巴，而宁可战死在其他拉美国家的游击队里。于是，反对种族歧视的英勇的南非女作家纳丁·戈迪默，恰恰是在南非结束种族歧视后，似乎光彩开始消退。

一、从传统文化中挖掘精神资源

中国在改革开放，出现了经济增长的奇迹的同时，出现了世道人心的问题，出现了价值失范与价值歧义。甚至报纸上出现这样的讨论，一个老人摔倒在街道上应该不应该扶起他？如果施以援手，会不会反遭诬陷，谎称你是造成他摔倒的责任人？经济发展以后，到底人们是更可爱了，还是渐渐不可爱了？我们无法不面对这样的诘问。这方面我们可以从传统文化中挖掘出很多精神资源。

一是，文化理想与道德理想，或者简化地说，我们最珍贵的价值是仁义道德。价值在哪里？传统在哪里？在人们心中。我们讲道德、仁义，首先要学着把心摆好、培养好、陶冶好、塑造好，让心性充满价值认定，达到高度的自觉和自律，达到慎独的状态，即使是一个人独处，也要用自己所信奉接受的价值观来行事、选择。如果建立了以仁义为特色的心性，就能从根源上消除荒谬，消除反人类、反社会的种种可能，消除黑暗和愚昧。

从小到大，从内及外，从家庭、孝悌开始，做到忠恕、恭谨、诚信，以仁统领精神走向，用孔子的话就是“吾道一以贯之”，用马克思的话就是“目标始终如一”，一个是从结构上看，仁义道德是核心；一个是从发展上看，对于仁义道德的坚持恒久如此，这都叫作一以贯之，即以一个核心的观念把价值选择和坚守贯穿起来。

为了和人心相结合，就要从传统文化中挖掘资源，同时又能够做到像邓小平所说的那样：“面向现代化，面向世界，面向未来。”我们所寻求的价值，不是自我封闭起来的价值，不是一个浅显的口号，而是带着这些价值和美好的心性向全面小康发展，向改革开放发展，向现代化发展，不是停滞，不是复古，而是开拓与创新。

二是，仁、德、礼、义、廉、耻的治国思想。仁政与礼治的提倡，王道与霸道的区别，对于今天仍然有很大的借鉴意义，它们正是当下所讲的精神文明、政治文明。历史上虽然在权力的制衡方面没有一套成功的经验，我们也一直都在讨论怎样能够实行更有效的对权力的监督，但是中国的历史上，道德监督、文化监督仍然存在。不要以为皇帝想干什么就干什么，不是这样的。如果看黄仁宇的《万历十五年》与卜键的《明世宗传》，人们会大为惊奇：皇帝有时候想做一个事儿，底下老臣跪一片，全反对。所以这种文化监督、道德监督是中国政治的一个特色。当然，不能仅有这个，我们还必须以法律监督、制度监督为基础。仅仅强调道德，不足以解决我们现实面对的许多问题，但是却有着积极的教育意义。古人说：“心正而后身正，身正而后左右正，左右正而后朝廷正，朝廷正而后国家正，国家正而后天下正”（《傅子·正心篇》），就说明我们一直要求执政者能够首先起道德的示范作用，首先有教化的义务，这是中华政治文明的核心主题。今天来说，越是领导干部就越要成为践行核心价值的模范。老子讲“行不言之教”（《道德经》第二章），也就是今天人们所说的“身教胜于言教”。权力要关在法律与制度的笼子里，也要关在道德与文化的笼子里，这样就从“不敢行恶”上升到“一心向善、不想行恶”了。

传统文化中关于这方面的美好的词句、说法和思想太多了。比如孔子说“不义而富且贵，于我如浮云”（《论语·述而》），他还认为能够做到“博施于民而能济众”（《论语·雍也》）的人，那就是圣人。这些难道不值得我们学习与自省吗？老子也是最反对贪腐、纵欲、为私利而斤斤计较的。老子说“五色令人目盲，五音令人耳聋，五味令人口爽，驰骋畋猎令人心发狂，难得之货令人行妨”（《道德经》第十二章）。老子还说：“我有三宝，持而保之：一曰慈，二曰俭，三曰不敢为天下先。”（《道德经》第六十七章）慈就是爱民，俭就是节俭，“不敢为天下先”不是说不能发明创造，而是指君王大臣要顺乎民意民情，不要做天下人不能接受不能理解的事情，为政者不要出幺蛾子。老子的名言是：“圣人常无心，以百姓心为心。”（《道德经》第四十九章）仁政王道的观念虽然不能完全符合现代社会的需要，但也不能以虚无主义对待，而是要从中挖掘出有积极意义的东西。

三是，适可而止，认为过犹不及，也就是说反对极端主义、恐怖主义、分裂主义。类似的意思在西方，就会说是人应该更加理性，更加冷静地看待许多问题而不被一时的感情冲动所左右。而如果是境界低下的人学习适可而止，也许他学到的只是模棱两可、左右逢源、八面玲珑、含糊其词。孔子的名言“君子中庸，小人反中庸”（《中庸》），值得玩味。他是说读书明理、受过良好教育的中华绅士、社会贤达或现任、原任、候补官员，遇事会全面衡量，准确判断，妥善处理，不温不火，不急不躁，不会反应过度。而庶民百姓，无知无识的草根阶层人物，容易见利忘义、夸张激动、怒火中烧、做出趋向极端的事来。

四是，“行有不得，反求诸己”（《孟子·离娄上》），从我做起。对于社会上的各种问题，诸如环境保护、公共交通、食品安全、医患关系等方面的问题，有些人往往一提起就大骂一通。但是请问，骂人的人自己做得怎样呢？也许从来没有反思过。孟子说“行有不得，反求诸己”，孔子说“见其过而内自讼”（《论语·公冶长》），意思是如果看到什么事做得不好，看到他人的过失，先在自己内心进行思想斗争，告诉自己应该怎么做。孔子还说“仁远乎哉，我欲仁，斯仁至矣”（《论语·述而》），“为仁由己，而由乎人哉？”（《论语·颜渊》）做到做不到是由自己决定的，不是由别人决定的。这个让我联想到法国哲学家萨特，他认为每个人都有自由选择的可能——你选择，你存在，你负责。为什么王阳明提倡“知行合一”，孙中山说“知难行易”呢？知与行，确实有一段距离，但你反求诸己，首先你自己的心性向仁德方面靠拢了，你就有了践行的可能，事物就可以向好的方面发展了。

《论语》中有“唐棣之华，偏其反而。岂不尔思？室是远而”（《论语·子罕》）之句。有人以为这是爱情诗，孔子将其解释发挥成思想修养、精神境界方面的诗：“未之思也，夫何远之有？”（《论语·子罕》）他用唐棣之华——一种美丽的花来比喻美德，认为你自己还没想还没追求，就说那个花远得不得了，其实你要是向往，这个花就在你心中开放了，你就离美德不远了。

冉求对孔子说，我不是不喜欢你说的那些道理，我力气不够，实现不了。孔子回答：“力不足者，中道而废。今女画。”（《论语·雍也》）意思是，如果力道不足，只实行了一部分，是可以的，可是你压根儿就没做，是你先给自己画地为止步的线了。我的要求你并没有开始做起来，怎么能说力量不够呢？孔子的这些思想特别可贵。

五是，“反求诸己”的精神强化与弘扬以后，形成了中国士人修身、齐家、治国、平天下的功课。一切从修身做起。自己的缺失错误当然要自己承担，他人或环境的问题，也要首先反省自己的对待与处置是否适宜得体，反观自身是否做到了尽善尽美、无懈可击、刚柔适度、立于不败之地。为了修身，则必须正心诚意，不以恶小而为之，不以善小而不为，慎独，律己，毫不苟且。然后把家庭管好，孝悌忠信，把家庭视为社会与国家的基本细胞，然后治国平天下。简称修齐治平，几千年流传至今。

二、传统文化的不断完善与发展

传统文化中有深入人心、深得人心的价值认知。传统文化中爱人、济众、亲民、义理、仁政、温良恭俭让的内容有助于我们实现富强、民主、文明、和谐、自由、平等、公正、法治，也就是中国人理想的政治文明。从传统文化中我们还看到了天下为公、恭谨、礼治、信义、忠恕、己所不欲勿施于人的内容，这些都有助于爱国、敬业、诚信、友善的实现。

但是我们这样做不是复古，不是照搬传统，不是向后看，不是否定五四新文化运动，不是否定革命文化，更不是否定社会主义现代化的目标。我们不能把弘扬传统与面向未来、面向现代化对立起来，要通过发掘传统文化资源，充实、丰富我们对于社会主义核心价值的认知——这本身既是对社会主义核心价值观的丰富，也是对传统文化的创造性转化与创新性发展。

正是在 20 世纪 70 年代后期的后“文革”时期，改革开放以来，我们同时大力地提倡了也发展了我们的传统文化，克服“文革”内乱所造成的粗野、混乱、乖戾。在中国，自上而下地提倡了“五讲四美”（“五讲”：讲文明、讲礼貌、讲卫生、讲秩序、讲道德；“四美”：心灵美、语言美、行为美、环境美）、“礼貌用语”（你好、谢谢、对不起、再见）、“四有”（有理想、有道德、有文化、有纪律），提倡了精神文明与物质文明“两手都要抓，两手都要硬”。80 年代还数次大张旗鼓地宣传禁止随地吐痰、打击不遵守交通规则等现象，提倡公德，并取得了显著成绩。

以上种种，可以归结为四句话，每句四个字：人心可用、世道可兴、传统可取、开拓不止。首先，要相信人心，相信人民，相信民族，人心当中能挖掘出美好的东西，能和我们的核心价值观对接与吻合，能实现我们的中国梦、文化梦。这样我们的世道和社会就会更加兴旺与发达。其次，传统是可取的，其中有许许多多能够感动、教育、说服人们的美好东西。我们的目的不仅仅是重复老话，背《三字经》，或者是穿汉服，我们并不是向后看，更不是复古，而是对传统文化的精华和缺陷与不足有一个符合现代标准的认知。总之，我们的目的是为了中国特色社会主义道路的成功，为了全面小康的成功，为了我们伟大的民族复兴之路的成功。

第四节　传统文化与社会主义核心价值观

我们应该格外珍惜这一份深厚独特的文化遗产。文化是理念更是生活。庄子与禅宗都强调大道与佛法同样存在于屎溺之中。我们的中华传统文化体现于我们的汉语汉字、诗词歌赋、笔墨纸砚、中华烹调、养生医药、建筑园林、传统节日、民族艺术、民间工艺、礼仪民俗……构成了优美的中华生活方式。在全球化时代，我们越发认识到民族与地域文化特色的珍贵。尤其是汉字的综合性、丰富性、灵动性与审美性特色，是中国保持统一的重要因素，是中国人整合性关联性思维的重要基石。我们要进一步提高全民尤其是青年一代的汉语汉字水平，在提倡普通话的时候保护方言，在普及简体字的时候珍重繁体字，在使用白话文的同时学习掌握文言文。学习外语永远不应是、不能是疏于母语的理由。如今，不仅国人日益从中华文化生活方式中得到了可贵可亲的享受和滋养，还有更多的国际友人加入了学习中华文化的行列。

一、价值观与文化自信

中华文化经圣人学者的阐扬，历经几千年，早已化为亿万人民的日常生活。文化贵在潜移默化，贵在浸润身心，贵在心心相印，贵在蔚然成风。真正的文化自信拒绝炒作造势、夸大其词、巧言令色、形式主义，真正的文化自信具备抵制低俗化、浅薄化、哄闹化、片面化、狭隘化的能力和定力。文化属于人民，文化的有效性在于提升生活质量、精神面貌、成就实绩。文化属于人民，文化还归功于巨匠大师，文化需要强大阵容，文化需要群星灿烂，文化要看高端果实，文化一定会造福本土、造福人类、造福全球。这都需要我们有国家层面的长中短期文化教育规划，国家层面的思想文化激励与荣衔制度，以催生国家层面、人类层面的引以为自豪的人才和成果。

我们中华民族确实应该比以往任何时候都更加自信，这不是“老大帝国”的狂妄自大，这是建立在转化与变革的举世瞩目、发展与创新的累累硕果之上的坚实自信。中华民族比以往任何时候都能更加坦然地面对困难，化解矛盾。我们走过的道路让我们自信，我们创造的业绩使我们能够自信。

文化自信是最根本的自信，是由内而外的自信，是有定力的自信，是有凝聚力感召力的自信，是面向世界的自信。我们要以文化自信、文化复兴，托起我们的道路自信、理论自信、制度自信，创造我们的文化辉煌，助力于中华民族的伟大复兴！

价值观的问题，不是一个特别复杂的问题。因为我们每一个人从小不管你提不提“价值观”这三个字，或者提不提“价值”这两个字，我们做什么事都还是有一个判断，有一个选择——好跟坏！

二、大哥在中国

在中国，有一个称呼叫作“大哥”，叫作“兄长之风”。我要讲一个关于兄长的故事。

我的一个好友的妻子在娘家排行第五，是最幼小的孩子。她的父母双双死得很早，给她的大哥留下遗言，让大哥负责把弟弟妹妹带大。大哥向临终的双亲做出了承诺保证。从此他承担起全家的责任，直到他五十岁过了，四个兄弟姐妹都完成了高等教育，也都结婚成家。此时大哥召集了全体弟妹，宣布：“弟弟妹妹们，我要说的是，你们的大哥也想结婚成家了。”

他在完成父母的嘱托、培育监护好弟弟妹妹之前，一直不考虑自己的婚姻与家庭的建立，因为这样的情况下，来一个嫂子肯定会造成家庭的内部矛盾与经济困难。

我们可以容易地批评政府、社会缺少对于孤儿的照顾不到位，可以埋怨中华孝道的残酷无情，抱怨大哥为什么不可以理直气壮地维护自己的“人权”和幸福。但我们只消想想近百年的中国社会生活情况，再想想如果大哥首先考虑自己，他的弟弟妹妹会是什么状况，我们也许会增加一些了解与体贴，乃至一些敬意与赞美。

时代不同了，改革开放以来，中华民族温饱了、小康了，更注意维护自身与争取幸福了。回想这个故事，我仍然热泪盈眶，我仍然相信中国人的家庭义务、人伦义务观念，中国人的孝与悌道德观念可以做到什么样的地步，中国人的家庭观完成了多少人道救助事宜，中华文化对于国家民族社会起到了怎样的凝聚与支撑的作用。

也许现在的社会越来越不需要那么多的中国“大哥”了，也许现在的社会越来越不要大哥那样的自我牺牲了，但是请允许我们怀念中华文化，并向古往今来的有德性、重人伦的中华人士致以敬意。

三、社会主义核心价值观的文化意义

社会主义核心价值观的概括，已经看出传统与现代文明对接的追求与成果，看出近一二百年中华文化的前进足迹，看出民族振兴的梦想与社会主义的理念，看出改革开放、发展是硬道理与改革开放的物质与精神成果，看出文化自信与文化定力。富强、民主、文明、和谐、自由、平等、公正、法治、爱国、敬业、诚信、友善，继承了民本、尚和、仁爱、重义的传统，也获得于狂飙突进的新文化运动所提倡的“德先生”“赛先生”、爱国主义、社会主义，同时凝结了邓小平理论的改革、开放、发展理念。对此我们需要有更深刻的钻研与领会。

2014年2月24日，习近平总书记在十八届中央政治局第十三次集体学习时指出："我们要从巩固全党全国各族人民团结奋斗的共同思想基础、巩固党的执政地位的战略高度，持续加强社会主义核心价值体系建设，把培育和弘扬社会主义核心价值观作为凝魂聚气、强基固本的基础工程，作为一项根本任务，切实抓紧抓好。"因为，其一，所谓"核心价值"，是从我们传统文化最强大的基因中生长出来的。广大人民心中，长久以来保存着深厚的辨认是与非、善与恶、忠与奸、清与贪、仁与不仁、诚与伪、美与丑的愿望与尺度。人心可用，传统可取，传统文化弘扬得好，大大有利于价值观教育的实效，也正是对于世道人心的"凝魂聚气、强基固本"。

其二，所谓"核心价值"，包含了我们先贤的美好愿景，包含了从孔夫子到孙中山一切志士仁人的奋斗理想，体现了中国共产党人领导广大人民进行革命斗争的根本诉求，即实现伟大民族复兴包括文艺复兴的中国梦。

其三，所谓"核心价值"，是中国特色社会主义现代化的实践成果标志。其文化意义在于，它是中华民族的，是社会主义中国的，也是现代的、世界的；它是理想的，也是务实的。以社会主义核心价值为圭臬的中国人民，将为世界的和平进步与人类幸福作出更大的贡献，同时保持并弘扬中华历史传统特色与精华。

其四，所谓"核心价值"，它的最根本依据在于与人民的幸福追求、正义维护、发展信心、上进愿望融为一体，它的实现，应该是生活化、接地气的，即成为每个公民尤其是每个青年自身发展、价值实现与美好人生的根本保证。核心价值来自人民的切身利益与愿望。

第七讲
文化复兴的历史机遇

改革开放以来经济生活迅猛发展，中国特色社会主义现代化事业成功推进，小康全面追求，国际地位大大提高，文化自信增强与文化视野开拓，所有这些，提供了中华文化伟大复兴前所未有的历史机遇。而文化内涵与文化生活的扩容与嬗变，带来某些新的困惑与歧义，也迫切地要求胸有成竹地应对与发展。

第一节　中华文化与社会主义核心价值观的建设

中国特色社会主义进入新时代，显现了中国特色社会主义文化的鲜明旗帜、广阔视野、丰富内涵、历史积累、立体结构、深厚资源、充分理据、宽阔包容、周到政策；表现了中国的文化事业、文化建设、文化理论的经典性、民族性、人民性、本土性与现代性、全球性；表现了我们在引领与整合、繁荣与发展、守护与弘扬我们的文化资源与创造成果方面，在满足日益增长的人民的精神需要方面，在推动“四个自信”、全面小康、实现中华民族伟大复兴的中国梦方面，进入了新时代与新境界。

中华文化的优胜在于它的务实性与此岸性，在于它的机变与发展特色。习近平总书记提出，要对中华传统文化“创造性转化，创新性发展”。社会主义文化要引领中华民族伟大复兴，必须实现中华传统文化与现代文化的对接，实现中华文化与21世纪科学技术新成就的对接，实现中华传统道德理想、文化理想与现代民主、法治、道德、文明追求的对接，尤其是实现中华文化的进一步现代化与马克思主义社会主义理论的进一步发展与中国化。

自古以来，中华文化注重以文化人。这是世道人心的优化，是道（导）之以德，齐（规范）之以礼。古代的说法是人格达到完备的圣人教化于全体百姓。如苏轼的“匹夫而为万世师，一言而为天下法”；老子的“处无为之事，行不言之教”。我们会越来越认识到，文化事业表现为特定的设施建设与文化专业活动。文化表现为学府、典籍、民俗、作品、生活方式与人类活动的遗存和世界面貌与功能的进化；更是体现于人，表现为人民的素质：品德与智慧，学问与教养，觉悟与自律，审美与生活质量的追求以及和谐与正义维护。孔子说：“德之不修，学之不讲，闻义不能徙，不善不能改，是吾忧也。”这在今天仍是有的放矢的重要提示。从社会主义核心价值观的概括及文化意义，可以看出传统与现代对接的追求与成果，看出近一二百年中华文化的飞跃与奋斗。它既继承了民本、尚和、仁爱、重义的传统，也渊薮于狂飙突进的新文化运动所提倡的“德先生”“赛先生”、启蒙主义、爱国主义、社会主义，并凝结了改革开放的发展理念。社会主义核心价值观二十四个字的内涵，既是中华复兴、走向世界的愿景，也是古圣先贤全面小康、“惠此中国”的落实。

价值观不是凭空制定的。公道自在人心，价值自在人心。社会主义核心价值观是对于世道人心的喊话。就是说在发展与改革都迅速进行的条件下，需要精神上的稳定与清晰：什么是好，什么是坏，什么是理念，什么是底线，什么要称赞，什么要避之唯恐不及，不能糊里糊涂。也就是说，我们要做好人、树好心、做好事，不能作恶、做贼、做违法乱纪、倒行逆施之事。

社会主义核心价值观中的“富强”是鸦片战争以来世世代代中华有识之士的梦寐以求，是近一二百年以来的一座血泪丰碑。民主与法治、文明与和谐是富强的前提与保证，是发挥众多人口的积极性能动性而又为迅速乃至超速发展减震的关键。文明与和谐同时满足的是我们历经半封建半殖民地的贫穷落后愚昧无知与各种锻炼考验后的精神饥渴。

社会主义核心价值观中的“自由、平等、公正、法治”，表明有中国特色的社会主义现代化道路已经成为社会的共识。社会层面价值建设的这八个字，传承了天下为公与成仁取义的中华文化传统，总结了从旧民主主义革命到新民主主义革命，到新中国社会主义建设和改革开放的历史经验，反映了中国人民的人心所向和面向世界、面向未来、面向现代化的历久而弥新的价值追求。

总之，培育和弘扬社会主义核心价值观，也对文化事业提出了必然性的要求，崇高的境界则追求着从必然王国进入自由王国。21 世纪中国和平发展以及全球化趋势，为中华文化提供了新条件。我们看到，某些文化差异与碰撞，带来冲击也带来了机遇。我们对于“双百”“二为”方针的坚守，将有利于文化的繁荣；我们对于文化人才的支持与尊重，将吸引各方人才为我所用。在改革开放进程和文化自信基础之上，在实现中华民族伟大复兴的道路上，我们需要更好地进行文化教育与创新、文化争鸣与建树、文化传播与提升。

第二节　中华文化的历史命运

长期以来，中华文化的古老丰富，“郁郁乎文哉”（《论语·八佾》）的繁荣与气概，是中华民族的骄傲，是我们的立国之本。近一二百年的挫折，不但有落后挨打、丧权辱国、割地赔款的屈辱，其创剧痛深之处尤在于前所未有地动摇了中华民族的文化自信与文化尊严的国本，使国人面对“数千年未有之大变局”（李鸿章语）而失魂落魄。危机与焦虑，成为几代华人尤其是学人文化人的心态，例如王国维、严复、容闳的命运。

革命思潮从而兴起，如火如荼。孙中山大声疾呼推翻帝制，五四运动与马克思主义引进，掀起“庶民”革命高潮，也掀起新文化运动高潮。正是新文化运动，挽救、激活了曾经宏伟却又举步维艰的传统文化。人民革命的胜利，宣告了马克思主义的中国化、世界先进文化的中国化，更表现了中华文化自我调整、自我更新、迎头赶上、生机重获的能力。一切将革命文化、新文化与传统文化截然对立起来的观点都是肤浅与谬误的。

毛泽东思想结合了马克思主义与中国革命具体实践，体现了马克思主义与中华传统文化精华的接轨。看看20世纪四五十年代毛泽东等老一辈革命家的宣告：“随着经济建设的高潮的到来，不可避免地将要出现一个文化建设的高潮。中国人被人认为不文明的时代已经过去了，我们将以一个具有高度文化的民族出现于世界。”（毛泽东：《中国人从此站立起来了》）中国共产党人的文化豪情感天动地。

经过曲折奋斗历程，十一届三中全会以来改革开放与发展的伟大篇章，提高了中国国际地位，大大增加了文化自信与文化尊严。同时我们要保持清醒，这是因为，我们的文化理念、我们的中华文化与这种文化哺育的人民的生活质量、文明程度、价值吸引力与凝聚力，还有差距；我们的文化软实力还大有提升拓展丰富的空间。

第三节　蓬勃向上的新中国文化

元明以降，传统文化开始下行，《金瓶梅》《红楼梦》《儒林外史》等都反映了封建文化主流意识形态的疲软与衰弱无能。鸦片战争后，文化危机、文化焦虑、文化悲观主义盛行，中国文化无计可施，进退失据。晚清的惨痛，不但导致落后挨打，而且极大地动摇了中华民族的文化自信与文化尊严。那时的旧中国已经是一台霉锈瘫痪、散架了的基本报废了的机器，处处充满着醉生梦死、空虚颓废、悲观绝望等病态。中国革命的发生说明了中国的全面政治危机、社会危机、经济危机与文化危机。

以鲁迅为代表的一代中国知识分子，反思晚清以降文化的狭隘封闭、僵化保守态度，或者是轻浮焦躁、全盘照搬、凌虚蹈空的态度，或者是无所作为、照本宣科、不求上进的态度，认为文化病态是社会危机乃至民族危亡的重要原因。他们追求着、摸索着救治国人的灵魂，用创造性转化与创新性发展的新文化来推动革命、推动发展、推动中华文化的返本开新。

五四新文化运动挽救和激活了古老宏伟却又举步维艰的中华传统文化，推动了马克思主义的中国化、世界先进文化的中国化，更表现出中华文化自我调整、自我更新的能力。经过暴风骤雨的大革命，中国共产党以马克思主义为指导思想领导人民革命，赋予中华民族和中国文化以希望、以意志、以目标、以追求、以勇气，使中华文化浴火重生，凤凰涅槃。

革命战争年代，在严峻的阶级斗争特别是抗击外敌侵略与夺取政权的武装斗争中，我们的文化生活与文化事业的重心在于鼓励根据地军民同心同德，战胜阶级敌人与民族敌人，动员敌占区人民奋起战斗。而在革命取得胜利，面对亿万民众，面对以经济建设为中心的社会生活的时候，我们的文化既有高昂激越、弘扬斗志、艰苦拼搏的一面，又有祥和淡定、审美愉悦、乐山乐水、斯文济世的一面，更有寻求真善美、丰富心灵、提升智慧、寻求缔造民族文化的辉煌与复兴的一面。

新中国的成立，文化自信大幅提升。我们开始追求、建立面貌一新的、向上的、勤劳的、健康的社会生活、精神生活、文化生活，扫荡了污浊、黑暗、寄生。近代民族意识与自来的“中国”意识，以及殖民地半殖民地国家特有的半是屈辱半是抗争的历史记忆，汇聚着井冈山、延安根据地等中国革命的精神和传统，培养了爱国主义、集体主义、社会主义的凝聚力、行动力，弘扬了自力更生、艰苦奋斗、联系群众等优良作风。中华人民共和国的建立，使 960 多万平方公里的土地沸腾起来。我们付出了代价，也终于找到了自救、自强、自我发展的道路，唤起了中华传统文化的政治激情与道德激情，奠定了新中国鼓足干劲搞建设、谋发展、创新路、求飞跃的文化精神和思想基础。

我们这样一个古老的大国，面对着不同的文化思想潮流与文化生态，面对着所谓的某些文化“乱象”。一是几千年来的传统文化，尤其是道德文化与哲学文化，仍然有着独特的生命力，但也混杂着封建主义糟粕与某些前现代的愚昧。经过急剧变动的 20 世纪，我们的文化传统也受到冲击、质疑，出现了某些断裂。二是百年以来的革命文化，它以马克思主义、毛泽东思想为指导，以艰苦奋斗、英勇献身、联系群众、团结守纪的党风政风民风为标志，以井冈山精神、长征精神、延安精神为代表，至今仍有着强大的示范作用。同时，我们还面临着工作重点转移、长期执政与质疑乃至否定革命的思潮的挑战与考验。三是"五四"以来特别是改革开放以来注重汲取的现代文化：包括对于先进生产力的获得与管理、先进的科学技术与文化教育模式、公共管理与商务管理、市场经济、人权、民主、法治、自由观念、竞争驱动等，其中也混杂着某些唐突空洞的西化理念。我们对于文化生态的细化与多样性、一体性，需要有更深入的了解、更周密的分析、更妥善与更具有针对性的应对与引领。总之，20 世纪中国经历了翻天覆地的大变革。历史悠久、规模巨大、旧邦新命、特色鲜明的中华文化经历了巨大的危机、求索、新生，经过救亡与革命，中华文化日益获得面貌一新的巨大活力与蓬勃创意。

第四节　大步向前的改革开放文化

1976 年"文革"结束，之后的两年间，我们对"文革"进行反思，实现了拨乱反正，促进了改革开放。发端于 1978 年的改革开放使我们对于社会主义和社会主义文化的认识提高到一个全新的水平。邓小平紧扣中国国情，提出社会主义初级阶段理论。在这个基础上，我们日益认识到，要以实事求是的科学态度，坚持实践是检验真理的唯一标准，坚定不移推进改革开放。

改革开放释放出巨大的文化张力。拨乱反正带来了思潮的涌动，我们的脑筋不断开窍，摸索着也包括人文思想的各色“石头”，越过的“流水”是贫穷与落后，走向的目标是社会主义现代化的富强民主文明和谐。中国其时正处在几种不同的文化参照系统的汇合点、交叉点与撞击点上。革命者的宏图、胜利与探索，中国士人的儒道互补道统与操守，中国民间社会的伦理规范，“五四”以来民主与科学的启蒙，现代化与世界接轨的愿望，还有全盘西化的偏颇妄想，对于欧洲文明的某些价值观念的汲取，共产主义的社会理想与普罗革命的价值追求，对于苏联模式的痛切思量，对于资本主义的认识与对于社会主义制度的再认识，对于封建主义与中华传统的辨析以及继承弘扬优秀传统的逐渐提出，对于经济发展了但社会风气远非理想的不满足和对于革命战争时期的军事共产主义与革命理想主义的服膺与怀念……很快摆在了我们的面前。

十一届三中全会至今 40 多年，正如邓小平所说，从某种意义上讲这是中国的又一次革命。40 多年来经济生活春潮澎湃，人民生活奇迹般地提高，文化生活与文化事业也获得空前扩容与提升。解放思想，实事求是，团结一致向前看，不仅推动了党的思想路线的发展完善，也推动了文化建设。毛泽东所期待的随着经济建设的高潮而出现文化建设的高潮逐步成为事实。改革开放 40 多年来，我们的文化生活有了极大的丰富。文化事业的繁荣与发展，亦表现为文化品类、功能、思潮、资源背景的极大的多样化。精英文化、大众文化、消费文化、经典文化、外来文化、地域文化、休闲文化、学术学院文化、行业企业俱乐部文化，等等，出现了万紫千红、满园春色的繁荣景象。

40 多年来，我们的文化观念与文化精神有了长足开拓，对于优秀传统文化的强调更是大大扩充与深化了我们的精神资源，对于四个现代化的强调与改革开放的实践更是使中华文化的此岸性与积极性能够勇敢地同时也是妥善地与现代性、全球化相对接。古今融通与中外交流达到了空前的规模、热度与深度，精神生活与物质生活水准的提高，文化生活的参与感、获得感与幸福感前所未有，教育与文化事业百倍增长，图书馆、剧场、影院、音乐厅、展览馆、纪念馆、俱乐部等设施的建设如雨后春笋，国内外旅游活动人山人海，传媒日益多样化、立体化，网络普及城乡，歌厅、舞厅、棋牌室以及茶馆酒吧等休闲娱乐场所从无到有到多，文艺作品生产兴旺，文化产业与文化市场一派繁荣。我们的文化真可谓：换了人间，风景这边独好，数风流人物，须看今朝。

40 多年的经验告诉我们，文化多样化既带来丰富的思想资源，也带来新的课题与挑战。因此我们要不断推动选择与消化，从而推动文化的融合与历史性创造性实践。40 多年来，文化的理想与实践、古与今、中与洋、革命与建设、传统与现代、斗争精神与和谐观念、物质文明与精神文明、马克思主义与中华传统等文化不断融合，通过结合、优化、创新，使我们不断有所作为、有所建树、有所改善，并不断前进。

改革开放特别是党的十八大以来，习近平新时代中国特色社会主义思想推动了我国的文化复兴。我们强调以人民为中心进行文化建设，文化品类日益丰富多彩，受众参与性大大增加，传播手段日益便捷迅速，促进了消费性的增长。与此同时，面临新的问题与挑战。如出现一些不触犯法律法规但境界不高、未必有多少思想意义的产品。而这些没有多少文化乃至在解构文化的所谓文化，正财大气粗地排挤着高端文化、精英文化。因此，实现文化领域的生态平衡、培养与彰显文化大师的阵容是十分重要的。我们需要更多更好的学者、教授、科学家、哲学家、社会与人文学者、作家艺术家，当然也需要技艺精湛的大匠能手。这一点，我们可以借鉴外国的经验。我多次参观巴黎的先贤祠，法国自称是文化的超级大国，靠的是先贤祠呈现出来的文化大师阵容。由此可见，我们的文化振兴、文艺复兴目标，很大程度上决定于我们的文化大师大匠的阵容。

我们相信，在中国特色社会主义文化新的语境下，中国文化的此岸性与积极性充分显示出再生与更新能力，完全能够与时俱进，跟上现代化、全球化的步伐，同时保持自己文化的特色和魅力。不同文化之间的交流与相互影响能够给各自文化带来新的挑战与机遇，能大大丰富各自的文化，减少误解与敌意，促进各自文明与人类文明的共同发展。任何单一的文化，在发展到自以为几乎尽善尽美的同时，都会遭遇巨大的危机：僵化、保守化，这个时候，面对他者文化的撞击与挑战，只要应对有方，就能够推动自身文化的推陈出新。

第五节　旧邦新命的文化自信

党的十九大报告指出，中国特色社会主义文化，源自于中华民族五千多年文明历史所孕育的中华优秀传统文化，熔铸于党领导人民在革命、建设、改革中创造的革命文化和社会主义先进文化，植根于中国特色社会主义伟大实践。

十九大的这个提法，充分体现了中华文化的深厚底蕴、丰富内涵及实践性与理想性、先进性与宽阔性、民族性与世界性、传统性与现代性。经过 40 多年发展，我们打开了眼界，拓宽了精神空间，解除了精神桎梏，坚定了我们的理论自信、道路自信、制度自信、文化自信。

为什么说文化自信是最根本的自信？这是因为文化格局、文化心态、文化人才与文化品质是一个民族、一个社会品质与境遇的标志。从广阔的意义上来说，地球上一切人类活动所积淀的成果，包括科技、经济、国防与政治成就，都是在人的追求、人的需要、人的“三观”、人的道德使命情怀，包括人的初心与抱负、人的主体性与人的知识能力，亦即在人类的或族群的与家国的文化驱动下结出的果实。所以说，文化自信是最根本的自信。

建设文化强国首先要有强的阵容和格局，具体表现在阵容之强、传统之强、精神资源之强、高端果实之强、创新成果之强。考虑到文化积淀的长久性、稳定性、学术性、智慧性、技艺性、创造性与精神品质性，要有强的阵容和格局，我们就需要有自己的文化大家。要先有文化大家的引领和带动，再通过实际操作，才能更多地体现与突出我们的文化自信、文化尊严、文化格局、文化阵容。繁荣的概念是一个民主的概念、人民性的概念，也是一个高端的概念、精英性与创造性的概念，是一个需要经受历史的考验与鉴定的概念。因此，文化强国的标志是创新与人才阵容。我们已经越来越强调创新的重要性了。这是一个经济发展与社会前进的历史课题，同时是一个文化课题。发展离不开人民精神品质的优化、精神能力的活跃与发达，只有一个文化上具有充分发展势头的民族，才能有创造、有出息，也才有对于人类的较大贡献。

当前，我们的希望在于发挥古老的中华智慧，总结建党建国的经验，珍惜得来不易的多方成果，实现以革命文化为引领、以中华传统文化为重要资源，以现代文化为驱动的文化整合、文化创新，这样才有文化的繁荣发展。我们的忧患在于文化的片面化、分裂化与极端化。例如，现在有人还一味地鼓吹“半部《论语》治天下”，还认为是革命破坏了中华文化。同样，还有那种把社会风气的“恶化”看成改革开放后果的所谓“撕裂”理论，也是有害与破坏性的空谈。更有甚者，把中国的出路寄托于西化，否定传统、否定革命，更是廉价的荒唐。我们传承和弘扬中华优秀传统文化，不是照单全收，而是取其精华，去其糟粕，选择优秀。

70 多年来，革命、建设、改革创造了新的历史纪元。地球上出现了面貌一新的中华振兴。面对迅速发展的中国社会与中国文化，我们要充分认识文化的相对多样性、丰富性、包容性、长期性、稳定性、宽泛性、可塑性、可延续性、可积淀性。没有民族传统，就只能断根失民、自取灭亡；同样，没有对中国梦和现代化的追求，我们也会被开除球籍。因此当下我们要做出以下选择：

以马克思主义为引领，坚守中华文化立场，以足够的信心与定力处理、消化各种文化争议与文化挑战，化压力为动力，化难点为生长点，变冲击为激活。既明确文化主旋律的一致性，又欢迎各具特色的多样性与活跃性。坚持为人民服务、为社会主义服务，坚持百花齐放、百家争鸣，坚持创造性转化、创新性发展，不断铸就中华文化新辉煌。

善于汲取，善于选择，善于滋养一切有利于发展、有利于稳定、有利于提高我们的文化格局、文化生命力、文化软实力的新观念、新理论、新技术、新手段。如“互联网+”，如前沿的自然科学与人文科学成果，如一切有利于合作共赢的交流与试验。见贤思齐，见不贤而内自省。十室之邑，必有忠信。三人行必有吾师。学如逆水行舟，不进则退……诸如此类，古圣先贤已经培育了我们好学不厌与诲人不倦的伟大精神，我们也提出了建设学习型政党、学习型社会、学习大国。学而时习之，这正是我们的文化不断更新、永葆青春的内生动力。

在当前文化思想活跃、文化生态多样的情况下，加强文化理论的建设，要注重打通与结合。要把马克思主义、传统文化与中国特色的社会主义现代化结合，把尊重历史、立足国情与全面改革开放结合，把本土化与时代化，把民族的伟大复兴与构建人类命运共同体相结合，把重在建设、发展是硬道理与弘扬革命初心、继承革命传统结合，把延续文脉与转化发展“两创”结合，把海纳百川与旗帜鲜明地坚持中国道路结合。

既要通过市场与传媒调动社会办文化、全民兴文化的积极性与资源起用，又要通过政策倾斜特别是加大对文艺家和文艺作品的奖励与扶持，来提升我们的文化事业与文化成果。要立足当代中国现实，结合当今时代条件，发展面向现代化、面向世界、面向未来的，民族的科学的大众的社会主义文化，推动社会主义精神文明和物质文明协调发展。

在当代国内外尤其是国际竞争日益激烈的情况下，文化也自然会与实力挂钩，尤其是与科技、经贸、军事实力的密切相关。我们不能不重视文化对物质实力的重要作用，同时，也不能急功近利。要明白文化的力量首先在于精神，在于它提供的是更有质量、更有修养、更高尚也更美好的生活。这样，我们就得重视优化我们的精神品质、精神能力、精神说服力、凝聚力与吸引力。这就需要提升领导者对文化的领导力。文化力也是最高级的领导力。领导者的文化内涵与文化层次，当然是领导力的重要表现。但这里讲领导力文化，不可讲得太烦琐小巧，也不可以仅仅用实用主义态度来讲求文化力、领导力。我们必须以更深刻、更长远的眼光思考文化问题，提出文化见解，推敲文化政策。这里主要的讲是世界观、人生观、价值观，讲情怀与胸襟，讲远见与决策，讲意志与定力，讲包容与坚毅，讲理想与务实。

中华民族百年征程的每一个阶段都镌刻着历史的慷慨悲歌、历史的阔大步伐、历史的伟大创举与历史的丰富经验。慎终追远，薪火相传；艰难困苦，玉汝于成。在创造中国发展奇迹的时候，在充满自信走向伟大复兴的时候，我们还要面对挑战与陷阱，我们必须居安思危、精益求精、善益求善，使我们的文化在新时代迈出新的坚实步伐，向着更加远大的目标前进。

第六节　传统文化也要现代化吗

中华文化化育着生活，规范着社会，同时提供了高端理想。“世界大同”，是中华传统文化中早已出现的原始共产主义萌芽；“无为而治”，老子与孔子的这一共同命题，通向着马克思恩格斯关于国家机器消亡的设想。现代中国选择马克思主义绝非偶然。中华传统文化的瑰宝在于它的文化理想与道德理想，在于它的大同思想与整体主义，在于即使在长期封建王朝条件下，仍然存在着勇敢忠贞的文化监督与道德监督，例如规谏制度。

中华文化的优胜还在于它的务实性与此岸性，在于它的自强不息，苟日新，日日新，又日新，与时俱化与时俱进的变易与发展特色。

20世纪后期，社会主义国家纷纷进行改革，但西方一些政要，如英国前首相撒切尔夫人与美国前国家安全顾问布热津斯基，都仅只看好中国的改革，这不是偶然的，他们明确指出原因在于中国有着独特的文化。

正如习近平2014年4月1日在布鲁日欧洲学院演讲时所说："中国人看待世界、看待社会、看待人生，有自己独特的价值体系。中国人独特而悠久的精神世界，让中国人具有很强的民族自信心，也培育了以爱国主义为核心的民族精神。"同时，中华文化有过的、而且不能说至今已经全无忧患的危殆经验也令人深思：它长期在地缘区域内一枝独秀，缺少与不同文化交流碰撞中的突破与飞跃，封建社会的陈陈相因的学风，使一种停滞不前的优秀文化渐渐走向衰落。在欧洲文艺复兴与产业革命发生后，中华文明的弱势渐显，一旦遭遇异质强势文化，容易出现非理性的过激排外，或对自身的全盘否定，或对外来文化的简单照搬。再优秀的文化怕的是停滞老化、断裂崩塌。晚清面对列强，进退失据，一筹莫展，它的教训我们没齿难忘。所以，2013年12月31日，习近平总书记在十八届中央政治局第十二次集体学习时提出，要对中华传统文化"创造性转化、创新性发展"。转化和发展什么？就是实现中华传统文化与现代文明的对接，实现中华文化对21世纪科学技术新成就的学习吸纳，实现中华传统道德理想、文化理想与现代民主、法制、理性、文明追求的对接，尤其是实现中华文化的进一步现代化与马克思主义的进一步中国化、时代化、大众化。

党的十八大报告指出："我们一定要坚持社会主义先进文化前进方向，树立高度的文化自觉和文化自信，向着建设社会主义文化强国宏伟目标阔步前进。"值得研究的课题在于，我们这样一个古老与巨大的国家，在迅速发展的历史过程中，面对着多样的文化思潮与文化生态，面对着某些文化"乱象"，我们应该善于进行引领取舍。

要看到随着经济社会的发展，带来文化生态的细化与多样性。例如，以主流意识形态为主导为目标的主流文化，以多媒体与新媒体为依托的大众信息文化，以市场需求为主导的消费、娱乐、休闲文化，以学术专业、国际尖端、历史传承为着眼点的精英文化，还有民俗文化、兄弟民族文化、地域文化、旅游文化、考古文化、宗教文化等等。

值得重视的是多媒体与新媒体带来的传媒文化，它推动了文化民主与信息普及，推动了受众参与及社会氛围的和谐欢乐，同时带来了浅薄与庸俗，即文化的非高峰化、"娱记"化。

我们的忧患在于文化的片面化、分裂化与极端化。例如，有的人现在还认为是革命破坏了中华文化。其实，中国的文化停滞危殆远在明朝已经露出了端倪，正是中国文化的危机与社会危机才引起了革命，正是革命才创造了中华文化的复兴契机，而绝不可以说是革命造成了文化危机。

同样，把社会风气的所谓恶化看成改革开放后果的所谓"撕裂"理论也是有害与浅薄的蛊惑。没有改革开放哪儿来的初步小康？哪儿来的社会主义文化的自信与尊严？"贫穷不是社会主义"！而把中国的出路寄托于西化，否定传统、否定革命，更是幼稚与廉价。

我们的希望在于发挥古老的中华文化智慧，总结建党的百年经验，珍惜得来不易的多方成果，实现以革命文化为引领、以中华传统文化为资源、以现代文明元素为驱动，发展与提升大众文化，并以高端文化成果为指标的文化整合、文化创新，这样，才有文化的“郁郁乎”景象。

我们还需要正视向全面小康进军时期文化生态的丰富性、多样性、复杂性与它们包含的生机与危机。细心调查研究，妥善引领提高，有所包容倾听，有所管理规范，和而不同，高而不寡，活而不乱，保持文化生态的健康、活力与平衡。

文化的多样性与某些歧义的表现，发出了警示也提供了宝贵机遇。中国这样快速发展的文化大国，需要更大的精神空间与选择天地，应有更得心应手的疏导、切磋、砥砺与精神层面的争鸣、互补、求同。我们要善于引领这样的文化新常态。

第七节　创新成果与人才阵容

文化复兴是民族复兴的一部分，文化的发展推动着、支持着、丰富着也调节着中华民族的和平发展。

例如，我们已经越来越强调创新的重要性了，这是一个经济发展与社会前进的历史课题，同时是一个文化课题。民族的复兴离不开人民精神品质的优化、精神能力的活跃与发达。只有一个文化势头良好的民族，才能有创造、有出息，有对于人类的较大贡献。

创新成就离不开全民的尤其是文化人才的涌现，离不开教育兴旺、文化蓬勃、个性发育、民主弘扬、知识积淀、思想解放、包容大度、取精用弘与活跃有序的文化氛围。

文化建设既是密切关注时代特色的，又是相对恒久的。例如大陆与港澳台，在社会制度、政治体制、意识形态上几十年来拉开的距离很大，但语言文字、民俗节日、衣食住行、文化心态、思想方法、价值选择上贴近与相似的地方仍然极多，其文化的共同性任何人都无法视而不见。

我们还需要海纳百川，拓宽视野，汲取四海精华，五洲创意，特别是借鉴与鼓励包括港澳台在内的各地各族群文化成果与文化经验。

习近平总书记多次强调建设文化强国的重要性。强在哪里？首先是强在文化果实与文化阵容上，强在我们的文化人才上。创造中华文化新的辉煌，坚守我们的核心价值体系和核心价值观，弘扬主旋律，传播正能量，提高国家文化软实力、牢牢掌握意识形态工作领导权和话语权，这些都需要以人民为中心，同时需要拥有更加强大的文化阵容。

文化果实的特点首先在于质地，然后才是数量。我们应该特别珍惜文化人才、高端果实、创新精神。谈传统文化，不能不回顾孔子、孟子、老子、庄子、屈原、司马迁、鲁班、张衡、祖冲之、沈括、李白、杜甫、苏轼、辛弃疾、曹雪芹、施耐庵，等等。而说到 1949 年中华人民共和国的建立，我们也会时时想起诸多贤达学者作家艺术家万方来仪的盛况。

理所当然，我们更关注的是今天的文化人才阵容。

考虑到文化积淀的长久性、稳定性、学术性、智慧性、创造性与精神品质性，考虑到努力掌握主动权、导向不能丢、阵地不能丢的另一面，我们更需要有自己的文化大家，有自己的人文文化人物荣衔与国家奖励体系。我们须要通过实际操作，更多地体现与凸出我们的文化自信、文化尊严、文化格局、文化阵容。

繁荣的概念是一个民主的概念、人民性的概念，又是一个高端的、精英性与创造性的概念，是一个由阵容与产品说话的概念。我们应该培育文化上埋头耕耘的工匠，推出难以否认的学术成色，推崇历久不衰的大师风范。我们期待的是方向正确、惠及全面、具有“高大上”内涵的文化进展。

第八节　懂中国懂世界

现代化新情势的特点之一是，虽有歧义但难以阻挡的全球化；而全球化的冲击更加提醒与激励我们保护与弘扬民族特色与人类文化的多样性。2014 年 9 月 25 日，习近平在纪念孔子诞辰 2565 周年国际学术研讨会暨国际儒学联合会第五届会员大会开幕会上指出，一要维护世界文明多样性，二要尊重各国各民族文明，三要正确进行文明学习借鉴，四要科学对待文化传统。这是我们的对外文化行为的原则，也是本国文化建设的重要原则，还是向世界讲好中国故事中国精神的原则。

讲好中国故事同样需要自信，需要勇敢直率地面向世界、面向实际，不回避、不心虚，一是一、二是二，开诚布公。中国就是中国，社会主义就是社会主义，进展就是进展，困难就是困难，共同就是共同，特色就是特色，没什么可含糊的。讲传统要与社会主义现代化对接，讲发展要与中国传统文化与革命文化的自强不息、百折不挠精神对接，讲效率要与全球化的机遇及中国式的艰苦奋斗、从善如流精神对接，讲改革开放要与中国式的兼收并蓄、见贤思齐、见不贤而内自省、尊重他人、和而不同、批评与自我批评对接。我们还要强调我们的百家争鸣、百花齐放的学术民主、艺术民主，以及去粗取精、去伪存真的选择定力。

讲好中国故事，还需要懂中国、懂世界。身为中国人，懂中国是天经地义的，但却不是与生俱来的，我们同样面临着向自己的传统、自己的文化学习与倾听生活实践的交响的任务。作为当代人，我们还必须懂世界、爱交流、善沟通。

中国的发展与更美好的未来已经不仅仅是理想，而且是正在不断实现的景象。我们的文化复兴大有希望。具有几千年文明史、100 多年救亡史与革命史、70 余年社会主义建设史与 40 多年改革开放史的中华文化，资源深厚、经验丰富、道路宽广，面临着前所未有的历史机遇。

第九节　展望现代化、全球化与本土传统

文化遗产太脆弱了，每天都在遭受风吹雨打，遭受人为破坏，而非物质文化遗产，传承人每天都在老去。

人类需要这些文化遗产，我们需要不断回顾，看看我们是如何走过来的。如人们喜欢说的："走向哪里，取决于自哪里来"。可是我经常发现，刚刚过了二三十年的事情，对于年轻人来说，已经茫然

无知。

不要以为古人不如今人聪明，谁能说得清是最早发明灯盏的人还是今天的电商更伟大？当我们看到祖先留下来的织品和建筑时，我们常常感叹我们今天做不到这么精美！

中华传统文化的特点之一是崇拜祖先，慎终追远，薪尽火传（谨慎细致地办理长上的丧事，追怀古远的祖先，祖先虽然不在了，他们遗留下的精神遗产将得到代代传承），各种文物受到珍惜，得到保护。

目前，中国拥有联合国教科文组织承认的世界文化遗产、自然遗产、文化与自然遗产共 55 项，非物质文化遗产共 42 项，其中急需保护的有 7 项。各地遗产，其实不计其数，而且仍然处在不断发现的过程中，如 1974 年发现兵马俑，1980 年开掘三星堆，2015 年发现海昏侯墓，等等。

而在贫穷与愚昧中、战争中、建设中、“文革”中……也不断地有遗产被破坏。目前仍有大量珍贵文物在境外或失踪。

全球化、现代化的过程带来巨大的进步，也带来城市乡村面貌、生产与生活方式的巨大变化，还带来对于文化遗产的新威胁，例如盗墓与文物偷盗的犯罪时有发生。战争是对文化遗产的最大破坏，阿富汗的巴米扬大佛，还有叙利亚的布斯拉古城、帕尔米拉古城，它们难以得到保护。

保护文化遗产，就是保护传统文化，就是文化自信，就是保持文化的多样性与丰富性，就是保持民族与地域特色，就是保持世界的多元化。

中国坚持对于现代化的努力与对于全球化的肯定。只有自立于民族之林，只有随着经济建设的高潮，才能兴起文化建设的高潮、文物保护的高潮。

人们碰到的问题是：现代化使一些地域与民族失落自己的文化特色与古老面貌。同时只有具有民族与地域特色的现代化的成功，才能更有效地保护与利用文化。

只有在珍惜弘扬古老的文化遗产的现代化过程中，才能更好地守护历史、守护遗产，才能摆脱破坏历史遗产的现代性的恶名，才能实现具有民族与地域特色的更加理想的全球化与现代化。

改革开放以来，中国的文化遗产事业兴旺发达。例如，大同城建与文物保护修复，布达拉宫的修缮，高昌古城、交河古城、山西古城大院的保护与旅游事业的发展。

文物保护，官民并举，国家的责任重大，同时提倡高雅的搜集贮藏文物，藏文物于民，民间博物馆事业方兴未艾。樊建川兴建的抗战博物馆系列。2005 年，占地 500 亩、建筑面积 1.5 万平方米的抗日战争博物馆，在四川成都大邑县安仁镇落成。各地小的私人博物馆不计其数。北京有松堂斋民间雕刻博物馆、民间奥运博物馆、中华民间瓷雕博物馆，等等。另外，还有拍卖行的兴起，文物的民间化与市场流通方兴未艾。

只有把对于古代文物的珍惜与对于发展的追求统一起来，把全球化、现代化、多元化、民族与地域特色化结合起来，反对全盘西化，也反对极端主义的历史虚无主义与破坏性排他性，才能出现更美好的文化图景。

正是由于重视历史文明对于现代化的重要性，中国实现了并且正在实现着飞速的发展，同时较少动荡、较少内部冲突、较少提供给国内外极端势力、分裂势力、恐怖势力等消极因素的可乘之机。中国的追求是将发展与稳定，将现代文明的传播与历史文明的自信与守护结合起来。

同时，中华传统文化中有一些今天看来已经不合时宜的成分，所以我们要实现中华传统文化的创造性转化与创新性发展。

转化，就是使前现代的基本上是农业文明的各种观念与习惯现代化，适应中国式的民主化与法制化，适应社会化大生产、先进的科学技术与管理、信息时代的一切新的前景。

发展，就是要拥有自己文化大匠的强大阵容，拥有自己富有中国特色、走在时代前沿、与国际高端接轨的文化成果，包括自然、人文、社会、物质与精神方面的杰出设计与产品。

实现高端的与全面的文化整合，避免可能的文化冲突，成全健康的与均衡的文化生态，为人类作出更好的文化贡献，坚持中国特色，坚持面向世界、面向未来、面向现代化，是中国梦一个重要理念。

参考文献

1.《习近平谈治国理政》第一卷，外文出版社 2018 年版。

2.《毛泽东文集》第五卷，人民出版社 1996 年版。

3.《邓小平文选》第三卷，人民出版社 1993 年版。

4. 许慎撰:《说文解字》，中华书局 2004 年版。

5.《诸子集成》，中华书局 2006 年版。

6. 周振甫译注:《诗经译注》，中华书局 2002 年版。

7. 任继愈译著:《老子新译》，上海古籍出版社 1985 年版。

8. 陈鼓应注译:《庄子今注今译》，商务印书馆 2007 年版。

9. 李泽厚著:《论语今读》，生活·读书·新知三联书店 2004 年版。

10. 杨伯峻译注:《孟子译注》，中华书局 2012 年版。

11. 孙希旦撰，沈啸寰、王星贤点校:《礼记集解》，中华书局 1989 年版。

12. [美]费正清著:《伟大的中国革命》，刘尊棋译，世界知识出版社 2000 年版。

13. 林毓生著:《中国传统的创造性转化》，生活·读书·新知三联书店 1988 年版。

14. [美]兹比格纽·布热津斯基著:《大棋局——美国的首要地位及其地缘战略》，中国国际问题研究所译，上海人民出版社 2010 年版。